HAMMADDE*

JÖRG FAUSER, 1944 yılında Frankfurt am Main'da doğdu. Gazeteci, yazar, çevirmen, vicdani retçi ve (ex-)junky Fauser, üniversite öğrenimini yarım bıraktıktan sonra uzun bir süre İstanbul ve Londra'da yaşadı. 1974 yılında yazarlıktan geçinmeye başlayana dek, havaalanında bagaj işçiliği ve gece bekçiliği gibi çeşitli işlerde çalıştı. Birçok roman, öykü ve şiire imza attı. 1987 yılında Münih yakınlarında bir trafik kazasında ölmesi, çeşitli spekülasyonlara yol açtı. Fauser bugün, Alman yeraltı edebiyatının en önemli öncülerinden biri olarak kabul ediliyor.

*SEL YAYINCILIK / ROMAN

SEL YAYINCILIK
Piyerloti Cad. 11 / 3 Çemberlitaş - İstanbul
Tel. (0212) 516 96 85

http://www.selyayincilik.com
E-mail: halklailiskiler@selyayincilik.com

SATIŞ - DAĞITIM:
Çatalçeşme Sokak, No: 19, Giriş Kat
Cağaloğlu - İstanbul
E-mail: siparis@selyayincilik.com
Tel. (0212) 522 96 72 Faks: (0212) 516 97 26

SEL YAYINCILIK: 728
ISBN 978-975-570-746-4

HAMMADDE
Jörg Fauser
Roman

Türkçesi: Levent Konca

Özgün Adı:
Rohstoff

© Jörg Fauser, 1984 (© Alexander Verlag Berlin, 2004)
© Sel Yayıncılık, 2013

Genel Yayın Yönetmeni: İrfan Sancı
Editör: Bilge Sancı
Kapak tasarım ve teknik hazırlık: Gülay Tunç

Birinci Baskı: Eylül 2015

Bu kitap Çağdaş Alman Edebiyatı Dizisi, ADIMLAR/SCHRITTE projesi çerçevesinde, S.Fischer Vakfı (Berlin), Ernst Reuter Girişimi ve Pro Helvetia desteği ile Sezer Duru (İstanbul) ve Egon Ammann (Berlin) editörlüğünde yayımlanmıştır.

Baskı ve Cilt: Yaylacık Matbaası
Fatih Sanayi Sitesi, 12/197-203
Topkapı-İstanbul, 567 80 03

Sertifika No: 11931

Jörg Fauser

Hammadde

Roman

Türkçesi: Levent Konca

Annem ve babama...

1

İstanbul'da çoğunlukla Cağaloğlu'nda, Sultanahmet Camii'nin biraz yukarısında kalıyordum. Otel ara sokakta, beş katlı eski bir binaydı. Yanındaki okulun bahçesinde sabahları sınıflar dizilip milli marş söylerdi. Türk milli marşı oldukça uzundu ve aynı bu marş gibi, İstanbul da çizgileri sonsuza uzanan bir kolaja benziyordu. Beş katın kaymağını yemek yetmediğinden olacak, otelin sahipleri bir de çatının üzerine fazladan bir kat çıkmışlardı. Yazları sıcağı, kışları da soğuğu, aynı manzarası gibi inanılmazdı. Ama yine de, uğruna normal turistlerin yirmi, yirmi beş katını saydıkları manzara günde yaklaşık 2 marka bizimdi. Üstelik veresiye olanağımız da vardı.

Kış geldiğinde, Ede ile birlikte çatıdaki bir odaya taşındık. Rusya'dan gelen rüzgar çatlaklardan içeri girdiğinde ve kar sıvasız tavandan sızdığında, iki kişi olmak kesinlikle daha iyiydi. Birimiz taş zemine ispirto döküp yakar, diğerimiz alevler biraz olsun ortamı ısıtırken bir damar bulmaya çalışırdı. Elimize geçen her şeyi kullanırdık ama esas olarak pişirdiğimiz afyon sakızı, hayallere dalmak için Nembutal ve hareketlenmek için her tür uyarıcı. Haraketlendik mi yeni mal ve ihtiyacımız olan diğer şeyleri tedarik etmemiz gerekirdi; daha çok çay ve tatlılarla besleniyorduk. Ardından, yorganlarımıza iyice sarılmış biçimde odamızda yatar, kediyle oynar ve çalışırdık. Ede resim çizer, ben ise yazardım.

Ede, kemik yapısı hâlâ sağlam olsa da, yağ ve kas dokusu yaşamak için zorunlu olandan ibaret, bağımlılığın içeriden yakıp tükettiği, Stuttgart'lı gürbüz bir gençti. Bu durumu önceleri hayranlıkla izlediysem de, daha sonra bundan vazgeçmiştim. Bağımlılıkta insan kendi kabuğuna çekilir ve ancak metabolizması alarm verdiğinde çevresi ile karşı karşıya gelir, ki bu da onu hafiften panikletebilir. Bu yüzden, o ana kadarki zamanın, ihtiyacı olduğunda hâlâ var olmayı sürdürmesi için insanın yapacak bir şeye ihtiyacı vardır. Ede kendisi için bu işlevi gören şeyin resim çizmek olduğunu keşfetmişti. Ara sıra kazandığımız paranın en büyük bölümü tuval ve boyalara harcanırdı. Ede bozulmamış stil adını verebileceğimiz şeye sahipti; valörlerini öylece tuvale atar ve soyut başlangıç aşamasını arkasında bıraktıktan sonra figürler ile çevreyi çizmeye yönelirdi. Resimleri, muhtemelen oldukça acemice olsalar da, benim hoşuma gidiyordu. Kış ve beklentilerimiz ne kadar kasvetli hale gelirse, Ede'nin çizdiği resimler de o kadar rengarenk bir hal alırdı. Bizimle ilgilenmek, sanırım her psikiyatriste büyük bir haz verirdi.

Çünkü ben de yazıyordum. Türkler aklınıza gelebilecek her ebatta muşamba kılıflı çok sağlam not defterleri satıyorlardı ve mürekkep kartuşlu kalemlerin sunduğu avantajları –şık çizgi ile hakiki mürekkebin dayanıklılığı ve kalitesini– keşfetmiştim. Beni yazmaya bir çırpıda ikna eden şey, Ede'nin malzemeleri için harcaması gerekene kıyasla oldukça ucuza gelmesiydi. Ancak Ede'nin bu uğurda oldukça çok şeyi riske ettiğini itiraf etmem gerekiyordu. Belki de doğuştan ressamdı.

Yabancıların girmeye neredeyse hiç cesaret edemediği bir mahalle vardı: Tophane. Orada metrekareye düşen afyon bağımlılarının sayısı muhtemelen Harlem ya da Hongkong'dakinden daha az değildi. Tophane'nin tehlikeli olduğu söylenir ve insan gerçekten de arada sırada bir ölünün yerde yattığını görürdü ama başıma alışveriş yaparken kazık yemekten daha fena bir şey hiç gelmedi. Büyük meblağlar söz konusu olup da kazıklanmış müşteriler geri döndüğünde, bu sefil mahallenin tamamı bir film setiymiş gibi birkaç saat içinde büyük bir hızla değişirdi: Burada az önce ağzına kadar dolu bir çayevi vardı, şimdi kapıları tahtalarla kapatılmış, pencerelerini toz kaplamış; köşedeki sinemada artık Hunlarla ilgili film değil, bir aşk filmi gösteriliyor; kandırıldığınız baraka bir marangozhane ve köşede bir çalının altında yatan ölünün yerinde, eski bir Ford taksiyle uğraşan tamirci var. Aradığınız torbacılar yer yarılmış da içine girmiş gibi. Binalar hâlâ aynı binalar mı? Gözlerinizi oğuştururdunuz ama onun da bir faydası olmazdı. Halisünasyonlar bir sigara kadar gündelikleştiğinde, aynı algının kendisi gibi, kapıları da dumandan daha aldatıcı bir maddedendir. Algının sınırları bulanıklaştığında, diğer kıstaslar da geçerliliklerini kaybeder. Ede ile kendi numaramızı geliştirmiştik: Gittikçe daha fazlası şehre doluşan, Orta Batı ya da Yeni Güney Galler'deki kampüsün birinde tecrübeli gezgin ve esrar alım-satımı amacıyla seyahat eden tüccar ayağı yapmak üzere tekrar PanAm ya da Quantas'a ait bir uçağa binmeden önce bir kilo mal temin etmek isteyen, dünyadan bihaber bir yabancı bulmaya dayanıyordu. Sultanahmet Camii'nin etrafındaki muhallebicilerin ve kahvelerin hepsinde onları görebilirdiniz: Daima keyifleri yerinde olan, Avrupa turuna çıkmış sarışın ve bronz kızlarla oğlanlar otel odalarında toplaşır, gitar çalıp protest şarkılar söyleyerek öldürmek üzere Vietnam'a gitmeyeceklerine yemin ederlerdi. O zaman Ede, ben ve Boğaz'daki diğer birkaç gedikli Alman konuk, kendimizi asırlık Asyalılar gibi afyonun acımasız felsefesi içimize işlemiş hissederdik: Sahip olduğun bir şey varsa elinden alınır. Sahip olduğun hiçbir şey yoksa ölürsün. Tüm filozoflar gibi, bilgimizi toplumla paylaşmanın, hem de bunu o başkasının sözünü dinlemeye başlamadan önce yapmanın tamamen meşru olduğunu da düşünürdük. Uygun kurbanlar bulmak kolaydı. İnsan sınırda yaşadığında yolcuların bagajını gözüyle tartmayı öğreniyor. İşte birimiz oğlana ya da çifte yanaşır –tabii, tamamen *şiddet karşıtı* olan ve biraz düşüncelere gömülmüş izlenimi verenleri tercih ederdik– ve otele getirirdi. Oda gereğince dekore edilmiş olurdu. Üstü örtülmüş resmin yer aldığı şövale çok güzel durur, bakışlar ister istemez köşedeki eserlere kayardı. Öteki köşede okunmaktan yıpranmış kitaplar ile not defteri yığınım ve özenle katlanmış Londra gazetesi *Times*'ın uçak postası baskısı göze çarpardı. Ardından cigara döndüğünde ortam gerçekten *beat* olurdu ve *beat*, Kerouac'tan bu yana bu genç Amerikalıların kalbinin anahtarıydı. Alışveriş konusunda her zaman çabucak anlaşılırdı. Beat'ler, pek geyik yapmaya vakti olmayan gerçekten *cool* insanlardı. Ardından birimiz parayla –tabii her zaman *bütün* parayla, zira sonuçta yalnızca iyilik olsun diye bu alışverişlerde yardımcı oluyorduk– kaybolur ve diğerimiz hödükle birlikte deniz ve Sultanahmet Camii manzaralı Beatnik odada oturup cigara sarardı. Gurup vakti camilerin çizgileri silikleşir, martılar minarelerin etrafında arabesk motiflerle uçuşurdu. Kahvelerden yayılan müzik de yardımcı olur, muhabbet durgunlaşırdı. *Peace.*

"Artık yavaştan gelmesi gerekmez mi?"

"Ne? Ha, evet."

"Yavaş yavaş geç oluyor demek istiyorum..."

"Bazen hava kararana dek beklemeleri gerekir."

"Ah."

Sonra canlandırmak için birkaç hapla biraz *speed** verirdik ve aşağıda çatıya açılan bağlantı kapısı gıcırdadığı anda gözlerinde o telaşlı bakış belirirdi. Süratlenir ve konuşmaya başlarlardı; ve ne kadar konuşurlarsa, onlara o kadar egemen olurduk. Çünkü sevgilin o Hell's Angels ile kaçtığında her şeyin ne kadar berbat olduğunu anlattıktan hemen sonra, sahtekar ve dolandırıcı, Türk ve Alman suçlulardan oluşan bir çetenin üyesi olduğunu bir yabancının yüzüne vuramazsın. En azından gerçekten *cool*'san. Öteki türden olanlar da olurdu ama Ede zahmetsizce üstelerinden gelirdi. Yenleri bağımlılığın harap ettiği kollarını ortaya çıkaracak şekilde yukarı sıyrılmış halde, elinde jiletle tuvallerine saldırdığında oldukça tehlikeli gözükürdü. Hepsi de Van Gogh'un ne yaptığını duymuştu. Sonuçta her umuda sıkı sıkıya yapışırlardı ve sen de artık yavaşça huzursuzlanmaya başladığından, onları

---

* Argoda amfetamine verilen ad. (ç.n.)

yanına katıp Tophane'ye giderdin. Ana caddedeki neredeyse hiç aydınlatılmamış tenha meydanı, sarhoş çingeneleri, uyuz köpekleri, hırpani kılıklı dilencileri, peltek peltek konuşan ağızlarında diş kalmamış orospuları ve aniden karanlığın içinden çıkıp onları gözlerinde soğuk bakışlarla inceleyen koyu takım elbiseli adamları görmeleri korkuya kapılmaları için yeterdi. Ama onları, paçavralara sarılmış afyon bağımlılarının, tavandan dev hamamböcekleri çaylarının içine düşerken – gerçekten düştüklerinden değil ama hödükler düştüklerini *görürlerdi* – ağızlarından salya akarak torbacıyı bekledikleri kahvelerin birine götürürdün. Ve kamburla sohbet ederdin – "Sen iyisin? Ben de iyi" – ta ki *mesaj* netleşene dek: Canını kurtarmak için kaç.

Ondan sonra Ede'nin oda tuttuğu otele geldiğimde, çoktan ortalık terebentin ve yağlıboya kokmuş ve Ede yatağını kirletmeyi başarmış olurdu.

"Ee, nasıl gitti?"

"Nasıl gidecek ki?"

"Herifleri tekrar görecek miyiz?"

"Görsen de hayatta tanımazsın ki."

Komodinin üstünde bir afyon topağı. Her taraftan orospuların bağırmaları duyulurdu. Canım nadiren seks çekerdi. Yatağa uzanır ve not defterinin yazmakta olduğum bölümünü açardım. Kartuşlu kalem yeni doldurulmuş. Yeni bir hile, yeni bir resim, yeni bir bölüm. Faulkner ne demişti? "Yazmama yardımcı olacak olsa, büyükannemi bile soyardım." Bununla neyi kastettiğini tam olarak bilmesem de (bu insanların neyi nasıl kastettiğini asla tam olarak bilemezdiniz) bir şey kesindi: Yazıyordum.

11

2

İnsanın hayatta bir şeyler başarması gerektiği, oldukça küçük yaşta kafama sokulmuştu. Öte yandan, bademciklerim alındıktan sonra da hiçbir zaman tamamen geçmeyen ve sürekli tekrarlanan boğaz iltihabında olduğu gibi, nöbetler halinde yakalandığım umursamazlık vardı. Sonbaharda ıssız tarlalardaki patates ateşini,* ağaçtaki kuzgunları, mahalledeki bir kızın kızıl saçlarını görünce tekrar tekrar canlanan melankolik titreme nöbetleri. Bu durumda iyi gelen yegane şey, yatağa kaçıp okumak ve yazmaktı. Politika ve dinle aramda geçen kısa birer flörtün ardından, yazarlığın umursamazlığımı özgürce yaşayıp, yine de hayatta bir şeyler başarabileceğim yegane meslek olduğunu on sekizimde anlamıştım.

Fakat iyi kitapların hepsi çoktan yazılmıştı. Kitapçılarda ya da kitaplığımda duruyorlardı ve böylece, ister istemez Henry Miller ya da Kerouac gibi yaşama sanatçılarının etkisi altına girmiştim. Frankfurt'ta büyümüştüm. Ancak insan yalnızca yaşadığı ya da birinci elden duyduğu şeyler hakkında dürüstçe yazabilirdi; sadece yeterince ciddi bir şekilde yazmayı denemesi, tekniğin bir şekilde zamanla hallolması için yeterliydi. İşte böylece İstanbul'da çatının üstündeki odamızda yatıyor ve Türk işi muşamba kaplı ajandaları dolduruyordum; hayatımda ilk defa ciddi bir şekilde yazmaya çalışıyordum. Sivil hizmetimi bir akciğer ve göğüs hastalıkları kliniğinde savuşturmuştum ve şimdi akciğer ve göğüs hastalıkları kliniğinde sivil hizmetini yapan bir genç hakkında bir roman yazıyor ve bayağı fazla şeyi hikayeye

---

* Hasatın ardından patates otunun tarlada yakıldığı ateşe verilen ad. (ç.n.)

sokmayı başardığımı düşünüyordum: Çılgın Katolik hemşireler, hemşire yardımcılarıyla başından geçen erotik maceralar, tuhaf kanserliler, asık suratlı bürokratlar, kolayca ulaşabildiğiniz morfin. Fakat ölenler hakkında yazarken zorlanıyordum, cümlelerim gittikçe uzuyordu.

Ede, "Bu cümlenin sonu hiç gelmiyor," diyordu. Başarılı bulduğum bölümleri ona okumayı seviyordum. Yatağında manyak bir Türk kız vardı; Sultanahmet civarında takılan kızı polis ve İzmirli zengin ailesi arıyordu. Bu durumu hiç de *cool* bulmuyordum –sonuçta bir şebekemiz olmaksızın çalışıyorduk– ama zaten Ede de artık *cool* değildi. Resimleri gittikçe renkleniyordu ve sergi açmaktan bahsetmeye başlamıştı.

"Bu, teknikle alakalı," dedim. "Burada Joyce usulü bir bilinç akışı söz konusu. Daha önce *Ulysses*'i okumadın mı?"

Türk kız örtünün altında bir yerlerde inledi. Mumlarımız muhteşem gölgeler oluşturuyordu. Ede yeni bir sigara yaktı.

"Sanırım bu daha çok desoxyn'le alakalı," dedi. "Speed'in nasıl işlediğini sen de biliyorsun; bir cümleye başlıyorsun, sonra konu konuyu açıyor."

"Joyce'un desoxyn kullandığını mı söylemek istiyorsun?"

"Beyni muhtemelen desoxyn olmadan da öyle işliyordu."

"Çünkü belirli bir teknik geliştirmişti."

Ede, "Ah, yazarlar," dedi aşağılarcasına. "Sizde her şey sadece beyin üstünden yürüyor." Küfretti. Türk kız onu ısırmıştı. "Buna karşın resim... Müzik bile bu kadar doğrudan değildir." Sigarasını söndürdü, Türk kızı tutup üstüne çekti. Kız nihayet Ede'nin pantolonunun fermuarını açmayı başardı; sonunda başlayabilirlerdi. Zavallı Ede. Kız diş ve tırnaklarıyla muamele çekiyordu. Yatak şiddetle sallandı ve kedimiz bana kaçtı. Ardından yakınlarda bir yerlerde ilk horozlar öttü ve Üsküdar'dakiler karşıdan cevap verdiler. Pencerenin kirli camında soluk bir ışık hüzmesi belirdi. Türk kız, sanki yaşamı söz konusuymuşçasına, soluk soluğa nefes alıp veriyordu. Belki de yaşamı söz konusuydu. Neticede, yaşam dediğin neydi ki? Belki kedi bunun cevabını biliyor ama o da kulağını temizlemeyi tercih ediyordu. Tanrım, Ede, hadi artık be. Son cümleye göz attım. Hâlâ fazla kısaydı. İnsan cümlenin içine, tıpkı her şeyin, ölümün de bir arada olduğu bu odadaki gibi, her şeyi doldurmalıydı. Aha! Ölüm. Bu cümlede ölüm eksikti. Yine ecza dolabına dadanmak istediği servis odasına giderken, kahramanımızın karşısına manik-depresif başhekim çıkıyor, onu cesetlerin olduğu soğuk odaya götürüyor... Hah işte! Biraz vampirizm, hikayede eksik olan şey buydu. Yazmaya koyuldum ama hava gittikçe aydınlanıyor, diğer yataktaki ikili inliyor ve birbirlerinin bağırsaklarını söküp çıkarıyormuş gibi yapıyorlardı. İnsan bu koşullarda nasıl yazabilirdi ki? Joyce olsa, şimdi ne yapardı? Kalktım, askıdan ceketimi aldım ve dışarı çıktım.

Şehri en çok sabahın erken saatlerinde seviyordum. Hâlâ hayatta olmak güzeldi. Haliç'ten esen rüzgar insanın kafasını berraklaştırıyordu. Hamalların ve tezgahtarların kahvaltı yaptığı bir sütçüye gittim, bir çanak tatlı makarna* yiyip şekerli sıcak süt içtim. Bu saatte, casuslar bile yalnızca bir geceyi daha canlı atlatmayı başarmış adamlardı. Dolana dolana Sirkeci Garı'na inip gazetecinin açılmasını bekledim. Almanya treni şimdiden perondaydı. Binip gitmeyi hiç istemiyordum. Bir *Times* aldım. 68 Baharı. Paris'te, Berlin'de, Prag'da bir şeyler olacak gibi duruyordu. Köşedeki kahveye oturup gazeteyi okudum. İyi bir izlenim bırakıyordu. Coni Vietnam'da dayak yiyordu. Kim bilir, Türkler bu konuda ne düşünüyordu. İnsan, Amerikalı denizcilerin Tophane'de ve başka yerlerde bıçaklandığını duyuyordu. Söylentiler. İkilinin seks nöbetinin yakında sona ereceğini umuyordum. Yazmaya devam etmek istiyordum. Haliç'teki gemi-

---

* Yazarın kahvaltıda yediği şey büyük olasılıkla kadayıf, ancak deneyimine yabancılığının kaybolmaması için "tatlı makarna" olarak bırakmayı tercih ettik. (ç.n.)

lerin düdüğünü duydum. Birden düşündüm: Gerçekten yazıp bitirirsen bu şeyle ne yapacaksın? Bu muşamba kaplı ajandaların hepsini birden Almanya'ya mı göndereceksin? Peki kime? Ve bunu hatırı sayılır bir yayıncı okuyup basacak ve sonra sana para gönderecek, öyle mi? Ve sen de oteldeki borçlarını kapatacak, belki Piyerloti'ye taşınıp bir kilo afyon alacak ve bir kitap daha mı yazacaksın? Ellerime baktım. Eski ve yeni yara izleri, yara kabukları. Afyon ve Nembutal damarları haşat ediyordu. Çorap giymemiştim ve bir numara küçük gelen ayakkabılarımın tabanı delik deşikti. Pantolonum bir zamanlar yeşildiyse de, artık tamamen renksizdi ve kadifesinin fitilleri ufalanıp parçalanıyordu. Birkaç liraya gömlek alabiliyordunuz ama insan birine alıştı mı bir daha kolay kolay bırakmak istemiyordu. Aynı artık İstanbul'u, yara izleri, umursamazlık, kartuşlu kalemler ve deniz manzarasıyla rahat edeceğince yerleştiği çukuru bırakmak istemediği gibi. Mümkün olduğu sürece bu çukurda kalmak istiyordum. Yaşam nasıl olsa anlamsızdı.

3

Ede satmaya başlamıştı. Resimleri muhallebicilerde, hippilerin kaldığı otellerde, hediyelik eşya dükkanlarında ve kebapçılarda asılıydı. Hilton'daki bir sergi ile ilgili belli belirsiz imalarda bulunuyordu. Çatı katına garip herifler gidip geliyordu: üç parçalı takım elbiseleri ve yelek ceplerinde iğne takımlarıyla genç Türkler, Şam ve Amman'daki siparişler hakkında bir şeyler zırvalayıp duran kızıl sakallı bir Alman, Boulevard Saint-Michel barikatlarında edindikleri yaraları gösteren sıkı sokak çatışmacıları. Sanat eseri ve pasaport ticaretimizin yanında, kaçıklar ile muhbirlerden oluşan çevremiz de büyümekteydi. Hatta hakiki bir model, konuk sanatçı olarak iki şapka kutusuyla sahne alıyordu. Benim üretimimse fiilen durmuştu.

"İhtiyacın olan şey," diyordu Ede, "bir daktilo, Harry."

Ben ise, "İhtiyacım olan şey, birkaç plastik damar," diye cevap veriyordum.

Ede kafasına koyduğu şeyi yapardı. Aşağıda, Galata'da, kullanılmış daktilo satan bir dükkan bulduk. Almanca harfleri olan en ucuz model, bizim iki aylık geçimimize yetecek kadar ediyordu. Türkçe harfli bir daktilonun da yeterli olacağına karar verdik. Kendi paramla satın aldığım ilk daktiloydu bu. Belki bu paraya biraz kan bulaşmıştı ama her iğneye kan bulaşmıyor muydu zaten? Daktilonun yeşil madeni bir gövdesi vardı. Gri plastik kılıfının içinde, sağlam bir şeydi. İnsanın elinde oldukça ağırdı. Bir iş aleti. Görünce, ister istemez avuçlarınıza tükürüyordunuz. Mumun titreyen ışığı, kedi mırıldanması, yerdeki ispirto ve not defterlerini birbiri ardına dolduran keçeli kalemin eşlik ettiği bütün o soğuk gecelerde yol alıp almadığım şimdi ortaya çıkacaktı.

Fakat daktilo ile birlikte, o zamana dek bilmediğim sorunlar ortaya çıktı. O sıralar odamız gündüzleri dingonun ahırı gibiydi, geceleriyse daktiloyu pek kullanamıyordum – sonuçta insanlar uyumak istiyordu. Daktilo kağıdı, yazarken değil ama tuvalette, hızla azalıyordu. Ede geceleri her zamanki gibi tuvale girişirken –biraz kilo almıştı ve devasa göğüsleri olan kadınlar çizmeyi tercih ediyordu–, keyifsizce bir köşeye çöküp not defterlerimin sayfalarını karıştırıyordum.

Ede, "Yeni bir ritm edinmen lazım," diyordu. "En iyisi, bir oda daha tutup kendi büron yapman. Ondan sonra da sahiden, sabit çalışma saatlerine uyacaksın. Kim hâlâ elle yazar ki? İnsanlar günlük tuttuğunu sanıyor."

Not defterlerini diğer eşyalarımın yanına fırlattım. "Niye geri dönmüyoruz, Ede? Avrupa'da devrim var ve biz bu çatı katında oturmuş, sanatçılık oynuyoruz."

"İnan bana, şimdi devrim yapanları tanıyorum. Club Voltaire'deki gevezeler bunlar. Onlar Stuttgart'ta devrim yapana kadar, benim resimlerim Museum of Modern Art'ın duvarlarını süslüyor olur."

"Ede, sonuçta ben İngiliz anarşist *Freedom* dergisinin Federal Almanya muhabiriydim. Dergiyi Kropotkin kurmuştu. Ne zaman devrimci bir durumla karşılaştığımı bilmediğimi söylemeyeceksin bana, değil mi?"

"Ama İngiltere'den hiçbir haber gelmiyor, Harry."

"İşte onların biraz daha zamana ihtiyaçları var. Ayrıca orada reçeteyle eroin alabiliyoruz."

"Şimdi moralinin bozulmasına izin veremezsin," dedi Ede. "İlk defa hakiki bir tuval üzerinde çalıştığımda, ben de her şeyi bırakıp kaçmak istemiştim. Bunlar geçer. Sadece daktiloya alışman gerek."

"Daktiloyla yatmam falan mı lazım?"
"İşe, mektup yazmakla başlayabilirsin. Yazıcılık Türklerde hâlâ bir meslek. Yazarlık değil de, yazıcılık. En iyisi, ilk önce yazıcı ol sen. Burada yüzlerce yabancı yaşıyor; ne biçim olanaklar söz konusu, biliyor musun? Kimin daktilosu var ki? Ve eğer iyi bir yazıcı olursan, iyi bir yazar da olursun."
"Che Guevara öldü, senin anlattığın saçmalığa bak."
"Che'nin kendisinin de sana başka bir şey söyleyeceğini sanmam. Oradan Prusya mavisi tüpünü versene bana."

Ertesi gün, lanet daktilonun başına oturmuş, not defterlerinden birinin ilk sayfalarını tek parmağımla daktilo etmeye çalışıyordum. Göründüğü kadarıyla, uzun cümleleri oldukça erken devreye sokmuştum. Ama bu tür cümleleri, bütünlükleri yitip gitmesin diye son derece hızlı yazmak gerektiğinden; onları okuyabilmek için uzun, ne anlama geldiklerini anlayabilmek içinse daha da uzun zamana ihtiyaç duyuyordum. Büyük kısmı boktandı. Ağlamak üzereydim. Birisi hafifçe öksürdü. İt muamelesi gören ve buna uygun mimikler geliştirmiş olan, otuz yaşlarındaki uşak Mahmut'tu öksüren. Gözleri fal taşı gibi açılmış halde bir elini uzatıp huşu içinde daktiloya dokunurken, habire ağzını şapırdatıyordu. Bana getirdiği çayı içtim. Mahmut güldü, ortadan kaybolduktan sonra patronla birlikte geri döndü. Tombul bir adam olan patronun, açık renkli bir teni, hesapçı gözleri ve gözlerini nafile yalancı çıkaran sempatik bir çenesi vardı. Daktiloyu inceledikten sonra övdü ve öğleden sonra iş başındaydım. Kiraya karşılık yazıyordum.

4

Yazın İstanbul'a Fransızlar ile Avusturyalılar doluştu. Viyana ile Paris'ten, Tirol ile Bretonya'dan gelen hippi güruhları, şimdiye kadar hakim olan samimi atmosferi sözde liberter bir karmaşaya çeviriyorlardı. Parklarda herkesin gözü önünde yiyişiyor, dileniyor, işin inceliğine zerrece hakim olmadan hırsızlık ve dolandırıcılık, laf ebeliği yapıyor ve genel konuşma üslubunu en kısa sürede sefil bir seviyeye düşürüyorlardı. Doğu yönünde gözden kaybolan her birinin yerine, bir sonraki gün daha fazlası türüyordu.

Büyük tutuklama dalgaları yaşandı. Mahkeme kararları sertleşti. Bir kilo için yirmi yıl, on gram için üç yıl, tutuklanması sırasında tabancasını çeken bir Amerikalının vurularak öldürülmesi... İlk Vietnam gazileri beliriyordu. Kongo'dan Katanga'lı siyah esrarkeşler. *Love&peace* mevsimi çoktan sona ermişti. Hızla cehennem mevsimine yaklaşıyorduk.

Muhallebicilerin hiçbiri artık resim satmıyordu ve yazmayı nihai olarak bırakmıştım. Ne uzun cümleler, ne de patron için mektuplar. Şehrin üstüne acayip ateşli bir yaz çökmüştü. Üniversite semtinde gösteriler. Polisin yol keserek yaptığı kontroller. Geceleri sokağa çıkma yasağı. Çayevlerinde, hippilerle ilgili gazete yazılarını yüksek sesle okuyarak gözlerini bize dikiyorlardı. Ben hippi değildim, polisle bir sorunum yoktu ama artık yazıcı değildim, yazarsa hiç değildim. Daktiloyu rehin verdiğim gün, patron bize astronomik bir hesap gösterdi. Ses tonu yanlış anlamaya mahal bırakmayacak kadar açıktı: Yakında ödemezseniz kapı dışarı edileceksiniz. Ama çatı çoktan beridir yalnızca bir barınaktan fazlasıydı. Orada, yukarıda evimizdeydik. Çatı bizim sığınağımızdı. Başka bir yeri bir günde terk etmiş olurduk. Çıkardığımız sonuç açıktı: Bir numara çevirecektik. Amerikalılardan uzak durmaya karar verdik. Sonuçta, birisinin aniden Colt'unu çekmesini istemezdik. Uzunca bir süredir tanıdığımız bir hemşerimiz hariç kimseyi bulamamıştık. Riskli bir işti ama bu işlerde duygulara sahip olma lüksünüz yoktu ve tereddüt etmek için ise artık çok geçti. Artık ancak patron yokken otele girip çıkabiliyorduk. Kimlik belgemiz olmadığını sanıyordu ama daha sürekli yanımızda taşıdığımız hüviyetlerimiz vardı. Hileli anlaşmayı organize etmiştik; ama her şeyin gerçekleşeceği gün aşırı dozda desoxyn alan Ede, bütünüyle paranoyaklaşarak devre dışı kaldı. Neredeyse her şey ters gidiyordu. Hemşerimiz saatlerce peşimden ayrılmıyor, planımızın kokusunu aldığından parayı çıkmak istemiyordu. Tüm şehrin üzerine, çoktan patlamış olması gereken bir fırtınanın öncesindeki gibi elektrik yüklü bir gerilim çökmüştü. Nihayet Karaköy vapuruna bindiğimde, yanımda beklediğim 2 ya da 3 bin lira yerine yalnızca yaklaşık bin lira vardı. Hâlâ fırtınadan eser yoktu. Polisin çevremi sardığına inanıyordum. Kafamda gece için bir otel odası tutma fikriyle, bir saat boyunca Karaköy'de dolaştım. Yıldırım düşecek bir yer varsa, o da karşıdaki İstanbul, Sultanahmet ya da Cağaloğlu'ydu. Fakat benim acilen bir vuruşa ihtiyacım vardı. Karaköy'de hiçbir şey bulamazdım. Halsizlikten ve küçük düşmekten titriyordum. Devrim ya da bir roman yerine, 400 mark nedeniyle bu delilik. Bir kıza sarılmayalı bir yıl olmuştu. İhtiyacım olan şey –neredeyse bir yıllık emeğim olan– not defterlerimdi; o zaman çekip giderdim. Evet, çekip giderdim. Ama nereye? Batıya mı, yoksa doğuya mı? Vapura geri dönmeye baktım. Huzurluydu çayevindeki adamlar. Hoştu Şark'ın sessizliği. Dünyanın güzel bir köşesi. Kalamayacak olmam iyiydi. Bir daha asla geri dönmeyecek olmam iyiydi.

5

Gar yakınlarındaki polis tutukevi, Cağaloğlu'ndan uzak değildi. Büroları ve küçük hücreleriyle bir hol, daha fazla büro ve hücrenin yer aldığı bir koridor ve bir spor salonunun ebatlarına ve bir toplu mezarın kokusuna sahip bir koğuş. Gözlüğümü, kimliğimi ve kemerimi teslim etmek zorundaydım. Katladığım kağıt paraları, külot yerine giydiğim mayonun küçük yan cebinde taşıyordum. Tabii Fransızlar, özellikle de Fransız kızlar çığlık çığlığaydı: "Salauds! Fascistes!"* En öfkelilerimiz coplanıp ücra hücrelere götürülürken, diğerlerimizin kaderine koğuş düşüyordu.

Baskınların öğleden başladığını öğrendim. Beni, tam bir vuruş yapmak üzereyken, çatı katımızda yakalamışlardı. Ede de oradaydı ama görünen o ki bir şekilde sıvışmayı başarmıştı. Yoksa kişiye özel bir anlaşması mı vardı? Koğuştaki yaklaşık 150 kişi arasında sadece eskilerden birkaç kişiyi tanıyordum. Eskileri kısa saçlarından, soluk benizlerinden ve sızlanmak ve tepki göstermek yerine, derhal –üstüne oturmak için edindikleri gazeteden, *cold turkey*'i** kontrol altına almak için Nembutal kapsüllerine dek uzanan– ufacık avantajlar sağlamaya başlamalarından tanıyordunuz. Ama soğuk zeminde oturarak geçen birkaç saatin ardından hepimiz yoksunluk çekmeye, haşhaşın intikam meleklerinin beceriksiz aşıklarını cezalandırdığı korku tribine girmeye başlamıştık.

---

* "Domuzlar! Faşistler!" (ç.n.)
** Herhangi bir uyuşturucu kullanmadan geçirilen eroin yoksunluk krizi. (ç.n.)

Diğerlerinden mümkün olduğunca uzakta, gazetemin üzerinde dizlerimi göğsüme çekmiş, kollarımı bacaklarıma dolamış oturuyor, miyop gözlerimi dikmiş Hieronymus Bosch'un kabuslarından çıkma figürlerle dolu gece manzarasına bakıyordum. Yıllardır içime pompaladığım tüm uyuşturucu ve zehirler sanki aynı anda metabolizmamı terk etmek istiyor ve her bir gözenek uğruna amansız bir mücadeleye tutuşuyorlarmış gibiydi. İşe yaramaz bedenimi terk ettiklerinde ise, kanları onlara hâlâ ev sahipliği yapabilen junky'lerin metabolizmalarına birer vampir gibi giriyorlardı. Güzel bir manzara değildi ama beni gerçekten endişelendiren, muşamba kılıflı not defterlerimi düşünmekti.

Not defterlerini almalısın, diye düşündüm ateşim berrak bir düşünceye sahip olmama izin verir vermez. Not defterlerin sayesinde, uyuşturucunun senin için yalnızca bir görev olduğunu mahkemede kanıtlayabilirsin. Bir görev ve zaruri bir tecrübe. Afyonu öven tüm o yazarları düşünün! Pierre Loti'nin afyon içmediğini mi sanıyorsunuz? Hatta İstanbul'da bir caddeye onun adı verilmiş! Ayrıca, bu defterler açıkça gösteriyor ki, romanım kesinlikle bir afyon apolojisi değil, tam aksine, sert bir uyarı olacak! Cehennemin dibinden bir rapor. Yüce mahkeme! Kısacası, tam da afyon üreticisi olan Türkiye, yazarlık misyonumu engellememeli ya da cezalandırmamalı, aksine gücü yettiğince desteklemelidir! Mesela kafamdan Turizm Bakanlığı'nın sponsorluğunda bir özel baskı geçiyor! Bana çatıdaki sığınağımı geri verin, Alman harflerine sahip bir daktilo sağlayın ki, ben de, şans tanındığında genç bir yazarın içinde nasıl bir potansiyelin açığa çıkacağını kanıtlayayım! Türk-Alman kültür etkinlikleri! Tophane Atölyesi!

Bir anda, burada başıma hiçbir şey gelmeyeceğini fark ettim. Hatta artık ayağa kalkıp hareket edebiliyordum. Diğerlerinin durumunun ne kadar berbat olduğunu gördüm. Kimileri ölüm döşeğindeymiş gibi gözüküyordu. Kolları sadece iltihaplı, açık yaralardan oluşan bir Fransız, kafasını aralıksız duvara vurarak kendini öldürmek ister gibiydi. Arkadaşları önce ona engel olmaya çalıştı; ama o öyle dehşetle inliyordu ki, vazgeçtiler. Nihayet Türkler nöbeti devralıp onu sürükleyerek götürdüler. Diğerleri kendilerini, içinde bulundukları durumdan seksle kurtarmaya çalışıyordu. Ama o da daha iyi durmuyordu. Arada, sessizce acı çeken, Türklerle ve nöbetçilerle fısıldayarak pazarlık eden eskiler. Arada sırada, koridordaki hücrelerde Fransız kadınlar cırtlak bir sesle müstehcen laflar ediyorlardı. O zaman polisler coplarını kapıp onları pataklıyordu. Sorgular hiç durmadan sürüyordu. Üstlerine iyi oturan takım elbiseleriyle birkaç yakışıklı dedektif, hücrelerin kapısını açtırıyor, arananları kalabalığın arasından seçip, kelepçeleyerek götürüyorlardı. Gidenlerin hiçbiri dönmüyordu. Anlaşılan, polisin elinde bir liste vardı. Hayatımın en uzun gecesiydi; ama hiç adımın listede olabileceği hissine kapılmadım. Onun yerine, insanın böyle gecelerde ruhunu mitlerle meşgul etmesinin karşılığını aldığını keşfettim.

Sonuçta, bu hırpani, içi çürümüş, salyası akan şahısların arasında yazar olma yolunda emin adımlarla ilerleyen tek kişi bendim. Bir yazarın başına, bu pisliğin içinde oturmaktan ve hayatta kalma idmanı yapmaktan daha iyi ne gelebilirdi ki? Yazarlar, bunun gibi yerlere aitti. Mitler bunun gibi yerlerde doğuyor, devam ediyor ve zafere ulaşıyordu. Gorki'yi, Algren'i, Fallada'yı düşündüm. Kitaplarıyla geçirdiğim zamanın karşılığını şimdi alacaktım. Diğerlerinin, cehennemle başa çıkabilmek için kasları, mangırları ya da güzel götleri vardı. Yazarlarınsa mitleri. Böyle düşünüyordum.

Ertesi öğlen bizi dışarı çıkarıp iki otobüse doldurdular. Dizginsiz spekülasyonlar başladı.

"Herkesi oteline bırakacaklarmış!"

"Bizi Adalar'a süreceklermiş!"

"Beni dinleyin: Bizi şehrin dışına götürüp kurşuna dizecekler."

Eskilerden biri, küçük bir şişe afyon ruhu bulmayı başarmıştı; bir bölümünü ondan satın aldım. Yanımızda biraz su ve yeterince sigara vardı. Sınıra kadar yolculuğun tadını çıkardım. Uzun, sıcak yaz, toprağı yakıp kavurmuştu. Kurumuş nehir yataklarının üzerinde toz bulutları süzülüyordu. Benzincilerin ve çayevlerinin önlerinde sarı balkabağı piramitleri. Bazen, serap gibi belirmesiyle kaybolması bir olan bir deniz şeridi. Küçük, boynu bükük köylerin mola yerlerindeki tıka basa dolu otobüsler, halka tatlısı ile limonata satan çocuklar, basık kasketleri ve düğümlenmiş mendilleriyle köylüler, tarlalarda diz çökmüş kadınlar, başıboş köpekler, arada sırada bir minarenin üstünde uçan yırtıcı bir kuş. Yakında bunları yazacağımı biliyordum.

Bizi Edirne Otogarı'na kilitleyip, başımıza ne geleceğine karar vermeyi gümrük memurlarına bıraktılar. Kolaj parçalanıyordu. Yere yatmış herifler otuz bir çekiyor, başkaları salyalarını damarlarına enjekte etmeye çalışıyordu. Birkaç *cool* Kanadalı, eşyalarının tamamını bir konsolosluk çalışanı tarafından hapse getirtmiş, şimdi otogar yöneticisine, sınır polisine ve gümrükçülere plaka plaka esrar dağıtıyorlardı. Sanırım yine de kendilerine yetecek kadar artmıştı. Burada anladıkları yegane dil paraydı. Bizi, Bulgaristan'a götürmesi gereken bir trene yüklediler; ama tren, Bulgar sınır kapısında durdurulup geri gönderildi. Afyonum tükendikten sonra bir şişe ucuz konyak aldım. Ertesi sabah bir ara Selanik'e vardım. Yanımda hâlâ kimliğim, yaklaşık 500 lira, gözlüğüm ve üstümdeki paçavralar vardı; ama romanım gitmişti. Bir dahakini bitireceğime dair kendime söz verip, Almanya yoluna düştüm. Bir hafta sonra ailemin kapısını çaldığımda, kapıyı annem açtı. Nasıl ürktüğünü gördüm. Yalnızca kırk beş kilo kalmıştım.

6

Sabah sekizde Berlin-Tempelhof'a vardık. Aralık başıydı ve gökyüzü, buz sarkıtlarının asılı olduğu bir kurşun plaka gibiydi. Caspar, yolumuzun uzun olmadığını söyledi. Sanki kış için yaratılmış sinsice soğuk gülümsemesiyle sarışın bir Adonis'ti. Yirmi üç yaşındaydı ve anarşist olduğunu iddia ediyordu. Metroyla Schöneberg'e gittik. Caspar yanında eşya olmadan yolculuk ediyordu. Benimse üstümde ağır bir kışlık palto ve yanımda kitaplar, kazaklar, çoraplar, iç çamaşırları, not defterleri, bildiriler, atkılar, yün eldivenler, plaklar, hastane envanterinden ilaçlar ve el yazması müsveddelerle ağzına kadar dolu bir bavul vardı. O devrim yapmak, ben de yeni romanım için malzeme toplamak için Berlin'in yeraltına doğru yola çıkmıştık. Tabii bunu söylememeye dikkat ediyordum. Ben de anarşisttim.

Komün, bu güzergahta hava trenine dönüşen metrodan uzak değildi. Gözünden uyku akan genç bir kadın kapıyı açtı. Geleceğimiz söylenmişti, içeri girebilirdik. İçerisi, ölü güvercinlerin kar birikintilerinin üstünde yattığı dışarıdakinden pek de daha sıcak değilmiş gibi geldi bana. Komünün üyeleri büyük bir döşeğin üstünde, yorgan, palto ve yastıkların altına girmiş oturuyorlardı. Ortam, sobaya rağmen, aşağı yukarı, bir aile kabri ne kadar rahat olursa o kadar rahattı. Komüncülerden birkaçı yavaş yavaş yorganlarının altında doğrulmuş, beni tuhaf bir biçimde gözden geçiriyorlardı. Hemen bana ajan gözüyle bakmaya başlamışlardı. Bakışlarına kısa sürede alıştım. Berlin, meşum bakışlarla doluydu ve şehirde ajanlar hiç eksik olmamıştı.

Bize kapıyı açmış olan Sonja, "Az evvel hepimiz birarada yatmaya karar verdik," diye açıkladı. Yaşı en büyük ve komünün önderi olan oymuş gibi gözüküyordu. Aralarında en güzel olan da yine oydu. "Yoksa bu burjuva zırvalığından asla kurtulamayacağız," diye ekledi. Gülümsemesi birçok anlama gelebilirdi. Başıyla onaylamakla yetinen Caspar, çoktan bir şehir haritasına yoğunlaşmıştı. Yalnızca eylemlerle ilgilenen sert bir eylemci havasına bürünmüştü. "Burada yalnızca geçici olarak kalacak bir yere ihtiyacımız var," diye açıkladı. "Bir üsse." Manidar bir biçimde etrafına bakıyordu.

Bir komüncünün ağzından, "Ama önce bunu tartışıp bir karara bağlamamız gerekiyor," sözleri duyuldu.

Caspar, "Artık tartışarak varılacak bir yer yok," dedi.

Komüncü, "Buraya daldığınız gibi bizi kendi hedefleriniz için kullanamazsınız," diye cevapladı. "Eylem yapacaksak birlikte yapacağız. Bireycilik zırvasını burada yürürlükten kaldırdık."

İşte bu konuda haklısın, diye düşündüm. Belki de, zamanında sınırda öteki yöne gitsen daha iyi olurmuş. Şimdi çatı katında da hava çok daha sıcak değildir ama orada, allah kahretsin ki, huzurun bozulmazdı: Şövalenin başında Ede, mırıldanan kedi, okul bahçesinde milli marş ve kartuşlu kalemin ısrarcı sürtünmesi. Anıları kafamdan uzaklaştırdım. Asla hiçbirinin hayatıma geri dönmeyeceğini biliyordum. Kahvaltı almaya gönüllü oldum. Daha 200 markım vardı. Ajan dahi olsam, o gün aynı zamanda para babasıydım da.

Kahvaltı, günün ana öğünüydü. Çay, kahve, kakao, meyveli yoğurt, küçük ekmekler, margarin, salam, lor, dilim peyniri, belki biraz balık ya da soğuk domuz tava, hıyar, meyve, çikolata ve –varsa– birkaç cigaradan oluşuyordu. Ayrıca, "Abadie" marka sigara kağıdıyla sarılmış "Schwarzer Krauser" tütünü içiliyordu. Gazeteler de önemliydi. Bulvar gazeteleri tercih edilse de, daha seçkin arzular için arada bir *Frankfurter Runschau* alındığı da oluyordu. Komün ağırlıklı olarak üniversite öğrencilerinden ve eski üniversite öğrencilerinden oluşsa da; siyasi tartışmaların seviyesi, belli belirsiz sola meyleden bir meyhane masasındakini aşmıyordu. Devrim, insanın önce kendi içinde –kendi içinde, kendi için, kendi çevresinde, her şeyden önce cinsel ama aynı zamanda ruhsal ve tabii ki sürekli olarak, bulaşık yıkar ya da sıçarken de– yapmak zorunda olduğu bir şeydi. Yavaş yavaş, Türkiye'de not defterlerimden fazlasını bırakıp bırakmadığımı kendime sormaya başlıyordum. Ardından uyuşturuculardan bahsetmeye başladılar. Ve ben, ruhlarının kapısını açacak anahtara sahip olduğumu fark ettim. Adı, yeni bilinçti ve o anahtarı yalnızca çevirmem gerekiyordu.

7

Masaların hepsi kısa kenarları birleşecek şekilde dizilmişti ve üstlerinde basılmış sayfa yığınları yanyana duruyordu. Bunlar, Wilhelm Reich'ın *Orgazmın İşlevi*'nin 118.'den 148.'ye kadar olan sayfalarının fotokopileriydi. Korsan baskı yapıyorduk. Şimdi sayfaların biraraya getirilmesi gerekiyordu. Bunun için, kaz adımlarıyla masaların çevresinden dolaşırken kaptığınız sayfalardan oluşan yığını diğer bir masanın üstüne koymanız gerekiyordu. Bununla karşılaştırıldığında, bir fabrika hangarını süpürmek adeta sanatsal bir etkinlikti. *Orgazmın İşlevi*'ni harmanlamak, bana okulda ceza olarak verilen ödevleri anımsatıyordu. *Yüz defa, "Bunu bir daha asla yapmak istemiyorum," cümlesini yaz.*

"Esas neden orgazm olamadığım hakkında konuşmamız gerektiğini düşünüyorum," dedi Hilde. Hannover civarından gelen genç bir şeydi ve sevgilisiyle birlikte komüne taşınmadan önce bir dönem pedagoji okumuştu. "Hepimiz birlikte uyumaya başladığımızdan beri bir türlü orgazm olamıyorum."

"Şimdi bu işi halletmemiz gerekiyor ama," diye fikrini açıkladı Baby. Baby, eşcinsel ayağı yapsa da, Sonja'yla yatıyordu. Gerçi tipi kız gibiydi ama Caspar'la ben gelene kadar komündeki tek erkek olmuştu. "Eğer yarın en azından yüz tane satamazsak, Bewag* elektriği keser. Hadi Hilde, kalk bakalım."

Gaz çoktan kesilmişti.

Hilde, "Ben, bir komünde başarı baskısının ortadan kaldırılacağını düşünmüştüm," dedi. "Oysa bazen kahvaltı bile bende bir başarı baskısına yol açıyor. Kim benimle Go'ya gelir?"

---

* Berlin elektrik kurumu. (ç.n.)

Hep birlikte gittik. Mister Go'da sağlam rock ve bir ışık şovu vardı. Vietnam'daki savaştan enstantaneler, sevilen motiflerdi. Duvarda, saldırırken ve ölürken GI'ların, yanan keşişlerin, infaz edilen Vietkong'ların fotoğrafları belirip kayboluyordu. Onlara, benim için yeni olan bir müzik eşlik ediyordu: The Doors, Jefferson Airplane, Cream, Jimi Hendrix. Dalgalı saçları ve Hint işi gömleklerindeki Mao rozetleriyle torbacılar; misk kokulu, küpeli lubunyalar; kuaför eğitimlerini özgür aşk ya da bir bombayla değiş tokuş etmek istemiş ama onun yerine Kreuzberg'deki bir bodrum katında kollarında paslı bir iğneyle uyanmış, Siemens şehrinden ya da Neheim-Hüsten'den gelen işveli güzeller; beyaz naylon gömlekleri, Enver Hoca'nın Toplu Eserleri ve kafalarında hazır kurşuna dizilecekler listeleriyle fütüristik siyasi komiserler; ve ilk *flash*'lerinin peşindeki sokak çocukları, Asya Devrimi ile ilgili notlarıyla ışık gösterisi altında yığılırken; The Doors çocuğun adını koymaya çalışıyordu: "Father, I want to kill you."* Dışarı çıktığınızda, devriye arabaları köşede duruyor ve dönen mavi siren lambaları, kafada patlayan kolajlara karşı alaycı bir yorum gibi geliyorlardı.

"Bir gün ne yapmak istersin?"

"Nasıl bir gün ne yapmak isterim?"

Sabahın dördü. Kar taneleri Potsdam Caddesi'nin neon lambalarında eriyordu. Bir birahaneden sessiz çoğunluğun istek parçası geliyordu: Heintje'nin "Mama"sı.

"Demek istiyorum ki, gelecekte ne ne yapacaksın?"

"Artık gelecek yok."

"Öyle mi?"

"Gelecek ortadan kaldırıldı. Artık sadece şimdi var."

"Peki on yıl sonra?"

"On yıl sonra hâlâ şimdi olacak."

"Zamanın durduğunu mu söylemek istiyorsun?"

---

* (İng.) Seni öldürmek istiyorum, peder. (e.n.)

"Harry, keyfimi kaçırıyorsun."

Trenlerin kırmızı ışıklarının Nollendorf Meydanı'nda kayboluşlarının ve ortaya çıkışlarının izlenebildiği cumbalı odaya oturdum. Birkaç Rosimon-Neu* yutup şiirlerime yöneldim. Yeniden şiir yazıyordum ama okul çağındaki o lirik şeylerden değil. Şiirlerimde bazen İstanbul ve muşamba kılıflı not defterlerimdeki uzun nesir satırları oluyordu. Her gece dört beş tane yazıyor ve sonra, Braunschweig'daki bir şeylerden kaçmış genç bir adam olan Manni'ye okuyordum. Uzun saçları, dar kot pantolonu, süet çizmeleri, güneş gözlüğü ve daima biraz kubarı vardı ve bir güvenin ışığın etrafında döndüğü gibi komünün etrafında dönüp duruyordu. Esrar içerdik, o plak çalar, ben de yazar, sonra ona okurdum.

"Yeah, man, yeah."

Ede daha sert bir eleştirmendi. Belki de ben daha iyi olmuştum. İşte orada. Yine bir tren. Kırmızı ışıklar karanlığa akıp gidiyordu.

"Manni, sen mevzuya nasıl bakıyorsun?"

"Hangi mevzuya abi?"

"İleride bir gün ne yapmak istersin, demek istiyorum."

"Ha, onu kastediyorsun. Ne bileyim, bir şeyler buluruz."

"Hiç planın yok, değil mi?"

"Yani, buraya taşınmayı isterim. Burasının geliştirilmeye açık olduğunu düşünüyorum."

"Hımm, *Orgazmın İşlevi* satmak mı istiyorsun?"

"Eh, mangırsız olmaz. İleride ortadan kaldırılacak tabii ama şimdi hâlâ olmak zorunda. Ama kitap satmak bana gelmez; biliyorsun, ben daha çok pratik işlere yatkınım."

"Hımm, peki o zaman ne yapmayı düşünüyorsun?"

---

* Alman ecza şirketi Ravensberg tarafından 1950'lerde geliştirilen bir ağrı kesici. Yüksek dozu uyuşturucu olarak kullanılıyordu. (ç.n.)

"Hımm, eski eşya işinde olanaklar var bence. Bit pazarları acayip iş yapıyor, biliyorsun. Bir de asit, tabii. Hepsi tribe girdi mi, o zaman bütün bu politikaya da ihtiyacın kalmaz."
"Emin misin?"
"Ben bu meseleyi şöyle görüyorum: Asit bu dünyayı Mao Zedong'dan daha fazla değiştirecek, moruk."
"Peki bu kendin için nasıl olacak? Sen ne olacaksın?"
"Benim sloganım, *be cool*. Burada kesin bir şeyler yapılır, bunu Sonja'yla da çoktan hallettim. Olmazsa da, Braunschweig'da bir arkadaşım var işte, bir ara Hindistan'a uzanmayı düşünüyoruz. Galiba ancak orada gerçek perspektife sahip olabilirsin."
"Hindistan'da?"
"Evet, biliyorsun, Buddha falan işte. Ha, bu çizmeleri nasıl buluyorsun abi? Sana da bir çift ayarlayabilirim. Havalı, değil mi?"

Manni bir plak koydu. Vanilla Fudge. Parmaklarım soğuktan katılaşmıştı. Kırmızı ışıklar güne doğru akıp gidiyordu.

8

Komün I, yılbaşının trip için doğru zaman olduğunu düşünüyordu ve biz de bundan nasibimizi almıştık. Ancak beş gün sonra hâlâ hiç kimse uyumamışken, aldığımızın asit değil, doğrudan doğruya şeytanın laboratuvarlarından gelen bir uyuşturucu olan STP olduğu kafamıza dank etmişti. LSD'nin halüsinojen etkisini amfetaminlerin güçlü uyarıcı etkisiyle birleştiriyordu. Belki Hollywood'daki bitkin düşmüş bir çıplaklar partisine yeni perspektifler sunmak için başarılı bir madde olabilirdi ama yılbaşı kutlayan bir cephe kentinin ortasında asit çağının başlangıcını kutlamak için oldukça riskliydi. Havai fişek ve maytapların yanık kovanları çoktan süpürülmüşken, komünlerde hâlâ patlayıcılar havaya uçuyor, beyinlerde delikler açıyorlardı.

Merdivenlerde çıplaklar. Beş gün beş gece boyunca Beatles'ın beyaz albümünü dinlemiş ve Revolution No. 9'ın tam olarak ne anlama geldiğini apaçık keşfetmiştim: Revolution No. 9. 1789, 1830, 1848, 1871, 1917, 1918/1919, 1949, 1959, 1969: Körler görecek ve dilsizler şarkı söyleyecekler. *While my guitar gently weeps.*
*Bir daha asla uyumak yok. Yirmi iki yıl Sen'i aradıktan sonra, sadece bir Ben'in var olduğundan kesinlikle emin oldun. Ve o Ben, kirli donlar, delik deşik yeşil çoraplar giyiyor; dişlerinde sarı tartar ve alnının ortasında kırmızı bir delik var. Evet, bu durumda kendi Ben'imden ayrılmak zorundayım. Ayrılıklar, akıl hastanelerinde ve sosis büfelerinde coşkulu yeniden karşılaşmalar. Bir sürü plak, bir sürü kitap parçalandı, televizyon tahrip edildi, camlar kırıldı, dudaklar ısırıldı, Mao İncilleri ate-

---

* (İng.) Gitarım usul usul ağlarken. (e.n.)

şe verildi, sikler açıldı, randevular iptal edildi, gözyaşlarına sırt çevrildi, bakışlar analiz edildi, külotlu çoraplar bulunamadı, sözcükler unutuldu, konuşmaya tövbe edildi, sikler koparılmaktan vazgeçildi, anahtarlar kaybedildi, yastıklara sarılındı, evler yeniden bulundu. Ben ve Sen yeniden bulundu, ekmek kabuklarına övgüler düzüldü, şiirler yazıldı. Şiirler bana aitti ama kimse dinleyemediğinden ve gelecekte de hiç kimse dinleyemeyecekmiş gibi gözüktüğünden, hepsini attım gitti. Şiir sanırım zaten benlik iş değildi.

Kirli bir sariye bürünmüş, dokuz aylık hamile Amerikalı bir kadın türemişti. Formentera'da birisi ona bu adresi vermişti. *Go to Berlin, it's groovy there. Revolution, you know.** Bir yıldır LSD alıyordu ve şimdi de çocuğu bir komünde dünyaya getirmeyi kafasına koymuştu. Tabii, tripteyken. Daha bir tam şerit kurutma kağıdı vardı. Caspar'la beraber, onu Mariendorf'taki bir kliniğe götürmüştük ve şimdi orada, postane memurlarıyla BVG kondüktörlerinin karılarının arasında yatmış, anlaşılmaz bir şekilde mantra'lar mırıldanıp duruyor ve kurutma kağıdını istiyordu. Chicago'daki babasına telgraf çektik. Birkaç gün sonra, babasıyla birlikte Kurfürstendamm'daki pahalı bir Çin lokantasında oturuyorduk. Beyazlamış şakakları, flanel takım elbisesi ve melankolik gülümsemesiyle ufak tefek, kibar bir adam; neden kızının bir sariye bürünmüş halde dünyanın dört bir yanında sürttüğünü ve bizim bu dünyayı havaya uçurmak istediğimizi anlamaya çalışan bir iş adamıydı. Komüncüler, adamın melankolisini burjuva bularak, sermayenin adi numaralarından biri olarak gördüler. Onlar konuğumuzu ve Çinli garsonu Berlin işi yapmacık anarşist tavırlarıyla utandırırken; hâlâ nereye ait olduğumu bilmediğimin farkına vardım ve muhtemelen hiçbir yere ait olmadığımı sezdim. Belki benim edebi hırsım da, Chicago'lu iş adamının takım elbisesi kadar burjuvaydı. Öte yandan, onun

---

* (İng.) Berlin'e git, orası harika. Devrim oluyor, bilirsin ya. (e.n.)

yerinde olmayı becerebileceğimi de hiç sanmıyordum. Peki ya edebiyat dünyası? Bana ay kadar uzaktı.

Amerikalı kadın, bir kız çocuğu dünyaya getirdikten sonra orada burada sürtmeye devam etti. Bewag yeniden elektriği kesmekle tehdit ediyor; kış hiç bitmeyecekmiş gibi duruyordu. Caspar İranlı bomba imalatçılarıyla ilişkiye geçerken, ben sahte pasaport işi yapanlarla takılıyordum. Aniden her yer uyuşturucu doldu. Her şey dağılmaktaydı.

9

Ev korkunç bir haldeydi. Çöp yığını, mutfağı kullanılmaz hale getirmişti. Donmuş spagetti kütleleri, kirli tabak yığınları. Her yerde artık kimsenin kullanmadığı çalgılar, lağvedilmiş özel mülkiyetin kışı geçirdiği bavullar, not yazmak için kullanılan plak kılıfları. "Sa. 20 Audimax!* Herkes!" "Gerhard: Çamaşır." Ama artık kimse çamaşır yıkamıyordu ve Audimax'ta toplanan üniversite öğrencileri arasında, bir SPD kongresindeki evsizler gibi duruyorduk. Her yer, her köşe, *Orgazmın İşlevi*'yle, çoktan vazgeçilmiş üretime ve meta takasına katılma denemesinden, Wilhelm Reich satışından arta kalanlarla doluydu.

Yazmayı nihai olarak bırakmak istiyordum. Gün boyu bakışlarını gözlerimin içine diktikleri halleriyle şeylerle aramda bir ara bölge, duygular, değerler, arzuların satıldığı bir karaborsa oluşturmak bana sadece önemsiz değil, ayrıca oldukça küstahça bir çaba gibi geliyordu. Donmuş spagettinin ve kitap yığınının hakikiliği karşısında, söyleyecek bir şeyi varmış gibi yapan her cümle yalnızca utanmazca ve de gülünç olabilirdi. Ben ise hâlâ hayatta bir şeyler başarmak istiyordum.

Elimdeki atlasa bakarken düşüncelere dalmış ve aradığım şeyi artık bulmuştum. "İşte," dedim ve Hint Okyanusu'nda bir noktayı işaretledim. "Ve oraya ulaşmak o kadar da zor değil."

"Nereye ulaşmak?"

"Tabii ki Seyşeller'e."

Bir müttefikim vardı: Berlin'de ordudan saklanan Frizyalı bir koca bebek olan 19 yaşındaki Jan. Denize de açılmış bir işçi çocuğu; bu şekilde üniversite öğrencileri ile sahte entelektüeller

---

* Audimax: Auditorium Maximum; bir üniversitenin en büyük amfisi. (ç.n.)

arasında var olmayı başarıyordu. Seyşeller, tam Jan'a göreydi. Ulaşmak için, Afrika'dan, Hindistan'dan geçen farklı rotaları inceliyor; ikimiz de, tropikal bölgelerde tecrübe sahibiymiş, nasıl Hindistan cevizi ve Japon patatesiyle beslenileceğini ve hangi limanlarda kendimizi tayfa olarak yazdırabileceğimizi biliyormuş gibi yapıyorduk. Anlattıklarımıza bakılacak olursa, Seyşeller dünyadaki son doğa cenneti ve Batı Berlin'den bir komünün kıyameti atlatabileceği ve insan bilincinin en yüksek aşamasına ulaşabileceği yegane yerdi. Müşterek kasada 4.95 markın kaldığı ve çoktandır mükellef bir kahvaltı yapılmamış ve *Orgazmın İşlevi* birleştirilmemiş masanın üzerinde kira kontratı fesih ihbarnamesinin durduğu buz gibi bir şubat pazarında, Schöneberg'i bir Sibirya fırtınası kasıp kavururken, beyaz kumsallardaki özgür yaşam, köpekbalıklarıyla maceralar ve Mombasa ile Madras arasındaki sonsuz esrar zenginliği hakkında anlattıklarımız, Sonja gibi bir kuşkucu ve pervasızı bile etkiliyordu.

"Amma da iyi devrimcilersiniz!"

"İnsan, Seyşeller'de de devrim yapabilir."

"Kafayı yemişsiniz siz."

"Kesin olan bir şey varsa, o da devrimin buradansa Seyşeller'de daha olanaklı olduğu."

Schöneberg belediye binasını ya da en azından Anma Kilisesi'ni* havaya uçurmayı hâlâ başaramamanın hayal kırıklığını yaşayan Caspar da, Seyşeller'e devrim desteğini veriyordu. Liselerimizde, seminerlerde ve SDS'te** öğrendiğimiz gibi, ertesi gün Albrechtstraße'deki Doğu Enstitüsü'nden kitap temin ettik. Kar o kadar yüksekti ki, otobüsler bile ilerlemekte zorlanıyordu. Kitaplardan, Seyşeller'in Britanya'ya bağlı olduğu ve esasen bizim tarafımızdan kurtarılmayı beklediği anlaşılıyordu. Balık ve

---

* Berlin-Charlottenburg'daki Kaiser-Wilhelm-Gedächtniskirche. (ç.n.)
** Sozialistischer Deutscher Studentenbund: Alman Sosyalist Üniversite Öğrencileri Birliği. (ç.n.)

Hindistan cevizi hariç fazla bir şey yoktu ama biz de şımarık değildik ve ihtiyacımız olan diğer şeyleri, mülksüzleştirilen Britanyalılar geride bırakacaklardı. Tek soru, oraya nasıl ulaşacağımızdı. Biraz para bulup –mutlaka birisinin, posta tasarruf cüzdanı olan ya da mirasını şimdiden alabileceği bir amcası ya da teyzesi olmalıydı– aramızdan birisini İstanbul'a göndermeyi önerdim. Kışın Türk esrarının kilo fiyatı oldukça düşüktü ve Berlin'de gramı beş mark ediyordu. Biraz muğlak bir ticaret hesabıydı ama kabul edildi ve malı alma görevi, beklediğim gibi, bana verildi.

Kimliğimi kaybetmiştim. Pasaport sahtecisi tanıdıklarıma yeni bir tane yaptırdıktan sonra, kendime bir de, gerçekten de Frankfurt'ta Türk Hava Yolları'ndan indirimli öğrenci bileti almamı sağlayan bir sahte öğrenci kimliği düzenledim. Vardığımda, İstanbul'da kış neredeyse sona ermişti. Ağır silahlarıyla polisler eşliğinde otobüsle Edirne'ye taşınmamızın üstünden sadece beş ay geçmişti ve ben şehirde iki kış geçirmiştim ama şimdi her şey değişmiş geliyordu. Berlin, İstanbul'u değiştirmişti. İnsanların yüzleri çok daha sert, sokaklar daha karanlık, doğudan esen rüzgar eskisinden daha soğuk geliyordu. Cağaloğlu'ndan uzak duruyordum. Cebimde, geçmişte Ede'yle birlikte hiç sahip olmadığımız kadar çok para vardı; ama onu görürsem bu konuda hiçbir şey söylememekte kararlıydım. Onu görmedim.

Geçtiğimiz yazdan tanıdığım bir Avusturyalı'ya rastladım ve onun kaldığı, üniversite semtindeki salaş otele yerleştim. Hâlâ afyon kullanıyordu. Eski rutin: Bütün gün ağzının salyası akarak yatakta pinekledikten sonra, akşamları çayevlerinde ve muhallebicilerde dolanmak. Bundan usanmıştım. Tophane'de kimse beni tanımadı. Duvarlarda siyasi partilerin afişleri asılıydı ve geceleri, devrimci sloganlar olduğu kolayca anlaşılan duvar yazıları türüyordu. Adi iğne aracılığıyla tanıdığım bir başkasına denk geldiğimde; bana Ede'nin Almanya'da olduğunu, kodeste falan, ölmüş falan, Katmandu'da falan olduğunu ve not defterlerimin otelimizin kasasında durduğunu anlattı. Otele gitmedim. Not defterlerim artık beni ırgalamıyordu. Bir gün tekrar yazmaya başlayacak olsam bile, akciğer ve göğüs hastalıkları kliniğindeki solgun genç hakkında sonsuz uzunluktaki cümleler ve hemşireyle sikiş hikayesini stilize etmek için kekeme denemelerden oluşan bu zımbırtı gülünçtü. Hamallarla, kasık bağı ve çay kaşığı satıcılarıyla, çocuklarla ve köpeklerle birlikte, pazarların çevresindeki sokak ve caddelerde çöp ve odun kömürü yanan ateşlerin etrafında durdum. Komündekilerin yanımda olmasını, şimdiden Seyşeller'e, etrafımızdaki yaşamdan bir şey anladığımız ve onun bir parçası olduğumuz herhangi bir yere doğru yola çıkmış olmamızı diledim. Geceleri mağaralarda, oluklu sac kulübelerde ve bitmemiş inşaatlarda uyuyan o adamları ve hakkında hiçbir şey bilmesem de beraberliklerini kıskanıyordum. Belki Berlin'de yine de bir şeyler olurdu. Malı aldım. Beklediğimden pahalıydı ve kalitesi de çok iyi değildi; ama zaten bunun doğru yol olmadığı duygusuna kapılmıştım. Acaba Berlin'de bunu zaten tüymek için mi önermiştim? Şimdi, yanımda ne olursa olsun, geri dönmek istiyordum. Ertesi akşam Avusturyalı beni afyon kullanmaya ikna etti. O zaman biraz daha afyon satın aldım. Bütün mal yamrı yumru, eski bir bavulun içinde, Frankfurt'ta gümrük kontrolünü geçtim. Memur, "Yanınızda sosis ya da et ürünleri var mı?" diye sordu.

Berlin'de hâlâ kıştı. Yalnızca bir hafta uzak kalmıştım ama geri döner dönmez, artık kimsenin Seyşeller'den bahsetmediğini fark etmiştim. Jan bir kimlik kontrolünde yakalanmış ve sınırdışı edilerek Federal Almanya'ya gönderilmişti. Önümüzdeki günlerde Nixon Berlin'e gelecekti. Herkes, sanki onu havaya uçuracak bombayı kendi hazırlamış gibi gizemli havalara bürünüyordu. Yalnızca Manni hâlâ malla ilgileniyordu. Her taraf sivil kaynıyordu. Yine de malı satmaya başladık. Nixon geldiğinde, Anma Kilisesi'nin önündeki kitlenin arasındaydım. Birkaç kartopu atıldı. Çalışanlar, büro binalarının açık pencerelerinden sarkmış, küçük kağıt bayraklar sallıyorlardı.

10

Teknik Üniversite'nin auditorium maximum'u tıka basa doluydu. Akşamın konusu, Batı Berlin'de yapılacak olan federasyon başkanı seçimiydi. Konuşmacı listesi –her zaman olduğu gibi– sonsuz uzunluktaydı. Aday olan Heinemann'ı kimse tutmuyordu. Amfinin en arkasında, ayak takımının arasında duruyor ve Sarah'dan ayrı düşmemeye dikkat ediyordum. Sarah on dokuz yaşındaydı ve bana Süleyman'ın Ezgiler Ezgisi'ni anımsatıyordu: "Ah, ne güzelsin, aşkım, ah, ne güzel! Örgülerinin arasında gözlerin tıpkı birer güvercin gözü! Saçların Gilat Dağı'nın yamaçlarından inen keçi sürüsü sanki." Geçtiğimiz yaz, Münih'teki İngiliz Bahçesi'nde bir ağaca yaslandığı fotoğrafını İstanbul'a göndermişti. Ede gördüğünde, "Seni pisliğin içinden çekip çıkaracak birisi varsa odur," demişti. Şimdi o da Berlin'deydi ve artık ondan ayrılmamaya kesin kararlıydım.

Kitle bağırıp yuhalayarak bir Genç Sosyalist'i* susturdu. Bu, radikallerin önderlerinin Bolşevik şefleri, öğrenciler ile salondaki zıvanadan çıkmışların ise St. Petersburg'daki isyancı kitleyi oynadıkları ritüelin bir parçasıydı. Gerçekteyse tabii ki her şey çok daha basitti: Şefler sahneye kurulmuş yüksek siyaset yapıyor, aşağıda duran ayak takımıysa tarihi bir ana tanıklık ettiğine inanıyordu. Ustalıklı reji, salonun sinirden köpürmesine yol açıyor ve doğru anda komut veriliyordu: "Sokağa!"

Hardenbergstraße'de hâlâ yoğun bir kalabalık halindeydik ama polisin çoktan beklemekte olduğu Amerika Evi'nin önü-

---

* Genç Sosyalistler (Jungsozialisten): Almanya Sosyal Demokrat Partisi'nin (SPD) gençlik örgütü. (ç.n.)

ne geldiğimizde kitle hızla dağıldı. Aklıma birden, cebimde Türk'ün birkaç plakasıyla değiş tokuş ettiğim yirmi triplik LSD olduğu geldi. Yürürken Sarah'yı bulmak için bakındım. Arkamdaydı ve yürümekten çok itiliyordu. Nöbetteki polislerin farları ve dönen sirenler ile Hardenbergstraße'nin gece ışığında fazlasıyla güzel ve kırılgan gözüküyordu. Onunla birlikte ite kaka yana doğru ilerlemeye çalıştıysam da, arkadan gelenler beni sürüklediler. Taşlar Amerika Evi yönünde uçuştu; ama şiarımız Ku'damm'ı fethetmekti ve bu nedenle, Hayvanat Bahçesi İstasyonu'nun önünden geçerek koşmaya devam ettik. Her tarafta taşlar vardı, ben de birkaç gri, pürüzsüz kaldırım taşı topladım. Böylece hem LSD'yi, hem de Sarah'yı çoktan unutmuştum. Diğerleriyle birlikte koşmaya devam ediyordum. İşte binaların rengarenk cepheleri, merakla bakınanlar, su toplarını taşıyan heybetli araçlarla Ku'damm oradaydı. Her yönden geliyor, hücum ediyorduk. Burjuvazinin tapınağı Kranzler* karşımızdaydı. Takılıp kaldığımız üniformalar zinciri, polis karşımızdaydı. Daha demin caddede hücum çığlıklarımız yankılanırken, şimdi cop yiyen ilk insanların çığlıkları duyuluyordu. Bir taş attıktan sonra etrafıma baktım ve bir polisin hızla üstüme doğru koştuğunu gördüm. Diğer taşın elimden düşmesine izin verip kapandım. Cop bana ancak kapanmış haldeyken vurdu, bir darbe de koluma isabet etti. Başka bir polis de beni Yeşil Minna'ya** doğru çekip götürmeye başladı; ama saldırganlardan oluşan yeni bir ekip polis zincirini Kranzler yönünde aşınca bıraktı. Dikkatlice doğruldum. Kimse benimle ilgilenmiyor gibiydi. Bir çeşit tarafsız bölgeden geçerek usulca caddenin Joachimsthaler ile kesiştiği yere ulaştım. Her tarafta taşlar vardı; göstericiler yaralıların üs-

---

* Café Kranzler, Berlin'in Kurfürstendamm semtindeki lüks bir pastane. 1825 yılında açılan pastane, İkinci Dünya Savaşı sonrasında Batı Berlin'in sembollerinden biri olarak görülüyordu. (ç.n.)
**"Grüne Minna", Almanya'da yeşil renkteki polis minibüslerine argoda verilen ad. (ç.n.)

tüne eğiliyor; polis gözaltına alınanları yakalamış, sürükleye sürükleye götürüyordu. Üşüyordum ve Ku'damm'ın fethinin kötü bir şaka olduğuna ve bensiz gerçekleşmesinin en iyisi olduğuna karar verdim. Sarah'yı arayıp, bir metro istasyonunun köşesinde buldum. Onu kollarıma aldım. Üstünde bir kürk ceket, benimse eski, kalın bir kumaş mont vardı; ama tüm bu kışlık kıyafetlerin üstünden, baharı vadeden göğüslerini hissedebiliyordum.

Dolambaçlı yollardan geçerek, Boleslaw ile sevgilisi Sylvia'nın bizi beklediği, Savignyplatz yakınlarındaki eve ulaştık. Geçmişte Potsdamer Straße'deki bir komünde oturan çift şimdi, Siemens'te çalışan ve anarşizm ile bilgisayar bilimi arasında bir sentez oluşturmaya çalışan iki genç bilim adamının yanına, bu gösterişli, dokuz odalı daireye taşınmıştı. Evleri benim gözümde kesinlikle cennetti: Her şeyin çalıştığı dev bir mutfak, ağzına kadar dolu bir buzdolabı, çinili sobalar, her yerde rahat kanepeler ve deri koltuklar, ahşap kaplamalı duvarlarda asılı resimler, iki banyo, iki kedi ve kitaplar. Hepsine birer kağıt LSD teklif ettim. Sarah hâlâ Boleslaw'ın, Steglitz'de sıcak suyu olmayan, ufacık bir odada oturan, on yedinci sömestrdeki münzevi bir felsefe öğrencisi olan bir arkadaşıyla beraberdi. Tabii Sarah'yı ondan koparmak istiyordum. O gece hepimiz birer kağıt attık ve böyle bir çevrede edebiyat dünyasına yaklaştığımı hissettim.

Sarah'yla birlikte Boleslaw ile Sylvia'nın odasında oturuyordum. Benim gözümde, Berlin'de temas ettiğim en tatlı insanlar onlardı. Güzel gözüküyorlardı, karşılarındakinin gözüne sokmasalar da eğitimlilerdi, sanatçı ayağı yapmasalar da sanata eğilimleri vardı. Anarşizmleri entelektüel bir provokasyondu; ama taş toplamış ve mahkemede devlete hakkında ne düşündüklerini söylemişlerdi de. Bir gün bu toplum onlara elbet talep ettikleri yeri verecekti. Kendimi Tophaneli küçük, pis bir torbacı gibi hissediyordum. Bütün gözeneklerimden pislik aktığını duyumsuyordum. "*2000 light-years from home.*"* İşte kendimi böyle hissediyordum. Sarah bir tütsü yaktı. O kadar nefes kesici bir güzelliği vardı ki, beni pisliğin içinden çekip çıkaracağına nasıl inanabiliyordum? Doğunun güzelliği, yüzünden dalgalar halinde yayılarak duvarı Tac Mahal'e dönüştürüyordu. Sylvia, bana gülümseyerek bakan Boleslaw'a sokuldu. Terliyordum. Bir cigara sardım. Bunu hâlâ yapabiliyordum. En azından herhangi bir şeyi becerebilmek iyi olsa da, Sarah'yı elde edebilmek için daha fazlasını sunmam gerektiğini hissediyordum. Boleslaw ile Sylvia. Hepsi birbirleri, mum ışığı, müzik ve tütsünün kokusuyla bir oluyormuş gibi gözüküyordu. Ben ise donmuş bir spagetti kütlesi gibi yanlarında oturuyordum. Satılamaz bir *Orgazmın İşlevi* yığını gibi yanlarında oturuyordum. Yeniden İstanbul'daki çatı katında oturuyordum, kar duvarlardan sızıyor, sis boruları çalınıyor, güvercinler sıvadaki delikleri eşeliyor, hemen sonra öğrenciler sınıflar halinde aşağıda dizilerek milli marşı söylüyorlardı. Madem orada oturuyordum, o zaman yeniden yazabilirdim de. Gerçi artık ne not defterim ne de kartuşlu kalemim vardı; ama bu tükenmez kalem ile arka tarafında bilgisayar formülleri olan bu kağıt da iş görürdü. Yazmaya başladım.

Ertesi sabah Sarah eşyalarını Steglitz'ten aldı ve mutfağın yanındaki küçük hizmetçi odasına taşındık. Heinemann seçimi kazandı.

---

* (İng.) Evden 2000 ışıkyılı uzakta. (e.n.)

11

Sarah Göttingen'de tıp okuyordu. Nisan ortası sömestr başladı. Bir hafta sonra beni gardan aldı. Şehri gösterdi. Bir telefon kulübesinden Boleslaw'ı aradım.

"Biliyorsun Boleslaw," dedim, "bununla hava atacak bir tip değilim."
"Ne diyorsun Harry? Seni neredeyse hiç anlayamıyorum."
"Sana Göttingen'in ne kadar korkunç olduğunu anlatmaya çalışıyorum. Sanırım buna dayanamayacağım."
"Neden? Seni şimdiden şutladı mı?"
"Yok, daha değil."
"Gördün mü! Başına gelen şey, bir kültür şoku. Geçer."
Haklıydı.

Düstere Straße'de başımızı sokacak bir yer bulduk. Orta Çağ'dan kalma, gri, eğri, küçük ev, bir işçi ailesine aitti. Bu, kadın çalışır ve çocuklara bakarken, adamın atletle küçük bahçesinde oturup bira içtiği anlamına geliyordu. Tuvalet avludaki ahşap bir bölmede, odamızsa yukarıda merdiven başındaydı. Odada bir lavabo, Sarah'nın çalışma masası, sandalyesi, bir yatak ve bir dolap vardı. Sarah'nın pikabı ve bavulumla neredeyse dolup taşıyordu ama Sarah kitaplarını ve elektrikli ocağı da koyacak yer bulmuştu. Baktığınızda bir bulut gördüğünüz bir tepe penceresi vardı. Bitişiğimizde bir ihtiyar oturuyordu. Taşındığımız akşam daktilo tıkırtısı duydum. Yatakta oturmuş, Sarah'nın dışarı çıkmak için hazırlanmasını izliyordum. Aile yadigarı, eski, güzel takıları; broşları, bilezikleri, küpeleri vardı.

Pikaba Bob Dylan koydum ama tıkırtı hâlâ duyuluyordu. Mr. Tambourine Man'den daha güçlüydü.

"Sarah," dedim, "sanırım yeniden elle yazmamalıyım. Biliyorsun, uzun cümleler tam bir kabus."

Hakkımda önemli olan her şeyi ona anlatmıştım.

"Belki bir daktilo ödünç alabilirsin."

"Öğrencilerle sorunlarım olduğunu biliyorsun."

"Peki ben neyim?"

"O başka."

Düstere Straße'nin biraz ilerisinde bir lokanta vardı. Sahibi kırmızı suratı, yeşil yün yeleği, pantolon askısı ve eskiyip dizleri çıkmış pantolonlarıyla, bir Wilhelm Busch figürüne benziyordu. Ona Just Amca adını vermiştik. 2,80 mark'a kızarmış patates ve soslu pirzola alabiliyordunuz ve biranın fiyatı 60 pfennig'di. Hep aynı altı yedi müdavimin biralarını yudumlayarak mahalli politika, ahlaki yozlaşma ve Göttingen 05'in karşı karşıya olduğu küme düşme tehlikesi hakkında yöre lehçesinde alaycı yorumlar yaptığı loş, dumanaltı birahanede dertli olsa da iyimser bir genç evli çift gibi oturmuş, kızarmış patateslerimizi yiyerek hesap yapıyorduk. Sarah'ya evden 400 mark geliyordu ve annem de arada bir şeyler gönderiyordu. Ayrıca son zamanlarda bazı öğrenci çevrelerinde esrar popüler hale gelmişti. Durumum bir yıl önce İstanbul'dakinden oldukça farklıydı. Yemeğe iştahla yumulup, bir bira daha ısmarladım. Birayı hep severdim ama afyon zamanla her şeyin tadını kaçırıyordu, afyon hariç her şeyin.

O gece rüyamda bir puma olduğumu gördüm. Diğer pumalarla birlikte, rüyamda Güney Amerika dağları olan ama Orta Almanya'daki bir karma ormana benzeyen bir yerde dolaşıyordum. Pençelerimin altında ormanın zeminini, yosunu, çam iğnelerini hissediyordum. Burun deliklerimden içeri öyle temiz bir hava çekiyordum ki, bir puma gölgede dahi ondan her bir güneş ışınının tadını alabiliyordu. Ağaçlara tırmanıyor, kayranların üstünden atlıyor, arkadaşlarımla oynuyor ve kayalıklarda avlarına pusu kurmuş yırtıcı kuşlara anlayışla bakıyordum. Ben bir pumaydım. Daha önce kendimi bir rüyada hiç bu kadar iyi hissetmemiştim. Uyandım ve Sarah'nın sıcak bedenini, yüzümdeki uzun saçlarını duyumsadım. Mutluluktan şarkı söyleyebilirdim.

Daktilo satan, biraz kıyıda kalmış küçük bir dükkan bulduk. Satıcı kadına ne aradığımı açıkladım: ebediyete kadar çalışmak üzere üretilmiş, bunun yanısıra kullanımı kolay ve ucuz bir model; başka bir ifadeyle, Alman ekonomisinin seçkin bir ürünü. Fazla düşünmesi gerekmedi.

"Sizin istediğinize uyan sadece tek bir model var," dedi, "o da, Olympia Splendid 33."

Daktiloyu inceledim. Açık renkli ama dayanıklı plastikten, oldukça sağlam bir kapağı vardı. İçindeki *Typewriter and case made in Western Germany* yazısı, kulağa kendinden emin geliyordu. Daktilonun görüntüsü de aynen öyleydi: kompakt, aklı başında ve değerinin tamamıyla farkında. Harfleri denedim. Evet, yazı kabul edilebilirdi. Kalbimin çarptığını hissettim. Bununla yazılabilirdi. Arka tarafında, yaldızlı kenarlı siyah zemin üzerine beyaz yazıyla satıcı firmanın etiketi vardı: Hatopp & Sohn OHG, Büromaschinen Büromöbel, 34 Göttingen, Papandiek 32, Tel. 59 39 3. Olympia Wilhelmshaven. Oradan Hatopp & Sohn'un eline geçmişti ve şimdi artık benimdi. Yalnızca başımla onaylamam yeterliydi. Daktiloyu havaya kaldırdım. Gövdesi uzun yıllar dayanmak üzere yapılmıştı. Bu şeyi birisinin kafasına indirdiniz mi, geçmiş olsundu. Daktilo bir silahtı. Bunu asla unutmamalıydım. Daima kendimi dünyaya karşı savunmak zorunda olduğum hissine sahip olmuştum. Şimdi burada, Papendiek'te silahımı bulmuştum. Daktiloyu yeniden tezgahın üstüne bırakıp Sarah'ya başımla onay verdim. Bir posta çeki doldurdu. Sevgilim bana bir daktilo hediye ediyordu. Bana inanıyordu. Daktiloyla Göttingen'i boydan boya geçtim. Ben de inanıyordum. Neredeyse yirmi beş yaşındaydım. Yoldaydım. Evde daktiloya bir sayfa koydum. Ne yazmak istediğimi çoktan biliyordum. Yalnızca üç kelimeydi: *Stamboul Blues, Roman*. Kolaysa birisi bunu taklit etsin, diye düşündüm. Bir sayfa daha koyup bir sigara yaktım. Şimdi başlıyordu işte. Artık ne not defteri ne de kartuşlu kalem vardı. Burada çatlaklardan kar sızmıyordu ve yegane manzara, tepe penceresindeki gökyüzü parçasıydı. Şimdi artık sadece beyaz sayfalar ve tuşlara indirilen sert darbeler vardı. Gerçi sadece tek parmak yazabiliyordum ama bunun doğru hıza denk düştüğünü düşünüyordum. Ayrıca, önemli olan, insanın *ne* yazdığıydı. Gördüklerine sadık kaldığın sürece de bu konuda avantajlısın, diye düşündüm.

12

Küçük Amsterdam kaçamağımız başarılı olmadı. Sarah'nın bir üniversite arkadaşıyla birlikte gittik. Bu bahar herkes Amsterdam'da buluşuyordu ve ben de Sarah'ya bir şeyler vermek zorundaydım. Hollanda bana derhal şüpheli geldi –yassı, temiz, tuzu kuru, Almanya'dan daha Alman– ve Amsterdam'ı baştan beğenmedim. Kanallar hiç ilgimi çekmiyor, ne antikacı gibi gözüken kafeler ne de görünüşe göre oraları zaptetmiş hippiler hoşuma gidiyordu. İstanbul'da asabımı bozmuşlardı ve bu şehir şimdiden onlara ait gözüküyordu. Paradiso, diyorlardı, Paradiso, Paradiso'ya gitmek zorundayız. Paradiso'da ilk gördüğüm, benimle birlikte sınırdışı edilen hippilerden biri oldu. Yanına gidip, başından neler geçtiğini sordum. Alık alık yüzüme baktı, omzunu silkip, "*Karma, man, it's all Karma,*"* dedi.

Sarah'ya, "Hadi gidelim," dedim.

Karanlık bakışını uzunca bana diktikten sonra benimle geldi.

Yatak kiralayan bir kafede kalıyorduk ama ertesi sabah, pazar günü, daha altıda ayaktaydım. Dışarı çıktım ve karşımda yine bir kanal. Köşede açık bir kafe, yanında bir çeşit bit pazarı. Bütün herkes sanki sanatçı, öğretmen, sosyalist belediye meclisi üyesi, gençlik papazı, antikacı, LSD torbacısıymış, rock müzisyeni, vejetaryan ya da Zen-Budist'miş gibi gözüküyordu. İstanbul'da ve Berlin'de ve geçmişte Frankfurt'ta bu saatlerde sık sık dışarıda olmuştum. Büyük hallerde, garlarda, parklarda, büfelerde, tramvay garajlarında, sabahçı kahvelerinde, gerçekten önemli olan yegane sesin nargilelerin fokurdaması, zarların takırtısı ve

---

* (İng.) Karma, dostum, işte bunlar hep Karma. (e.n.)

müezzinin okuduğu ezan olduğu çayevlerinde sürtmüştüm. Belki bunların hepsi Amsterdam'da da vardı; ama benim bulmaya hevesim yoktu. Küçük odaya, pipoma, Splendid 33'üme ve yazılı kağıt yığınıma geri dönmek istiyordum. Belki dillerini konuşabilsen, onlarla da anlaşabilirdin, diye düşündüm, sonuçta halde kasa taşıyanlardan ve Tophane'de afyondan ve yoksulluktan bitenlerden biri değilsin. Ama onların da dilini konuşamıyordum ve buna rağmen yanlarında oturup onları izlememe izin vermişlerdi. Hollandalılarsa bana şüpheyle bakıyorlardı. Hiçbir şey satın almıyor, hiçbir şey söylemiyor, bisiklete binmiyor, parende atmıyor, fülütümü çıkarıp "Strawberry Fields" çalmıyor, tebeşirle sokakta yere "Gece Devriyesi"ni çizmiyor, Stars & Stripes'lı bir üç kağıtlı döndürmüyordum. Yavaşça kahve parasını ödedim ve gittim.

Sonuçta Sarah benimle geldi. Otostop yapıyorduk. Başparmak yeniden rüzgarda. Bunu yıllarca yapmıştım; bu defa yanımda Sarah da vardı ve dört saat içinde daktilonun başındasın, diye düşünüyordum. Diye düşünüyordum. Sarah'yı gördüklerinde duruyor, beni gördüklerinde gazı köklüyorlardı. Öğleden sonra hâlâ Hollanda'daydık; son Alman İmparatoru'nun emekliliğini tüketip odun kırdığı bölgede, Doorn'da karaya vurmuştuk. Sonuçta oradan ayrılmak için otobüse binmek zorunda kaldık. Otoyolların ve şehirlerarası yolların kenarında bekledikçe, Sarah'yı çoktan kaybetmeye başladığım duygusu daha da belirginleşiyordu. O on dokuz, ben ise yirmi beş yaşındaydım; ama kimi zaman ona, insanlarla ununu eleyip eleğini asmış, ellilerinin sonundaki bezgin bir adam gibi geliyor olmalıydım. Evde, ufacık odamızda ondan emindim, diğer insanların yanındaysa bir kelebek gibi süzülüp benden uzaklaşıyordu. En az ilgi çekici üniversite arkadaşlarında bile birer rakip kokusu alıyordum ve bir amfi ya da enstitüde geçen her saat altmış dakikalık bir ihanet olanağıydı. Bana bilinçli olarak ihanet edeceğinden değil de –daha değil– ama kendisine yönelik her ilgiye o kadar açıktı ki –ve hangi adam ona ilgi göstermiyordu ki?–, bu ilgi dolayısıyla yataklarına da girmesi yalnızca bir zaman meselesiydi. Onu, Yahudi kökeni ve Şark'a olan yoğun ilgisiyle kendime bağlamaya çalışmam gerekiyordu; ama bunun da kalıcı bir bağlanma olmayacağını daha gökyüzünün gri bulutlarla kaplı olduğu, Hollanda'daki o bahar pazarından seziyordum. Gerçek bir Şarklıydı –ne olursa olsun daima Kudüs'ü arar haldeydi–, bense Şark'a yalnızca kayıtsızlığımı, afyona düşkünlüğümü, edebi hayallerimi yansıtıyordum. Şark onun kanındaydı, benim Şark'ımsa *Stamboul Blues*'du.

Ailesiyle birlikte seyahat eden bir İngiliz askeri bizi Hildesheim'a kadar götürdü. Sabahın beşinde Hildesheim sokaklarında dolanıp durduk. Garın önüne oturduk. Her yer kapalı. Kilise, soluk bir silüet. Bild Gazetesi balyaları yerde şaklıyordu. Damtaşı ile örtülü çatılardaki güvercinler. İlk kamyonlar, direksiyonun üzerinde gri suratlar. Göttingen yönünde yürüyerek, kesekağıdından sıcak kıtır un kurabiyesi parçaları yiyorduk. Kanola tarlaları. Fabrika dumanları. İlk mümessiller yola düşmüş, çiftçiler, bira, ekmek, gübre yüklü kamyonlar. Tankerler. Topu yeşil yapraklarla örtülü tanklar. Arada kolumu omzuna attığımda, Sarah bana vakur ama sevgiyle bakıyordu. O sabah dünyanın en güzel kızı benimdi ve güzel olmasa da çevremizi saran taşraya yavaş yavaş aşina hale geliyordum, kökenimiz buydu, taşra ve ben. Bir reprazant bizi arabasına aldı. İlaç sektörü gelişiyordu. Hepimiz elimizden geleni yapmaktaydık.

Sarah tepe penceresini açarak güneşin içeri girmesine izin verdi, güneş ışınları Sarah'nın tıp kitaplarını, Kuran'ını, Olympia'mı ve yazılı kağıt yığınımı ısıtıyordu. Sarah'nın yanına yatağa uzanmadan önce son bölümü bir kez daha okudum. Onunla işimin zor olacağını seziyordum ama kimse dünyaya yazar olarak gelmezdi. İnsan yazara dönüşürdü. Sarah'nın yanına uzandım. Çoktan bekliyordu. Kimse sevgili olarak da dünyaya gelmezdi. Ama Sarah iyi bir öğretmendi. O bahar sabahı, sanki hafızamızdan Hollanda'daki kayıp bir haftasonundan fazlasını silmemiz gerekiyormuş gibi seviştik.

13

Acemiydim. O zamana dek yazılmış hiçbir şey sayılmazdı. Berlin'deki bunalımlarıma rağmen inanmayı sürdürdüğüm dönüm noktasının, devrimin anlamı da buydu: Yeni içerikler ve onlar için yeni ifade olanakları aramak zorundaydık. Yeni bir edebiyat. 1945 de bunun için doğru zamandı ama onun yerine (Batı) Almanya'da elimize ne geçmişti? 47'ler Grubu.* Bu insanların yazdıklarıyla hiç ilgilenmiyordum. Ama Sarah'nın arada bana gösterdiği yeni şeyler de hiç ilgimi çekmiyordu. Akıllı üniversite öğrencileri. Ya incelikle biçim verilmiş ya da SDS'ten aşina olduğum ağdalı bir coşkuyla kaleme alınmış. Yeni bir edebiyat değildi bu.

O yeni edebiyatı yalnızca Amerikalılarda buluyordum. Burroughs'ta örneğin. Ede'yle ben, İstanbul'da *Çıplak Şölen*'i elimize aldığımızda beğenmemiştik. Bol sikiş, hem de neredeyse sadece erkekler arasında, bizi itmişti. Mevzunun adını doğrudan kötüye çıkarıyor, diye düşünmüştük. Junky'ler cinsel konularda papazlardan daha çekingen olabiliyor. Şimdi onu daha dikkatlice (ve sekse doymuş halde) okuyordum. Sokak İngilizcemle *Yumuşak Makine*'nin Amerikan baskısını de okumuş ve yeni bir edebiyatın dili ve estetiği olabileceğini keşfetmiştim. Konu bağımlılık olduğunda ise, Burroughs damardan giriyordu.

Yumuşak Makine gibi, *Stamboul Blues* da Almancada öncü işlevi görmeliydi. Geleneksel roman, tasvir etmek istediklerim için kesinlikle uygun değildi. Bağımlılık bireyselliği yok eder, yani birey-

---

* Hans Werner Richter'in inisiyatifiyle 1947-1967 yılları arasında, Alman yazarların birbirlerini eleştirmesi ve genç yazarlara destek olmak amacıyla toplanan, savaş sonrası dönemin Alman avangardı kabul edilen topluluk. (ç.n.)

sel figürler çöpe, doğrusal anlatım da peşisıra. Ve madem başladık: klasik cümle yapısı, özne, yüklem, nesne. Afyon gri hücreleri patlattığında olanlar, bunlarla tasvir edilemez. Akşamları üniversiteden eve gelip, gündüz yazdıklarımı okuduğunda, tüm bunları Sarah'ya açıklamaya çalışıyordum. Ama teoriyle aram hiçbir zaman iyi olmamıştı.

Sarah, "Bunu rüyanda görmüşsün," diyerek bir pasajı gösterdi. İki junky'nin bir Türk şehrine doğru yolda olduğu bir bölümdü. Issız bir köye varıyor, tıka basa uyuşturucuyla dolduruluyor ve orada tutuluyorlardı. Paranoid bir deliryum.

"Rüyamda böyle bir şey görecek olsam, kendimi asardım," dedim.

"Tamam ama bunu nereden buldun?"

Bir kahramanca cevap vardı, bir de dürüst. İkisinin bir karışımını denedim.

"Biliyor musun Sarah, sabahları daktilonun başına oturduğumda, birden aklıma bir anı geliyor –Hermes ve ben geçen yıl mal bulmak için Bursa'dayken, herkes bize kötü kötü baktığından hiçbir yere gitmeye cesaret edemediğimizde gerçekten duyduğumuz korku– ve anı, belirli bir görüntüyü tetikliyor. Yazmaya o görüntüyle başlıyorum ve ardından otomatik olarak bir sonraki geliyor... Bir kaynaktan besleniyormuşçasına üç dört saat yazıyorum ve kaynak birden kuruyor."

"Bunun bütün yazarlarda böyle olduğunu düşünmüyor musun?"

"Sanmam. Bu ülkede yazdıklarını okuyunca..."

"Hemen alınma. Oldukça alışılmışın dışında yazdığını ben de düşünüyorum. Sadece bunu kimin basacağını merak ediyorum."

Yarama parmak basmıştı. Bu konuda benim de içime iyi şeyler doğmuyordu. O camiayı da hiç tanımıyordum. İçten içe nasıl bir yeteneğin olgunlaşmış olduğunu herhalde birisi görürdü. Bunun farkına varamasalar dahi, yine de konunun üstüne atlarlardı. Akılda kalıcı bir ifadem vardı: Bağımlılığın içinden bir anlatı.

Aman tanrım, Just Amca'nın yerindeki resimli dergilerde bile bu konu ele alınıyordu. Burada edebi bir yanıt şekillenmekteydi. Zaferimden emin, "Alışılmışın dışındakinin bizde belki biraz daha fazla zamana ihtiyacı var ama yine de başarıya ulaşıyor," dedim Sarah'ya. "Ne yapıyorsun orada?"
"Şenliğe gitmek için hazırlanıyorum."
"Hangi şenliğe?"
"Ya biliyorsun, bahar şenliğine."
Şenliği hafızamdan silmiştim. Sarah'nın arkadaşları, üniversite öğrencileri doğada, herkesin kendisini –kostümler, skeçler ve müzikle– fantazisinin kontrolüne bırakacağı bir bahar şenliği düzenlemek istiyorlardı. "Rüyalarını gerçekleştir." "Sen de bensin."
"Ben de güzel bir yürüyüş yapar, sonra da Just Amca'da bir şeyler yeriz diye düşünmüştüm."
"Her gün öyle yapıyoruz zaten."
"Bunun nesi kötü ki?"
Bana bakması, ne olduğunu anlamam için yeterliydi. Onu öpmek istedim ama arkasını dönüp uzaklaştı. Şenlik oldukça başarılıydı. Lambrusco, havalı giysiler ve atsinekleri. Yanlarından ayrılıp, pirzola yiyip bira içmeye Just'a gittim. Bir yandan da *Quick** okudum. Alışılageldik olana fena bir halde meyilim vardı ve Sarah bunu anlamıyordu: LSD, Burroughs ve *Stamboul Blues* ama ardından iki küçük bira ve Baden-Württemberg eyalet meclisi seçim sonuçları.

---

* 1948-1992 yılları arasında yayınlanan haftalık dergi. (ç.n.)

14

Sonbaharda elimde bir buçuk satır aralığıyla 117 sayfa vardı. Bunun yeterli olduğunu düşünüyordum. Sonuçta, bu 117 sayfayı okuyanın, benim ne vadettiğimi fark etmesi gerekirdi. Bir yayınevi bulma işine giriştim. İnsan böyle bir şeyi nasıl yapardı? Hiç yayıncı tanımıyordum. Hiç yazar tanımıyordum. Yok hayır, lisenin sondan önceki sınıfına giderken Taunus'ta V.O. Stomps'la* tanışmıştım. Boş Schnaps şişelerinin arasına bir tomar şiir bırakmıştım ama sonra ondan hiçbir ses çıkmamıştı. Belki bir kız arkadaşımla gelmem hoşuna gitmemişti. Belki de şiirler hoşuna gitmemiş ve tomarımı not tutmak için kullanmıştı. *Stamboul Blues* için ise Stomps zaten olmazdı. Gerçek bir yayınevine, yeni edebiyatı anlayabilecek ve Hemingway anekdotları anlatırken bana içmem için en iyi viskisinden verecek bir yayıncıya ihtiyacım vardı.

Kitabevlerinden hoşlanmadığımdan, Sarah'yı gönderdim. Çıraklardan birinin verdiği birkaç yayınevi adresiyle döndü. Elimde yalnızca orijinal ve karbon kağıdıyla çıkarılmış bir kopya vardı. Fotokopi pahalıydı. Zaten ne gerek var ki, diye düşündüm, ilk yayınevi coşkuyla *Stamboul Blues*'un üstüne atlamasa bile 117 sayfa hızla okunurdu, sonra aynı kopyayı bir sonrakine gönderirsin. Listeye göz attım. Suhrkamp, Rowohlt, Luchterhand. Suhrkamp'ta karar kıldım. Sonuçta Frankfurt'luydum ve Suhrkamp ilerici olarak biliniyordu. Burunları koku alıyor olmalıydı. Cevap gelene dek yaklaşık dört hafta beklemem gerekti. Cevap, manuskrinin yanına iliştirilmişti. Basmakalıp ifadeler:

---
* Alman yayıncı ve yazar. (ç.n.)

"Büyük bir ilgiyle okudum ... programımıza uygun değil. Saygı ve selamlarımla..."

Şok olup olmadığımı bilmeyen Sarah'ya, "Önemi yok," dedim. "Ellerinden kaçanın ne olduğunu sonuçta fark edecekler. Sırada kim var? Rowohlt. Rowohlt iyidir. Hemingway, Miller, Nelson Algren. Bunların yanına yakışırım."

Bana şüphe dolu esaslı bir bakış atsa da, paketi alıp postaneye götürdü. Kendime bir yudum viski koydum. Viski de insanın kullanmayı öğrenmesi gereken bir uyuşturucuydu. Ede'yi düşündüm. Ona, "Ede," dedim, "her neredeysen: Okulumuz iyiydi."

Rowohlt'un, *Stamboul Blues*'un zamanının gelmediğine karar vermesi için altı hafta geçmesi gerekti. Geri çevrilmeyi hazmetmek, ihtiyaç duydukları zamanı hazmetmekten daha kolaydı. Okumak zorunda oldukları başka manuskriler de olduğunu anlıyordum ama öte yandan 117 sayfa bir çerezdi, o kadarını üç saatte okurdum. Tomar her defasında birilerinin çalışma masasında haftalar, aylarca kahve lekelerine bulanacaksa, doğru yayınevini bulmam sonsuza dek sürebilirdi. Aklıma zekice bir fikir geldi. Niye manuskriyi parçalara ayırıp editörlerin işini kolaylaştırmıyordum ki? 30 sayfa da 117 sayfa kadar iyiydi. Hatta belki de merak uyandırırdı. Böylece yaklaşık aynı büyüklükte dört *Stamboul Blues* porsiyonu derleyip, –ufak tefek değişikliklerle– kitapla birlikte dört yayınevine göndereceğim bir mektup kaleme aldım.

"Yeni adresleri başka bir kitabevinden al, Sarah. En iyisi farklı kitabevlerinden."

"Niye farklı kitabevlerinden?"

"Aynı kitabevinden her ay yeni yayınevi adresleri alman nasıl bir izlenim bırakır? İz bırakmamalı."

Sarah, yeniden speed kullanmaya başladığımı ve zaman zaman paranoid bir ruh haline kapıldığımı biliyordu; ama daha önce bu tür bir paranoyaya tanık olmamıştı. Adresleri aldı. Saatlerce şehirde dolaşıp durdum. Rüzgar, yaprakları toprak tepelerinin üstünden uçurup götürüyordu. Kışı şimdiden duyumsuyordum. Zorlu olacaktı. Bir editörün, yayıncısına koşmasını sonsuza dek bekleyemezdim: Buldum! Budur işte! Ne? 20 yıldır beklediğimiz şey! Başka bir işte çalışmaya karar verdim. Sarah da öndiplomasıyla oldukça meşguldü, sadece evde oturup oksijen harcamakla vakit geçiremezdim. Aşkımız zaten neredeyse tükenmişti, bunu seziyordum.

Tageblatt'ın yazı işleri, matbaayla aynı binadaydı ve baskı makinelerinin çalışırken çıkardığı ses en üst katlarda da hissediliyordu. Kültür-sanat bölümü, arka avluya bakan, kasvetli, küçük bir odadaydı. Hafifçe öksürürmüş gibi yaptığımda, yorgun ama güler yüzlü, gri saçlı, gözlüklü bir kadın başını okuduğu manuskriden kaldırdı. Hırpane, uzun bir elbise giymiş olan daha genç bir kadın, beni umursamaksızın kitaplığı karıştırıyordu. Bekle sen, diye düşündüm, yakında benim kitabım da orada olacak.

"Freelance olarak bizimle çalışmak istiyorsunuz, öyle mi? Oturun lütfen, Bay Gelb."

Oturup bir filtresiz Camel yaktım. Kariyerler böyle başlıyor olmalıydı. Güler yüzlü yaşlı kadın –kültür-sanat editörüydü ve aynı zamanda gazetenin ekinden sorumluydu– beni pejmürde kadınla tanıştırdı.

"Kitap eleştirmenimiz. Peki siz hangi alanı düşünmüştünüz? Daha önce kitap tanıtımı yazmış mıydınız? Evet, bu biraz zor olabilir."

Sigaramın külünü bir deneme baskısına silkerek, "Biliyor musunuz, ne isterseniz yaparım – röportajlar, denemeler, düşünce yazıları," dedim.

Yaşlı kadın yorgunca gülümsedi. "Hmm, belki sizin için bir şey bulabiliriz. Film eleştirmenimiz şu anda rahatsız, bir film eleştirisi yazmak ister misiniz?"

"Polisiyede oldukça iyiyimdir."

"Peki, bakalım bugün ne varmış. Evet, işte burada: 'Die Resl vom Wörthersee'. Georg Thomalla oynuyor, gişe başarısı garanti, Uschi Glas da var. Buna birisini göndermemiz lazım. Programda şu anda hiç polisiye görmüyorum." Yorgun, kaderine boyun eğmiş ama yine de biraz merakla bana bakıyordu. "Yapmak ister misiniz?"

Sigaramı söndürdüm. Büyük kariyerlerin başlangıcı çoğu kez tuhaf olurdu.

"Eleştiri akşama elinizde olacak."

"Ama akşam yedi buçuğa kadar ve tam 30 satır, Bay Gelb."

Ben giderken, pejmürde kadın zafer kazanmışçasına gülümsüyordu. Ücreti sormayı tamamen unuttuğum, aklıma ancak sokakta geldi.

Kapalı gişe oynayan "Die Resl vom Wörthersee" hakkında yazdığım eleştiri, *Tageblatt*'ın cumartesi baskısında yayınlandı. Çarşamba günü postacı ücretimi getirdi: 7 mark 80 pfennig. Film iki saat sürmüş ve ardından yorumu yazmak iki saatimi daha almıştı ve bu sırada yarım paket sigara ve üç bardak viski içmiştim. Tabii, kitap eleştirmeniyle kırk beş dakika boyunca mizahın sol bilinçten kaynaklanan bir eleştiri için elverişsiz bir üslup olması üzerine tartıştığım yazı işlerine sonbahar fırtınasında yürümemi hesaba katmazsak. Ertesi gün iş ve işçi bulma kurumuna uğramaya karar verdim. Paraya ihtiyacım vardı ve Kiepenhauer & Witsch'ten hâlâ cevap gelmemişti.

Kargoyla mutfak aletleri satan şirket, demiryolunun arkasında kalıyordu. Ağaçların tepesine kargalar konmuştu. Yılın ilk karı cıvık topaklar halinde düşüyordu. Saat yediyi biraz geçiyordu ve otoyoldaki kamyonların gürlemeleri duyuluyordu. Sarah bana kışlık paltosunu vermişti. Düğmeleri yanlış tarafta olsa da, sıcak tutuyordu. Ayrıca kalın bir atkım, kulaklıklı bir berem ve bir de *Frankfurter Rundschau*'m vardı – gözeneklerine kadar, Willy Brandt'a oy vermiş ve geleceğe inançla bakan o ciddi yardımcı personeldim (*Tageblatt* okumayı bırakmıştım).

Bana Bayan Lücke ile Bayan Klemmer'in bürosunda bir yer verdiler. Bayan Klemmer aralarında daha genç olandı. Bayan Lücke 1946'dan bu yana bir gün bile işe gelmemezlik etmemiş ve adeta şirketin perde arkasındaki yöneticisine dönüşmüştü. İşim, fatura yazmaktan ibaretti. Kafadan hesap yapmakta hızlıydım ve düzgün bir el yazım vardı. Geleceğim garantiye alınmıştı. Şirketin en çok sattığı ürünler, teflon tencere ve tavalardı. Anlaşmalı firmalar, Alman ev kadınlarının teflon tencere ve tava ihtiyacını tatmin edecek kadar hızlı mal tedarik edemiyorlardı. Koca kamyonlar gece gündüz otoyolları homurdana homurdana aşarak geliyor ve teflon boşaltıyorlardı. Piyasanın aniden inanılmaz biçimde gelişmesine tanıklık ediyordum. Bu duruma sadece Bayan Lücke şüpheyle yaklaşmaya devam ediyordu.

"Bu kadar zamandır bu işteyim. İnanın bana çocuklar, bu teflon meselesi yakında son bulur. Uzayın da modası geçer. İşte o zaman insanlar, ninelerinin dökme demirden tenceresinde pişen gulaşın çok daha lezzetli olduğunu fark eder. Schnitzel de cabası. Teflon tavada daha hiç tadı gerçekten hoşuma giden bir Schnitzel kızartmadım. Ayrıca kim bilir, belki de teflon zaten zehirlidir."

Kahvesini sık sık bizim yanımızda içen depo müdürü, "Yeter ama, Bayan Lücke," dedi, "teflon olmasa şirketi kapatıp gideriz. Siz de bunu çok iyi biliyorsunuz."

Sonra Bayan Lücke, "Tabii, gelişme," dedi ve gözlüğünü düzelterek bana gülümsedi. Onun öğrencisiydim. Biz ikimiz doğrusunu biliyorduk. Arada sırada çaktırmadan bana bir sosisli sandviç veriyordu. Şikayetler, ikimizi de memnun edecek şekilde artsa da, teflon bir numara olmayı sürdürüyordu.

Eve geldiğimde, Sarah yemeği hazırlamış oluyordu veya Just Amca'ya, Yunan'a ya da İtalyan'a gidiyorduk. İçecek viskim de eksik olmuyordu ve Sarah'nın arkadaşlarını da pek görmüyordum. Sonuçta artık eve ekmek getiriyordum, ayda 800 mark kazanıyordum ve Noel ikramiyesi alacaktım. Nereye baksanız teflon. Uzay yolculuğunun nimeti. Bir apartman dairesi tutmayı, televizyon almayı düşünüyordum, Ede'yi düşünüyordum. Acaba şimdi nerede kendinden geçiyordu, yoksa resimleri Museum of Modern Art'ta mı sergileniyordu? Ama en çok da, sabahları o soğuk karanlığın içinden geçip giderken ve kafam Sarah'nın göğsünde uykuya dalmadan hemen önce, *Stamboul Blues*'u düşünüyordum. Sekreterlerine, "...bu nedenle mümkün olduğunu düşünmüyoruz..." diye dikte eden ya da "...bana sorun dış dünyanın yeterince aksettirilememesinde gibi geliyor," diye bizzat yazanların ne tür insanlar olduklarını kafamda kurmaya çalışıyordum. Tanıştığım öğretmen ve profesörlere, kitapçı ve sanat galericilerine, editör ve doktorlara mı benziyorlardı? O efsanevi V.O. Stomps gerçekten marjinal miydi, yoksa aslında bu sektörde herkesin olmak istediği şeyin vücut bulmuş hali miydi? Hiç şansım yokmuş gibi duruyordu. *Blues*'um hâlâ bir Boleslaw'a denk gelmemişti. Muhtemelen bu sektörde Boleslaw'lar yoktu. Kendimi daha şimdiden, on sene içinde Bayan Lücke'nin konumunda görüyordum. Ve o zaman teflonun modası geçmiş olursa, ben zaten hep söylemiş olacaktım. Ben ve Bayan Lücke: "Gördünüz mü, çocuklar! O eski, güzel tencereler!" Sonunda, Just Amca'nın yerinde müdavimlerin masasında bir sandalyem olacaktı, FDP'den belediye meclisine seçilecektim, zira benim konumumda insan sonuçta orta sınıfı temsil ederdi, bir de küçük bir bahçem olacaktı. Sabırla haftanın üstesinden gelebileyim diye de, sarışın bebeğim pazarları bana özel bir muamele çekecekti. O sırada bazen Sarah'yı düşünecektim. Bir kitap yazdığımdan beri, tutucu bir küçük burjuvaya yakışacak hayaller kuruyordum. Haz verici bir umutsuzlukla, bu çamurda yuvarlanıyordum. Madem bana sahip olmak istiyorsunuz, buyrun! Edebiyat piyasasından çekilmenin, Afrika'da altın aramaktan çok daha incelikli biçimleri vardı. Teflon kulağa doğru şeymiş gibi geliyordu.

Aralık ayında Sarah ailesinin yanına Münih'e gitti. Bindiği hızlı tren garı terk eder etmez, gribin vücuduma hakim olduğunu hissetmeye başladım. Postacı kapıya vurduğunda, donup titreyerek yatakta yatıyordum ve kendimi halisünasyonlara bırakmıştım. Bir mektup getirmişti. Mektup, oradaki bir yayınevinde çalışan Münihli bir yazardandı. "...manuskrinin geri kalanı da bu 30 sayfa kadar iyiyse, o zaman yayınevimizden yayınlanma ihtimalini yüksek görüyorum..." Yarım şişe viski eşliğinde, mektubu herhalde kırk beş kere okudum. Ardından en sevdiğim plağı koydum; Rolling Stones: "You can't always get what you want, but if you try some time you might find you'll get what you need..."* Dişlerim birbirine vururken, "Eh," diye düşündüm, "biraz yetenek de bu işin bir parçası." *Let it bleed.***

---

* (İng). Her zaman istediğini alamazsın, ama biraz çabalarsan ihtiyacın olanı alabilirsin. (e.n.)
** (İng). Bırak kanasın. (e.n.)

15

Schwabing'de sokaklar buz tutmuştu ve ayağımda İtalyan iskarpinlerimle kaldırımda kaysam da, daha çok süzüldüğümü hissediyordum. Göttingen'de geçirdiğim grip Asya'dan gelmişti ve Münih'e doğru yola koyulmadan önce bir hafta bir tür komada kalmıştım. Sahip olduğum yegane takım elbise olan yelekli, balıksırtı desenli mavi takımım, takatsiz kalmış bedenimden sarkıyordu. Son zamanlarda çok fazla Joseph Roth okumuştum ve bu dünyanın Trotta'larının sırrına vakıf olduğuma inanıyordum: Schnaps ve ruh. Süzülüyordum.

Yazar, diş doktorları, tasarımcılar, reklamcılar ve varlıklı genç dulların oturduğu Art Nouveau döneminden kalma binalardan birinde bir "stüdyo"da oturuyordu. Süzülen dev adımlarla afyon tekkelerinden uzaklaşıyordum. Yazar kapıyı açtığında gördüğüm ilk şey, silindir şapkadan başka hiçbir şey giymemiş olan Allen Ginsberg'in tuvalette oturduğu bir poster oldu. *Legalize Pot.** Tabii evde ayrıca, kitapla kaplı duvarlar ile loş ışıktaki manuskri yığınları, ayakaltında duran bavullar, çok sayıda yer yastığı ve viski şişelerinden oluşan düzenli dağınıklık ve karla kaplı bahçelerden oluşan bir manzara vardı. Yeni onyılın ilk ocak ayının ilk günlerini yaşıyorduk. Yazarın kısa kesilmiş sakalı, kayıtsız ama bakımlı bir dış görünüşü ve melankonin yakıştığı bir bakışı vardı.

"Bourbon mu tercih edersiniz, Scotch mu?" diye sordu. "Ben son zamanlarda Bourbon'u yeğliyorum. Size bu kadar az za-

---

* (İng). Otu yasallaştır. (e.n.)

man ayırabildiğim için üzgünüm; ama görüyorsunuz ya, yarın Roma'ya gitmek zorundayım."

O Bourbon'undan bir yudum aldı, bense Scotch'umdan. Scotch iyidi. Susuyordum.

"Evet," dedi, "kitabınız..."

Kitabın geri kalan 87 sayfasını eline sıkıştırdım.

"Ve tüm bunlar gerçek, öyle mi?"

Başımla onayladım. Belki de ona yaralarını göstermeliyim diye düşünsem de, yapmadım. Sonuçta, kargoyla mutfak aletleri satan şirketin anlaşmalı doktorunun değil, bir yazarın, bir yayınevi danışmanının, edebiyat piyasasının kudretli bir isminin karşısında oturuyordum.

Sessiz geçen bir aradan sonra, "Hmm," dedi, "yani beni biraz etkiledi. Biraz dışavurumcu tabii. Sıfatlar konusunda da biraz daha dikkatli olmanız gerekiyor."

Evet, bunu sık sık okumuştum, hepsi de aynı şeyi söylüyorlardı.

"Tabii, söz konusu olan bir ilk taslak," dedim. "Düzeltilmesi gereken çok şey olduğunu biliyorum. Zaten kafamda daha şimdiden yeni bir şey var. Önce bir yayınevi bulsam..."

Bana melankolik bir şekilde bakıp konuyu değiştirdi. Bilinç değiştirici uyuşturucular hakkında bir şey sordu. Ardından Roma üzerine birkaç kelime. Münih. Londra. Aralar gittikçe açılıyordu. Benden ne beklediğine dair hiçbir fikrim yoktu. Burada sert uyuşturucuların etkisi üzerine biraz dışavurumcu olsa da, sahih bir manuskrinin yazarı olarak oturuyordum ve takım elbisemle, Barmer Sigorta'nın Bad Aibling'deki akciğer sanatoryumuna doğru yola çıkmış bir banka memuruna benziyordum. Yirmi dakika sonra Sarah'nın kışlık paltosuna sarındım. Atlattığımız için ikimiz de rahatlamıştık.

16

Ocak ayında ret yağıyordu. Yayıncılık sektörü, kış tatilinden yeni yıl için iyi niyetlerle dönmüş gibi gözüküyordu; şimdi çalışma masalarına çeki düzen veriliyor ve sonbaharda birikmiş değersiz kağıt yığınları geri gönderiliyordu. Ah evet, bir de bu *Stamboul Blues* vardı, 30 sayfa, bu adam kim olduğunu sanıyor ki? Bayan Meyer-Endruleit, karalamalarını geri gönderin; biliyorsunuz işte: Yayınevimizin programı 1979'a kadar dolu. Fakat bu kadar kolay pes edecek değildim. Batı Almanya'da bir sürü yayınevi vardı ve daha Avusturya ile İsviçre'dekilere başvurmamıştım. Demokratik Almanya Cumhuriyeti'ne de gönderirdim ama Sarah'nın kitabevlerinde baktığı katalogda oradaki yayınevleri yer almıyordu. Mutfak aletleri şirketindeki işi bırakmıştım. Biriktirdiğim paradan yaşıyor, bata çıka karlı sokaklardan geçerek postaneye giderek paketlerimi teslim ediyordum. Sıra bekleyen diğer müşterileri kuşkuyla süzüyor, rakiplerimden birisine rastladım mı bir bakışta tanıyordum. Memur pakete "taahütlü" çıkartmasını yapıştırırken, gözlerinde aynı sıkıntılı bakışlar ve suratlarında kaygılı bir ifade. Posta, başarısız yazarlardan bir dünya para kazanıyordu. Bata çıka geri dönerken, ani bir kararla diş doktoruna gidip bir dişimi çektirdim. Can sıkıntısına mükemmel bir çözümdü, hem sonra insanın akşam birkaç Schnaps devirmesi için de iyi bir bahaneydi.

    Sarah bunu görmekten hoşlanmıyordu. Yatağında oturup Kuran'ı, sufileri, Krişnamurti, Gurdjieff ve Sri Aurobindo'yu okuyordu. Beni, viskimi yudumlayarak Fallada okurken merakla süzdüğünde, bakışlarında metalikleşen, tuhaf bir parıltı olurdu. Fallada'yı seviyordum. *Bir Kere Aluminyum Kaptan Yemişler*. *Kurtlar Sofrasında*. Geceyi anlama yetisine sahipti. Bir Alman junky'si.

Sarah da onu okuyordu ama caydırma amacıyla. Tepe penceresi tamamen beyaza bürünene dek kar yağdı. Yandaki ihtiyarın daktilosunun tuşlarına vuruşu duyuluyordu. Ben ise, editörlere mektuplar hariç, yazmayı bir süreliğine bırakmıştım: "Sayın Bayanlar ve Baylar! Ekte size ilk romanımın birkaç bölümünü gönderiyorum. Romanın konusu..." Yavaş yavaş bunu yazmakta zorlanmaya başlıyordum. Neydi konusu? Ne olursa olsun, para kazandıran bir şey değildi. Boleslaw'dan, Sylvia'nın onu terk ettiğini ve artık Londra'daki bir psikanaliz komününde yaşadığını duydum. Ardından Boleslaw'dan da hiçbir şey duymaz oldum. Berlin, İstanbul'dan daha uzaktı. Şöyle düşünüyordum: Onlara bir kitap daha sunmam lazım. Üretkenlik, otodidaktın artısıdır. Alman dili ve edebiyatı okuyup, götünü sağlama almayı herkes becerebilir. Yeni kitabım için daha şimdiden bir başlık da bulmuştum: *Schmargendorf City Blues*. Ardından bir Blues daha, ve bir üçlemem olacaktı.

Sarah apar topar New York'taki akrabalarının yanına uçtu. 70'li yıllar kötü başlıyordu. Just Amca'daki üç akşamın ardından, bütün paramı toplayıp İstanbul'a bir bilet aldım. Buz gibi soğuk Doğu Ekspresi, 48 saat boyunca Balkanlar'da kar birikintilerinin arasında zar zor ilerledi. Belgrad'da yemekli vagon ayrıldı. Dev ekmek, et konservesi, peynir, lahana sarma, kahve, sivri biber, tatlı, müzik kaseti ve neşe stoklarıyla Türk işçilerin arasında, aşırı uzun eski yağmurluklar, delik deşik Hint sarileri ve spor ayakkabılara bürünmüş solgun simalar dip dibe oturmuş, tekrar Gülhane Otel'deki bitli köşelerinde oturup, ortaklaşa kullanılan isli kaşıkta afyon ısıtacakları ana kadar saatleri sayıyorlardı. Onlarla bir derdim yoktu: Ben de aşağı yukarı aynı şeyi yapacaktım. *Stamboul Blues*'a gelen 27 reddin ardından, hâlâ güvenebileceğim tek şeyin afyon olduğunu hissediyordum.

Yanılmıştım. İstanbul'da daha bir gün geçimiştim ama şimdiden ayrılmak istiyordum. Şimdi, kitabı yazdıktan sonra, Tophane sokaklarında gezinirken kendime gülünç geliyordum. Hâlâ burada ne işim vardı? Yozlaşarak, tanıklıktan turistliğe düşmüştüm, bir fotoğraf makinesi çıkarmadığım kalmıştı: *Please! One Moment! For the Familienalbum, underständ?* Yanımdan geçen bir araba, ceketime çamur sıçrattı. Ölü ve hâlâ yaşamak isteyen ruhları onurlandırdıktan sonra yürümeye devam ettim.

Birkaç gün daha eski kafelerde oturdum. Arada sırada önceden tanıdığım birileri karşıma çıkıyordu. İhtiyarlar gibi oturup, şekerli çay, cevizli çörek ve anılarla besleniyorduk. Ede hakkında kulağıma yalnızca muğlak rivayetler geliyordu. Not defterlerim hâlâ otelin kasasında duruyordu. Gidip onları almadım. Genç kızlar bana daha güzel geliyordu. Belki de geçmişte onları pek fark etmemiştim. Geçmişte pek fark etmediğim birçok şey vardı: İnsanların fısıldaşmaları, düşmanca bakışları, yükselen fiyatlar, duvarlardaki sloganlar, faşistlerin yürüyüşleri, yağmurun önüne katıp sürükleyerek tepelerden gecekondu mahallelerine getirdiği pislik. Balık kafaları, karpuz kabukları, paslı çorba konserveleri, prezervatifler, Dali'nin resimlerindekinden farklı gözüken sıçan ölüleri, kem gözlere karşı mavi boncuklar, plastik bebeklerin kolları, küflü portakal kabukları. Gün doğumunda, gecenin efendilerinden arta kalanları sokak köpekleriyle dilencilerin eşelediği Haliç'teki çöp birikintilerinde ağır ağır yanan ateşlerden on binlerce pire sıçrıyormuş gibi gözüküyordu. Galata Köprüsü'nden taksiler geçip duruyor, limanda Sovyet şilepleri yalpalıyordu. Tophane simalarında orak-çekiç. İstanbul, Göttingen'den daha soğuktu. Şehirden ayrılırken, bu defa sonsuza dek olduğunu düşündüm.

Sarah daha geri dönmemişti. Gönderdiği bir kartpostal, posta kutusunda duruyordu. Kartı alıp yukarıya çıktım, gaz sobasını yaktım, Sarah'nın bana yazdıklarını anlamaya çalışırken, uzun süre sobanın önünde oturup gaz kokan havayı soludum. Kartpostal, Chicago'dan gönderilmişti. Sarah kendini hep biraz anlaşılmaz bir biçimde ifade etmekten hoşlandıysa da, ne dediğini bu defa her zamankinden de az anlıyordum. En anlaşılır cümle şuydu: "Sana bilincimden başka bir şey veremem." Soğuk yatağa uzanıp, yakında kendine yeni bir yatak bulmalısın diye düşündüm. Başka bir şehirde başka bir yatak. Geri kalan mektuplara göz attım. Büyük yayınevleriyle küçük yayınevleri arasındaki yegane fark, büyüklerin red mektuplarının elime daha çabuk geçmesi ve küçüklerinkilerin kulağa daha özgüvensiz gelmesiydi.

17

Koyu lacivert sinekler camın arkasında vızlıyordu. Zehirliymişçesine parlayan iri şeyler. Şaşılacak bir şey yoktu, sonuçta köydeydik. Güneş, Wotan'ın tacı gibi Galgenberg'in tepesine konmuş, Aşağı Saksonya'nın lahana ve havuç güneşi, sinekleri çıldırtıyordu. Sinekler vızıldayarak kirli cama çarpıyor, pencerenin neden kapalı kaldığını anlamıyorlardı. Bu, onları daha da inatçılaştırırken, üstüne bir de durmaksızın daktilonun tuşlarına vurulmasından çıkan ses ekleniyordu. Daha önce burada hiç daktilo sesi duyulmamıştı. Burada, Göttingen kırsalında, şehirlerarası yolun kenarındaki bu köyde diğer zamanlar sadece takunya ve güğüm tıkırdaması duyulurdu.

Sarah köye taşınmamız gerektiğine karar vermiş ve belediye başkanının çiftliğindeki, herkesin kıskandığı bu büyük hizmetçi dairesini ayarlamıştı, 200 marka 100 metrekare. İlk günden, bunun sonun başlangıcı olduğunu biliyordum. Sarah güneşten yanmış bir biçimde dünya ananın kollarında havuç tarlalarında; ben ise uyarıcı atıyor, Burroughs, Fallada ve keyif verici maddelerle ilgili suçlar üzerine bilimsel eserler eşliğinde sigara dumanında oturup, perdeleri sıkı sıkıya örtüyor ve Sarah'nın her hareketini takip ediyordum. Tabii mektuplarını da okuyordum ve can düşmanımı çoktan keşfetmiştim: Ede'yle birlikte İstanbul'da yoldüğumuz süt çocukları gibi, uyku tulumları, salakça Woodstock, Togetherness, Karma zırvalarıyla şu Love & Peace açıkgözlerinden biri olduğunu tahmin ediyordum. Bu tiplere asla güvenmezdim. Hepsi de ucuz sikiş peşindeydi, özellikle de sürekli bilinçten bahsedip duranlar. *Om.* Babanın çekiyle, çürümenin, Standart Oil ve silah sanayiinin finansmanıyla "Üçüncü Dünya"yı dolaş ama sonra çilekeşlik, soya filizi, Yin-Yang ve kozmik ışınlardan bahset. Hırsızlar. Sarah'ya bunu açıklamaya çalıştıysam da, bu sayede her şeyi daha da kötü hale getirdim. Kısa şalvarıyla oturup, İngiliz penileriyle Yi Çing falı bakıyordu. Gecelerce sürdü bu. Nasıl birkaç ritalin daha attığımı hep o parlak gözüyle izliyordu. O bir azize oldu. Ben zayıfladım ve Chicago'dan her gün mektup geldi. Ama aşkımın başarısızlığa uğraması yazmama engel olamadı. İkinci kitabımın başına oturdum. Üretim her şeydir. *Schmargendorf Blues* hızla ilerliyordu. Bunda, Cağaloğlu'ndaki not defterlerimi, soğuk Türk gecelerinde kendimi uzun cümlelerin ritmine bıraktığım aşksız ve tasasız seansları hatırlamamın da payı vardı. Noktalama işaretlerinin sadece rahatsızlık verdiğine karar verdim; edebiyat değil, noktalama terörü ortadan kaldırılmalıydı. İnsanın ihtiyaç duyduğu tek şey uzun çizgiydi. Bu, Jazz-Stakkato ya da Göttingen Bebop adını verdiğim bir ritmde sayfalarca süren cümleler yazmamı sağlıyordu. Schmargendorf City adında bir hayalet şehir hakkında, evsizler ve SS eskileri hakkında, veremli morfinmanlar Selamet Ordusu üniformalarının üstünden kendilerine iğne vurur ve kimsesiz şaşı çocuklar Martin Bormann'ın kemikleriyle oynarken, çatı katındaki komünün, *Golem*'in korsan baskılarını birleştirmediği zamanlarda cadı şarkıları eşliğinde sapkın seks oyunları oynadığı harabe binaların kalkan duvarlarındaki karga sürüleri hakkında yazıyordum. Tüm bunlara, bu hayalet şehirde, onu uzun yıllar önce –siyasi bir suç ihtimalinin göz ardı edilemeyeceği– gizemli koşullarda terk etmiş bir sevgilinin izini süren birinci şahıs anlatıcının melankolik iç monologları eşlik ediyordu. Arada bir ayağa kalkıp, tüm emniyet tedbirlerime rağmen odaya sızmayı başarmış bir sineği öldürüyordum. Ardından bir yudum soğuk Nescafé içiyor, bir Camel yakıp yazmaya devam ediyordum. Üç haftada 100 sayfadan fazla yazmayı başarmıştım. Yazarken diğer her şeyi unutuyordum. Yalnızca 24 saat, ardından bir 24 saat daha, tüm hayatımı dolduracak şekilde yazamıyor olmak üzücüydü. Ama uyarıcıların yardımı dokunuyordu. 12 saat, 14 saat, 16 saat yazıyor; sonra bir dolu uyku hapı yutup kendimden geçiyordum. Bilincimin bulanıklığından Sarah'yı artık ancak belli belirsiz algılıyordum. Yataklarımızı ayırmıştık.

Dudaklarımda dumanı tüten sigarayla, "Lütfen pencereyi kapat," dedim, "sinekler yazarken çıldırtıyor beni. Sinekler ve güneş."

Sarah cevap vermedi. Pencere açık kaldı. Başımı kaldırdım. Az önce iyi bir ritm tutturmuştum. Sarah pencerenin önünde duruyor; güneş yanık, tombul ve sağlıklı yüzüne vuruyordu. Sinekler çoktan daktilonun üstünde vızıldamaya başlamışlardı.

"Güneşi dışarıda bırakırsan, kitabın asla bir şeye benzemez," dedi Sarah. "Sadece ölülerin güneşe ihtiyacı yoktur ama ölüler kitap da yazamazlar."

"Ne diyorsun?"

"Düşmanlığını hissediyorum. Düşmanlığın o kadar güçlü ki, nefes alamıyorum."

Sigarayı söndürdüm. Parmaklarım nikotinden sararmış haldeydi ve tırnaklarımın arasındaki kir iğrenç gözüküyordu. Sözcüklerden başka hiçbir şey içmemişçesine kuru ağzımda irin topaklarının varlığını hissediyordum.

"Postacı geldi mi?" diye sordum.

Sarah bana dik dik baktı. Güneş, bakır gibi ışıldayan saçlarıyla oynuyordu. Gülümsedi, bu gülümsemeyi artık tanıyordum. Laftan anlamaz, kaybetmeye mahkum insanların akılsızlıklarından duyulan üzüntüyü ve Mesih'in, ayaklarını –ya da sikini, evrenin ortaya çıkışıyla doğrudan bağlantılı o küçük ama kutsal siki– öptürmek için çoktan onları beklediği yeni sahillere doğru yolda olanlardan olmanın bilincini dışa vuran bir gülümsemeydi bu.

"Ayrılmak zorundayız," dedi Sarah.

Yutkundum. Bu kadar çabuk olacağını beklemiyordum. Tam da şimdi, ikinci Blues'umu yarılamışken. Peki benim yeni bir bilince hakkım yok muydu? Sonuçta, hâlâ hiçbir yayınevi resmen onaylamamış olsa da, bir yazardım. Yazdıklarım yayınlanmıştı, yazar olma yolunda ilerliyordum. Ama şimdi de bu sözde azizler, ilerlememe engel olmak için yoluma taş, hayır kaya koyuyorlardı. Paradiso, diye düşündüm: Paradiso'da başladı. O onlarla çember halinde oturup *om* çekmek istiyordu, bense onunla yalnız kalmak, afyon ya da viski içmek ve Tophane'deki maceralarımdan ve yazacağım kitaplardan bahsetmek. Tüm sorun, kadınların yalnız kalamamasından kaynaklanıyordu.

Aşağıda bina kapısı gürültüyle kapandı.

"Sanırım postacı bu," diyerek, altkollarıma konmuş sinekleri kovdum. Sarah çoktan kapıdaydı. Hemen, Chicago'nun yine iş başında olduğunu gördüm, sayfalarca uzunlukta bir mektup; ama istediği kadar yazsın, ondan asla yazar olmazdı. Bana da posta gelmişti ama iade edilen bir manuskri değil, yalnızca bir mektup. İlk *Blues*'u gönderdiğim küçük avangard yayınevlerinin birindendi. "İlgiyle okuduk..., çalıştığımız freelance editör çok olumlu..., bir gün Frankfurt'a yolunuz düşerse..."

Mektubu üç kere okuduktan sonra bir yudum soğuk Nescafé içtim ve keyifle bir sigara yaktım. İşte böyleydi. Edebiyat, hayatın akışına öyle müdahale ediyordu ki, sanki hayatımın orta yerinde bir bomba patlamıştı. Resimlerden oluşan bir havai fişek gösterisi. Daha demin tamamen umutsuzken, şimdi yeniden neşeliydim, hızla yol alıyordum, tünelin sonunda ışık belirmişti. Chicago yerle bir olmuştu. Başarı karmadan daha iyidir, başarı karma*dır*. Çinliler başarıyı çok önemsiyordu. Herkes başarıyı çok önemsiyordu, Sarah hariç; ama o sağlam bir mirasa konmayı bekliyordu. Şimdi, yazar olmayı neredeyse başarmışken, beni bırakıp bırakmamayı üç kere düşünecekti. Odasından Hint müziği geliyordu. Okuyordu. Havuç tarlalarının Aşağı Saksonya'nın Galgenberg güneşine ihtiyaç duyduğu gibi, o da buna ihtiyaç duyuyordu. Biz, diğer insanlar başarıya ihtiyaç duyuyor, bunun için tüm Amerika'yla boğuşmaktan çekinmiyorduk. Mektubu bir kez daha gözden geçirdim. Doğrudan bir anlaşma denemezse de, şimdiye kadar elime geçenlerin en iyisiydi. 109. sayfayı Olympia'dan çıkarıp temiz bir yaprak yerleştirdim, daktiloya sevgi dolu bir şaplak indirdikten sonra tuşlara vurmaya başladım: "...ayrıca şu anda bu yaz biteceğini sandığım ikinci romanımı yazıyorum. Ama Frankfurt'a geldiğim zaman bu konuda sakin kafayla konuşabiliriz."

Tek bir virgülü atlamadım. Yan taraftan sitarın hüzünlü sesi geliyordu. Ayağa kalkıp pencereyi kapattım. Bir sinek bana saldırdı. Onu duvarın dibine sıkıştırdım, dürülmüş gazeteyi elime alıp güneşe konana kadar bekledim, sonra da öldürdüm. Sitar daha da yüksek sesle hüngür hüngür ağlıyordu. Hindistan'da insanlar sinek gibi ölüyordu. Daktilonun başına döndüm. Bir adamın elinden aşkını almak neredeyse cinayet demekti ama adam bir daktiloyla bunu da atlatabilirdi.

18

Gutowsky ben yaşlarda, kısa boylu, toplu bir adamdı ve bana hemen sen diye hitap etmeye başlamıştı. Onu daha çok Levant'taki bir tatlı fabrikası sahibinin fabrikada çalışan oğlu olarak düşünebilsem de, kader onu ilk yayıncım olmak için seçmiş gibi duruyordu. Ayağımda pırıl pırıl cilalanmış iskarpinler, boynumda kravatım vardı, o ise beyaz bir kot ve bir t-shirt giymişti. En azından, Hochstraße'deki bekar evi kitaplarla dolup taşıyordu. Kadehlere Chianti doldurduktan sonra, bana avangard programını gösterdi. Yazarların adları bana hiçbir şey ifade etmiyordu; ama ince kitaplar özenle hazırlanmıştı ve kapakları dikkat çekiciydi. Bir kitap, orijinal manuskriden satırların büyütülerek basılmış olduğu, simli kapağıyla diğerlerinden ayrılıyordu. Alman bir yazarındı: Anatol Stern. Kitabın sayfalarını çevirdim ve oldukça şaşırdım. Buna kıyasla, uzun çizgilerim ve ben solda sıfır kalıyorduk. Bazı sayfalarda metin sütunlara bölünmüştü, kalın harflerle basılmış pasajlar vardı ve görünen o ki, noktalama söz konusu olduğunda Stern Duden'dan* bütünüyle kopmuştu.

"Stern cut-up yazıyor," diye açıkladı Gutowsky.

"O nedir?"

Bana şüpheli bir bakış attı. "Burroughs yönteminin ne olduğunu bilmiyor musun?"

Bakışından kaçtım. "Burroughs'u tabii ki biliyorum."

"Lou Schneider hemen, senin cut-up'a yakın olduğunu söyledi. Onun için seni programa almak istiyoruz. Alman cut-up

---

* Almanca imla kuralları konusunda standartları belirleyen sözlük. (ç.n.)

yazarları. Yakında Burroughs'tan da bir metin yayınlayacağız. Malum, programda iyi duruyor."

Chianti'den bir yudum daha aldım. "Peki Lou Schneider kim?"

"Freelance editörümüz, çevirmenimiz ve cut-up programımızın başdanışmanı. En kısa zamanda Mannheim'a gidip ona uğramalısın."

"Şey," dedim, "şu anda epey meteliksizim." Ağzını, azı dişinde yeni bir delik keşfetmişçesine yamulttu. Anlaşılan, para Gutowsky için acı verici bir konuydu.

Can sıkıcı bir duraklamanın ardından, "İyi peki," dedi, "yarın yayınevine gel de Mannheim seyahati için gereken parayı versinler." Sanki yine de bir şeyleri telafi etmek zorundaymışçasına, "Biliyor musun," diye ekledi, "şu anda para açısından bir darboğazdan geçiyoruz. Ah şu vergi dairesi. Ama kitabını yayınladığımda elbette bir avans alacaksın."

"Yaklaşık ne kadar olur?"

Gutowksy, sesi, ödeme kapasitesinin nihai sınırı hakkında sır verirmişçesine hafif incelerek, "Beş yüz mark," dedi. Bu herifle işin iş diye düşünerek, cebimde Anatol Stern'in kitabıyla Esrar Çayırı'na* doğru yürüdüm. Bu yaz uyuşturucular, kitaplardan daha ucuzdu; tabii kendiniz yazmadığınız sürece.

Lou Schneider, Mannheim'da beni gardan aldı. Junky'lerden ve junky eskilerinden anlıyor olmalıydı, çünkü beni kalabalığın içinden, tecrübeli bir dedektifin hakkında tutuklama kararı çıkmış bir yankesiciyi bulduğu gibi çekip çıkarmıştı. Bir Alman avangard yayınevinin freelance editöründen çok, bir Amerikan gangster filmindeki polis muhabirine benziyordu; ama benim de yakında Suhrkamp ya da Hanser'den ilk kitabı yayınlanacak, yıl-

---

* Esrar Çayırı ("Haschwiese"): Frankfurt'ta belediye havuzu "Stadtbad Mitte"nin yanındaki, hippilerin toplanma alanı olan çayırlık tepeye halk arasında verilen ad. (ç.n.)

dızı parlamaktaki bir yazar olarak görülmediğimi çoktan fark etmiştim. Şehir merkezindeki eski bir binanın çatı katında oturuyordu. Bir kedi etrafta dolanıyordu. Kahve sertti. İkimiz de aynı marka sigara içiyorduk.

"İyi iş çıkarmışsın," derken, eliyle *Stamboul Blues* manuskrisinin üstüne vurdu. "Şuradan buradan birkaç satır atılıp, birkaç daha hızlı giriş ve geçiş geldi mi fıstık gibi olur."

"Gerçekten mi?"

"Herhalde, *amigo*. Başlangıcı ele alalım. İlk iki satırı siler, doğrudan heriflerin kendilerine iğne vurdukları mekâna girersen, sahnenin iplerini derhal eline alırsın. Yeter ki dolambaçlı ifadeler kullanma. Burroughs okuyabilecekken, kim Martin Walser okumak ister ki?"

"Bir de kitapçılara sor istersen."

"Evet, orası hâlâ sorunlu. Sonra burada, ikinci bölümde: İhtiyar Lasker-Schüler yoluna biraz taş koyuyor ama orada işi yok onun."

"Yazmaya şiirle başladığımdandır."

"Bizde sadece bir tane iyi şair vardı, o da Dr. Gottfried Benn. Ama bu metinde Dr. Benn'in de ancak gölgesine yer var, ancak Dr. Benway bizzat sahneye çıkabilir, o da başka bir isim altında. Dr. Benway'i hatırlıyorsun, değil mi?"

Burroughs'u hakikaten okumuştum. "Elbette. Fakat bendeki adı Doktor Tox."

"Doğru ve o bölümde değiştirilecek bir şey yok."

Bir saat içinde manuskriyi okuyup bitirmiştik. Karşılaştırma yapma şansım olmasa da, Lou Schneider'den daha işinin ehli bir profesyonel düşünemiyordum. Kısacası, tüm endişeli bekleyişe gerçekten değmişti. Gutowky etliye sütlüye karışmayan bir yayıncı olsa da; Lou Schneider şarap, kahve ve sonunda konyak dahil zengin bir menü sunuyordu.

19

1965'ten bu yana hiçbir derse girmemiş olsam da, hâlâ Johann-Wolfgang-Goethe Üniversitesi'ne kayıtlı olduğumdan, Merkez Bankası'nda geçici bir iş bulmayı başardım. Döviz poliçesi bölümünde çalışıyor, Tokyo, Buenos Aires, Rio'daki finans dünyasını takip ediyordum. Kolay bir işti. Tasnif ediyor, biraz hesap yapıyor, kravat takıyor ve masa başında çalışanların tasaları hakkında biraz fikir sahibi oluyordunuz. Yirmi beşlerinde evleniyor, otuzlarında ev inşasına girişmeyi tasarlıyorlardı. Kırk yaşında saçları dökülmeye başlıyor ve ne kadar emekli maaşı almak için ne zaman nasıl terfi etmeleri gerektiğinin hesabını yapıyorlardı. Bir memur adayına poker oynamayı öğrettim. İyi havalarda öğle tatilinde karşıdaki parkta poker oynuyorduk; ama üçüncü bir kişi daha aramıza katılıp, kağıt oynadığımız kulaktan kulağa yayıldığında, müdür buna engel oldu. Alman Merkez Bankası çalışanları için kumar bir tabuydu.

"O zaman nasıl başarılı olmayı bekliyorsunuz?" diye sordum.

"Tabii ki Merkez Bankası sayesinde," dediler. İyimserlik doluydular. Sanki gelecek onlara altın tepside sunuluyordu. Güzel bir yazdı ve önümüzdeki yazlar daha da güzel olacaktı. Berlin'de Andreas Baader hapisten kaçırılmıştı. Ulrike Meinhof yeraltından silahlı mücadeleye davet ediyordu. Öğle tatillerinde Esrar Çayırı'na gidip, eczanelerden çalınma morfin alıyordum. Bir ampül 10 marktı. İkinci kitabım üstünde çalışmayı bırakmış ama *Stamboul Blues*'u Schneider'in öğütleri uyarınca elden geçirmiştim. Gutowsky'nin vaatleri giderek daha müphem bir hal alıyordu. Metnin bir parçası şimdiden fuar kataloğunda yer alacaktı. Umut vererek beni oyalamasına izin veriyordum. Yazın sizi umut vererek oyalamalarına hep izin verirdiniz. Bunda ampüllerin de yardımı oluyordu.

Kimi zaman iş çıkışı Anatol Stern'e gidiyordum. Karısı ve kızıyla Westend'de oturuyordu. Stern'in asıl mesleği pilotluktu; yazarlığı ek olarak, çoğunlukla mürettebatın kaldığı Karaçi, Bombay, Bangkok, New York, Los Angeles ya da Rio'daki otellerde yapıyordu. Karısı olağanüstü çekici ve konukseverdi. Evlerine bir sürü hippi ve junky girip çıkıyormuş gibi duruyordu ama zamanla bunların edebiyat öğrencisi, model, butik sahibi, sanatçı ya da yazar olduklarını öğrendim. Hepsinin de, örgüleriyle rüzgarla dalgalanan uzun saçları vardı ve uzun, tiril tiril elbiseler giyiyor, zincirler, yüzükler, şallar ve cam boncuklar takıyorlardı. Cigaralar ve bonglar aralıksız dönüyordu. Tavırları değişkendi, aralarındaki ilişkiler anlamadığım ritüellere göre şekilleniyordu. Sık sık cinsel özgürleşme hakkında konuşuluyordu –Gutowsky çoktan soft porno işine girmişti– ama ancak nadiren birisi bir diğerine dokunuyordu ve hepsinin birbiriyle ya da belki karışık bir şekilde eş değiştirerek yatıp yatmadığı benim için bir sır olarak kaldı. Benimle hiç kimse yatmadı. Lou Schneider ancak nadiren gözüküyordu ve sohbet edebildiğim tek kişi, Anatol Stern'di. Fakat cut-up'ta zorlanıyordum.

"Sayfayı kesip parçalayacağım, tamam. Ya ondan sonra?"

"Sonra parçaları yeniden düzenleyecek ve satırları yeniden birleştireceksin."

"Peki sonra?"

"Sonra ya yeni bir görüntüye, o zamana dek saklı kalmış bir anlama, belki yalnızca şaşırtıcı bir sıfata, bazen de o zamana dek kilitli kalmış bir kapının anahtarına ulaşacaksın. Ya da hepsini kaldırıp atacaksın. Ağır bir iştir."

"Hmm."

"Metinler bilinçte yeni alanlar açmalı. Yoksa neden yazılsın? Metinler, zaman ve mekânda birer yolculuktur."

Benim ise ehliyetim bile yoktu. Anatol televizyonu açtı. Ana haber bülteni. Ekranda görüntüler sessizce parıldayıp sönüyordu. Vietnam'daki bombardımanlar. Kamboçya'nın işgali. Nixon. Kissenger. Yeni bir şey: Almanya'da aranıyor afişleri. Ardından Anatol ses kayıt cihazını kurdu. İnanılmaz müstehcen bir metni, bir birlik komutanının tebliğleri gibi okuyan bir Amerikalı'nın gıcırdayan sesi: William Burroughs. İşte bu tam yerine oturmuştu.

Anatol'un anlattığına göre, cut-up 1959'dan beri vardı. O zamanlar Beat kuşağının guruları Burroughs, Brion Gysin, Harold Norse, Gregory Corso, Ginsberg ve tüm çevreleri Paris Rue Git-le-Coeur'deki bir pansiyonda otururmuş. Bir gün Gysin iki gazete parçasını, General Eisenhower'ın birden Meksika sınırında bitiverip, bir fahişe cinayeti nedeniyle tutuklanacağı şekilde birleştirdiğinde, gülmekten masanın altına düşmüş. Burroughs bu tesadüfü derhal kaparak, sadece makasla gazete kupürlerini değil, ses bantları ve filmleri de kapsayan bir yönteme dönüştürmüş. Deneysel edebiyat. Algren ya da Fallada'nın bu şekilde çalışabileceğini düşünemiyordum. Onlar, hikaye anlatıcılardı.

Anatol Stern, "Edebiyatı uzay çağına taşımalıyız," diyerek pilot üniformasını giydi. Yakışıklı ve sempatik bir adamdı. Üniforma bile ona yakışıyordu. Bizimle vedalaşıp Dakar'a, Johannesburg'a, Rio'ya doğru yola koyuldu. Ben modeller, sanatçılar, yazarlardan birkaçıyla ancak metroya kadar yürüdüm. Filmlerden, ışık şovlarından, Stones'tan, son seyahatlerinden, Münih, Londra, Roma'daki randevulardan söz ediyorlardı. Eschenheim Kulesi'ne gidip birkaç ampül daha aldım. Ardından uzun ev yolu. Dornbusch, Eschersheim, Heddernheim. Her tarafta inşaatlar yapılıyordu. Annem akşam yemeğini hazırlamıştı. İster doğrusal anlatım olsun, ister cut-up, yakından bakıldığında hepsi de umutsuz gözüküyordu.

Part-time çalışma dönemini arkamda bırakmıştım. Münih'te Sarah'yı yeniden gördüm. Biz birlikteyken, iğneden nefret ederdi; ama dostlarından ya da yatak arkadaşlarından biri onu da bulaştırmıştı ve şimdi benden bir vuruş istiyordu. Bir kez daha birlikte yatağa girdik. Gece sıcak, hava boğucuydu. Akademide bir eğlence sürüyor, müzik caddede yankılanıyordu. Uzaklarda bir yerlerden siren sesleri, itfaiye. Arri Sinaması'nın önünde sarhoşlar nara atıyordu. Sarah'ya sıkıca sarıldım, parmağımı götüne soktum, çığlıklar atana dek göğüslerini emdim, sikimi amından bir daha asla çıkarmak istemiyordum. Asya neredeydi o gece, Amerika nerede? Gün ışırken, hâlâ uyumamıştık. Metro inşaatının gürültüsü, tramvaylar, temizlik araçlarının fıskiyeleri duyuluyor; pencerenin önünde güvercinler kuğuruyordu. Ardından uykuya daldım ve tekrar uyandığımda, Sarah çoktan giyinmiş, Yi Çing falı bakıyordu. Yine zarları tutturamamıştım.

20

İstanbul'da bir kolera salgını patlak vermişti. Bir kez daha oraya gittim. Belki bu defa geberirim, diye düşünüyordum, afyon ve polis hakkımdan gelemedikten sonra, belki kolera gelirdi. Ancak yine de aşı oldum. Ülkeye başka türlü giremeyeceğiniz söyleniyordu. Daha önce 48 saati hep oturarak ve ayakta durarak geçirmiştim, bu defaysa paraya kıyıp yataklı vagondan bilet aldım. *Twen*'e bir İstanbul yolculuğu hakkında hiçbir zaman basılmayacak bir hikaye yazmıştım ama en azından telifimi ödediler; ve Sarah da para göndereceğine söz vermişti. Kolerayı görmeyi ve ardından bu defa yoluma devam etmeyi, en azından bir kez şu lanet olasıca Anadolu'yu baştan başa geçmeyi, Tahran'ı, İsfahan'ı görmeyi düşünüyordum. Ede hakkında tek kelime dahi duymamıştım; içimden bir ses, bu defa onu tekrar göreceksin, Tophane'de karşılaşacaksınız ve sonra hemen gece ekspresiyle Ankara'ya gideceksiniz diyordu.

Yataklı vagon işi yattı. Tren, Sofya'da durdu. Yan hatta çekildi. Sonra öylece orada kaldı. Bulgarlar yalnızca omuz silkiyordu. Hiçbir zaman bilgi vermeyi seven, konuşkan insanlar olmamışlardı. Ilık ekim gecesinde dedikodular havada uçuşuyordu. Türkler sınırı kapatmış. Bulgarlar sınırı kapatmış. Tren geri dönecekmiş. Biletler yanıyormuş. Bulgarlar bizi burada tutacakmış. Bulgarlar zorunlu aşı yapacakmış. Küçük gruplar halinde treni terk edip gara sızdık. Gecenin on birinde Sofya Garı, Avrupa'nın en konuksever tesisi değildi; ama demiryolu işçilerinin, polislerin, köylülerin ve belirli bir yere gitmeyen yolcuların bira ve Schnaps içip şaşlık yedikleri, hâlâ açık olan bir büfe vardı. Onların elinde Bulgar parası vardı. Bizdeyse yoktu. Leva o gece, uluslararası döviz piyasalarında kesin yükselişe geçerdi. Gündoğumunda tren Türkiye yönünde yola devam etti. Yataklı vagondaki yerim nedeniyle şikayetçi olmamayı tercih ettim. Svilengrad'da bir şişe konyak aldım ve bizi oradan otobüslerle sınıra taşıdılar. Yolun Türk sınır bariyerinden önceki son bölümünü toz toprak içinde yürüyerek geçmek zorunda kaldık. Bulgar askerleri bizi acele etmeye zorluyordu. İki yıl önce Türkler beni benzer bir şekilde ülkelerinden atmıştı, şimdi aynı şekilde geri dönüyordum. Sınırda işi ağırdan alıyorlardı. Kolera kasıp kavururken İstanbul'a gitmek isteyen ya ajan olmalıydı ya da deli. Ajanlar ve deliler bekleyebilirdi. Pasaportuma damga vurulduğunda, konyak şişesi çoktan boşalmıştı. Türkiye'ye ilk defa yürüyerek ve dut gibi sarhoş giriyordum.

İstanbul'un beş yüz camii, Haliç'teki tüm o altın parıldıyordu. Bu kez hemen eski otelimize gittim. Sanki daha dün çatıdan aşağı indirilip hapse atılmışım gibi, hepsi hâlâ orada, duvardaki Atatürk resmi, duvar kağıdı yırtıklar içindeki büro, dumanı tüten soba, lime lime halı, hepsi orada, semaver ve not defterlerimin durduğu duvardaki kasanın bulunduğu sefil resepsiyondaydılar. Kendimi garip hissediyordum: Yalnızca iki yıl mı geçmişti? İki yüz yıl ya da iki saniye olamaz mıydı? Zaman ve mekânda yolculuk bu muydu? cut-up? Not defterlerimi bana geri vermek istiyorlardı; bırakın kasada kalsınlar, dedim. Güvenlik. Gülerek omzuma vurdular. Hatta, aşiretin haftada yedi, yılda 365 gün, gün boyu dizlerinin üstünde elinde bezle virane oteli baştan başa temizleyen kölesi Makedon temizlikçi kadın ihtiyar Ane de oradaydı. Hiyerarşide o kadar aşağıdaydı ki, tamamen özgürce gülmeye cesaret edebilen bir tek oydu.

Artık kimsenin çatıda kalmasına izin yoktu –muhtemelen rüşvetten tasarruf etmek istemişlerdi–, oysa ben ağzında fırçasıyla Ede'nin beni kapıda karşılayıp yoğurt getirip getirmediğimi soracağını beklemiştim. En üst kattan bir oda tuttum; dar yatağa uzanıp, yeşil boyası çoktan solmuş taş tavana bakarak, İstanbul'un beni yeniden kollarına almasını bekledim. Güvercinler buradaydı, martılar burada. Çocuk bağırış çağırışları ve bazen de bir eşeğin dik kafalı anırmaları buradaydı. Gürültüyle akan trafik, Sultanahmet'le Beyoğlu, Üsküdar'la Kadıköy arasındaki milyonlarca arabanın kornaları, gemilerin düdükleri, sis borularının sesi, Sirkeci'den ayrılan trenler buradaydı. Müezzin seslerinin rüzgarı da namaza davet etmekte kullandığı 500 cami hoparlörü buradaydı. Ekim güneşine rağmen şimdiden kış ayazının ilk uyarılarını taşıyan rüzgar buradaydı. Kızışmış kedilerin davetkar miyavlamaları, çingene orospuların boğuk sesleriyle müşteri çağırmalarına, ayıyı dans ettirmek için çaldıkları tefe, radyodaki Coca-Cola ve Persil reklamlarına karışıyordu. Kötü aydınlatılmış bin odadan, sığınak ve barınaklardan Caz,* Anadolu Blues'unun hiç durmadan, "Hayat nedir ki? At gitsin, hiçbir şey kaybetmiş olmayacaksın," diyormuş gibi duran tehlikeli melankolisi bana ulaşıyordu. Sidik kokusu buradaydı; kebapçı, rakı, tatlı süt ve çay, tuzlu fıstık, nemli duvar, balmumu, kerhane tatlısı, dezenfektan, Türk tütünü, çatırdayan odun, kızarmış balık, deniz tuzu, esrar kokuları buradaydı. Ana caddenin yüzlerce sesten oluşan gürültüsü de buradaydı: kulak tırmalayıcı kornalar, polis arabalarının sirenleri, takırdayarak inen kepenkler, düdük sesleri, Arnavut kaldırımlarında inip kalkan, uyduruk pençe yapılmış yüzlerce ayakkabı, emirler, cop darbeleri, acı çığlıkları, geceleri silah sesleri – yoksa egzoz patlamaları mıydı? Artık İstanbul'un kollarını hak etmiyordum.

Koleraya karşı ikinci iğneyi olmak üzere Galata'daki aşı merkezindeki uzun kuyrukta beklerken, birisi parmağıyla omzuma dokundu. Frankfurt'taki ekibimizden tutkulu bir junky olan

---

* Orijinalinde de "Caz". (ç.n.)

Jonas'tı. Av tezkeresi de vardı, 51,1. Jonas hep kısa boylu ama kalıplı olmuştu; heybetli omuzları, kalın ensesi ve bağımlılığın garip bir şekilde ruhanileştirdiği yüzündeki dikkat çekici burnuyla bir deli, bir kumarbaz, saygıdeğer bir adam, kendisine tüm şansların tükendiğini çoktan duyurmuş bir dünyayı kan çanağı gibi gözleriyle bir hayatta kalma şansı bulmak için tarayan bir yalnız kurt. Şimdi Jonas daha da küçülmüş, büzüşmüş; –hapisten daha yeni salıverildiğine işaret eden– sıfıra vurulmuş aşırı büyük kafasıyla neredeyse cücemsi ve sulu gözleri ve derinin altından kemikleri belli olan beyaz elleriyle ihtiyarımsı. Yalnız kurt, eksik dişlerinin boşluğunu göstererek sırıtıyordu. Sesi kulağa sanki az önce pamuk bir tamponla filtrelenmiş gibi geliyordu.

"Demek sen de tekrar eve döndün?"

"Yoldayım, Jonas, her zaman olduğu gibi."

Bu, Jonas'ı güldürdü. Güzel bir gülüş değildi bu ama Jonas hiçbir zaman gülüşünün güzelliğiyle ünlü olmamıştı zaten. Gülüşü, junky'lerin kanını daha şırınganın içinde dondururdu.

"Bakalım koleranın kafası nasıl, ha? Gel, senin için daha iyi bir şeyim var."

Surlardaki bir oyukta bir odası vardı. Bir Spartalıyı bile korkutacak bir mezar. Eski ritüel, eski hikayeler, yeni hikayeler. 18 ay boyunca Jonas'ı tımarhane ve hapiste itip kakmışlardı. Şimdi Rus aksanıyla Türkçe konuşuyor ve berber yardımcılığına kadar yükseldiği, taşradaki bir hapishaneyi övüyordu. İşi, müşterileri sabunlamaktan ibaretti. Müşteriler: cinayet işleyen abileri aileyi geçindirebilsin diye çocuk yaşta hapse girmiş adamlar; dünyada kendilerini emniyette hissettikleri yegane yer, hücrelerinin soğuk zemini olan adamlar; son düşmanları gardiyanlar ile sıçanlar olan adamlar. Hepsi de aynı şeyi yemiş, aynı şeyi yapmış, aynı şeyden korkmuşlardı. Kulağa neredeyse, sanki Jonas Berlin'deki komünde hayalini kurduğumuz, taleplerin, mülkiyetin, hırsların olmadığı ideal yaşamı bulmuş gibi geliyordu. İstanbul'da kolera salgının patlak verişini, sonradan salıverileceği hapiste yaşamıştı. Bir sabah, salgın başladığında, hapiste yapılmış otuz tabutu dışarı taşımışlardı. Ölümün eşiğindeki mahkumlar kendi tabutlarını kendileri yapmıştı.

"Ya sen?" diye sordu Jonas, "Hep yazmak istediğin şu kitabı sonunda yazabildin mi?"

"Hı-hı."

"Hımm, peki şimdi?"

"Yeni bir kitap yazmak istiyorum."

"Niye ki?"

Aklıma bir cevap gelmedi ve kısa bir süre sonra çıkıp gittim.

Yağmur mevsimi başladı ve tavanda ıslak lekeler belirdi. Ardından su yatağa damlamaya başladı. Bir kat aşağıya, bir Fransız'ın yanına taşındım. Uzun boylu, iskelet gibi Normandiyalı oğlanın argosunu neredeyse hiç anlamıyordum. Genç bir köylünün elleri ile yüzüne, altmış yıldır afyon içen bir Çinli'nin vücuduna sahipti. Yatağın kenarına oturup kendine bir iğne vurdu, ardından –muhtemelen flash yerine– "Oh, le flatch," dedi ve kolunda iğneyle devrildi. Kolayıma geldiğinden ona Flatsch adını taktım.

Kasım ayında param bitti. Biraz mal satmayı denediysem de, kısa bir süre içinde ruh halimin buna izin vermediğini keşfettim. Artık her tarafta sadece polis, polis görmediğimdeyse hortlaklar görüyordum. Sempatik bir İsveçli, dağlar geçilmez hale gelmeden karayoluyla Kabil'e gitmeyi teklif etti. Para bekliyordu. Para geldiğinde, bankada onun için her şeyi ayarladıktan sonra bana 200 lira borç vermesini rica ettim. Yine otele borçlu kalmak istemiyordum. İsveç tipi asık bir sosyal surat ifadesi takındı; onu kuştüyü uyku tulumu, kovboy çizmeleri ve mavi gözleriyle öylece bankanın önünde bıraktım. Zararı yok, diye düşündüm, her zaman bir yerlerde bir İsveçli, bankanın önünde durmuş birisinin gelip girişin nerede olduğunu göstermesini bekliyor olacak.

Flatsch odayı sadece tuvalete gitmek ya da afyon almak için terk ediyordu. Yiyecek için para harcamıyor, ona verdiklerimle yetiniyordu – kimi zaman bir parça çikolata, kimi zaman yarım portakal ya da biraz peynir-ekmek. Bilinci biraz açık olduğunda, Normandiya'daki ziyaret etmek istediği teyzesinden söz ediyordu. Şimdi neden İstanbul'da olduğunu bilmiyordum. Ufacık bir köyde büyümüştü ve teyzesi başka bir köyde oturuyordu. Hasatta yardımcı olmak için onu ziyaret etmek istemiş; ama onun yerine yolu Paris'e düşmüştü. Şimdi ise burada oturmuş, elma ağaçlarının hayalini kuruyordu. Biraz daha derine indim. Birisi ona Hindistan'dan bahsetmişti. Orada bütün insanlar mutluymuş. Yoksul ama mutlu. Flatsch da yoksuldu ama mutluluğun eksikliğini çekiyordu. Şimdiyse İstanbul kışı, soğuk oda, afyon, diğer yatakta yatıp okuyan ya da ona anlamadığı sorular soran yabancı.

"Pourquoi tu veux être heureux, Flatsch? Le bonheur n'existe pas."*

"Comment?"**

Burada nalları dikeceğini seziyordum. Ya ortadan kaybolacaktım ya da ciddi sorunlarla karşı karşıya kalacaktım. Almanya'ya yazdım. Sarah para gönderdi, Stern para gönderdi. Flatsch'a biraz afyon aldım; üstümde taşıyamayacağım her şeyi ona bırakarak, yine hesabı ödemeden tüydüm. Kış erken gelmişti. Kar taneleri camilerin üzerinde uçuşuyor ve gecekondu mahallelerini su basmasına yol açıyordu. Bu defa sonsuza dek olduğunu biliyordum. Daima yolda olanlardandım.

---

* (Fr.) "Neden mutlu olmak istiyorsun, Flatsch? Mutluluk diye bir şey yok."
** (Fr.) "Efendim?" (ç.n.)

21

William S. Burroughs beni öğleden sonra, Picadilly Circus'tan uzak olmayan Duke Street'teki az mobilyalı apartman dairesinde karşıladı. Üzerinde, bana ilköğretim okulu müdürü dedemin takım elbiselerini anımsatan, üç parçalı siyah bir takım elbise, beyaz bir gömlek ve siyah bir kravat vardı. Bense yine balıksırtı desenli takımım ile beyaz bir gömlek giymiş ve kravat takmıştım. Burroughs büyük ve çelimsizdi ve hafif kambur duruyordu. Şakakları beyazlamıştı, ağzı ince, kansız bir çizgiydi.
"Çay mı, kahve mi?"
"Kahve."
"Sütlü, sütsüz?"
"Sütlü, lütfen."
İkimiz de birer fincan Nescafé alıp pırıl pırıl cilalanmış bir masaya oturduk. Burroughs sırtı pencereye dönük oturuyordu. Gözlüğünün ardından bakışlarını bana dikmişti. Mavi gözleri, her tür yolsuzluğu görmüş, hepsinin birarada dahi satın almaya yetmeyeceği bir yüksek yargıcın sarsılmaz otoritesini dışa vuruyordu.
"Çalıştığınız nasıl bir dergi?"
Biraz *twen*'den bahsettim. İngilizcem zaten çok akıcı değildi ve şimdi belirgin Alman aksanım beni rahatsız ediyordu. Burroughs'uysa rahatsız etmiyor gibiydi. Belki de Almanlara sapkınca bir sempati duyuyordu.
"Peki sözünü ettiğiniz yazı?"
twen beni sert uyuşturucularla ilgili bir haber yapmakla görevlendirmişti. Burroughs'la bağlantıyı Lou Schneider kurmuştu. *twen* Londra uçuşunu karşılamayı ve diğer giderler için avans vermeyi kabul etmişti. Yoldaydım, hem de nasıl. Yıldırım junk-

muhabir. Burroughs'a uzun yıllar kendim de bir junky olduğumu ve haberde uyuşturucudan kurtulma yolları hakkında da bir şeyler yazmak istediğimi açıklamaya çalıştım. Burroughs bunu apomorfinle başarmıştı. Apomorfin bizde bilinmiyordu. O nedenle buradaydım. Bir sigara daha yaktı. Filtresiz Senior Service içiyor, birini söndürüp diğerini yakıyordu.

"Ne kullanıyordunuz?"

"Şey, en çok afyon."

"Ne, baz afyon mu? Herhalde iğneyle damarınıza enjekte etmediniz, değil mi?"

"Bilakis, öyle yaptım."

"Delikanlı," dedi Burroghs belli belirsiz gülümseyerek, "tamamen kafayı yemiş olmalısınız."

Bana baz afyonun etkileri hakkında kısa bir söylev çekti. Kendi tecrübe etmiş olmasa da, söyledikleri genel olarak doğruydu. Hep temiz şeyler kullanmıştı; ama afyon-severlerin karaciğer parçaları tükürmesine tanık olmuştu. Oda yavaş yavaş karanlık hale gelmeye başlasa da, hâlâ ışığı yakmıyordu. İngiliz doktor Dent'in gözetiminde, 15 yıldan sonra bağımlılık adındaki metabolizma hastalığını yenmesini sağlayan apomorfin hakkında bildiklerini bana kısaca anlattı. "Sevgili doktor aramızdan ayrıldı," dedikten sonra Burroughs ayağa kalkıp yeniden Nescafé koydu, "ama hemşireleri çalışmaya devam ediyor. İsterseniz size adreslerini verebilirim. Onun dışında bir Fransa'da, bir de İsviçre'de apomorfin kürü yapan doktor var."

Benim için adresleri arayıp buldu ve odadaki tek resme hayran hayran baktığımı fark etti. Resim ilk bakışta bir yazının etrafındaki çılgın bir renk düzeninden ibaretti; ama daha uzun baktığınızda yazıyı değişik gösteren garip ritmler ve yapılar keşfediyordunuz.

"Bu, ressam ve cut-up işbirlikçisi Brion Gysin'e ait," diye açıkladı Burroughs. "Bir de bilinç açıcı bir madde aldığınız zaman bakmanız lazım – ama kimisini bu konuda da uyarıyorum. Çoğu çağdaşımız için, kapıların kapalı kalması daha iyi."

"O zaman herkese cut-up da tavsiye etmezsiniz herhalde?"
Bana yeniden yüzünde o belli belirsiz kurdumsu gülümsemeyle baktı.
"Bakın delikanlı, birisinin bünyesi bir kaşık baz afyonu kaldırır, diğeri çiçek aşısı olunca devrilir. Yazar mısınız? Patavatsızlık yapmak istemiyorum ama benim gözümde muhabire benzemiyorsunuz."
Ona yakında, hem de Lou Schneider'in çalıştığı yayınevinden kitabımın yayınlanmasını beklediğimi söyledim.
"Öyle mi? İlginç."
Bitişikteki odada gözden kayboldu; ama hemen sonra geri gelip, elime kahverengi paket kağıdıyla ciltlenmiş, dergi formatında bir broşür tutuşturdu: *William S. Burroughs. APO-33 Bulletin.* Altbaşlığı şöyleydi: A Report On The Synthesis Of The Apomorphine Formula.
"Sizde kalabilir," dedi. "Önleyici sağlık hizmetlerine küçük bir katı." Güldü ama oldukça karanlık bir yerlerden gelen o kesik kesik ha-ha-ha. "Apomorfin formülü," dedikten sonra tekrar oturdu, "gezegenin temizlenmesine ve zehirden arınmasına bir katkıdır. Hangi zehirden arınmasına? Hastalıktan, bağımlılıktan, bilgisizlik, önyargı ve aptallıktan. Ama soru şu: Şu anda iktidar sahibi olan insanlar bu zehirden arınmayı istiyor mu? Cevabı biliyorsunuz, delikanlı."
Yüzü tamamen gölgede kalana dek anlatmayı sürdürdü. Sigara dumanı odada süzüle süzüle yükseliyordu; bir yerlerde sonradan yeniden susacak bir saatin tıklamasını duyuyormuşum gibi geliyordu. Burroughs'un sesi, bir makinenin mükemmel işleyen bir parçası gibi boğuk, soğuk ve tamamıyla sarihti; ve boğuk, soğuk ve tamamıyla sarih cümleleriyle, bana Dashiell Hammett'i anımsatan o cümlelerle tamamıyla uyum içindeydi. Gözlerimi dikmiş, sigara dumanının arasından ona bakıyordum; birden, Hongkong'un gecekondu mahallelerinden birinde afyon bağımlısı ihtiyar bir Çinli'yi, teşkilat içindeki son kıyımı anlatışı gırt-

laktan kesik kesik kahkahalarla bölünen bir Triad şefini dinliyormuşum gibi geliyor. Ardından, Wyatt Earp'ün ölüm döşeğinde Sierra Madre hazinesinin nerede saklı olduğunun sırrını verdiği Texas'lı bir polis şefinin karşısında oturuyorum. Nihayet William Burroughs'un Sherlock Holmes'un, tüm zamanını bilincimizin lağımları ve muktedirlerin çöp yığınları içinde sürünmeye ve son büyük vakayı, *Çıplak Şölen* vakasını, paslı çataldaki hastalıklı, çıplak lokma vakasını çözmeye adayan bir Sherlock Holmes'un reankarnasyonu olduğunun bilincine varıyorum. *Whodunit?**

Oda nihayet tamamen karanlığa büründüğünde; Burroughs yavaşça öksürürmüş gibi yaparak, "Yazıyı bana göndermeyi unutmayın," diyor.

Söyleşi sona ermişti.

Kızın adı, Bärbel'di. O da *twen* için çalışmak istiyordu ve ne yapacağını pek bilemeyen editör, onu benimle buluşması için Hamburg'a göndermişti. Kalkık burunlu güzel bir yüzü olan Bärbel, Mannheim'lıydı ve karmakarışık hikayeler anlatıyordu. Onu derhal yatağa atmak istiyordum; Sarah'yı beynim unutamıyorsa, en azından sikim unutmalıydı. Ama Bärbel, bir fotoğrafçının Eppendorf'da bir yerlerdeki karanlık, tıka basa dolu, parfüm kokan dairesinde oturmuş, hikayeleriyle sinirimi bozuyordu. Ardından bana bir silah gösterdi. Sedef kakma kabzasıyla bir toplu tabanca. Daha çok belki gaz fişeğine uygun bir oyuncak silah, bir kadın tabancası gibi gözüküyordu. Topu çevirdim, kokladım. Hiç koku yoktu. Hiç olmazsa güzeldi alet. Sonra, diğerleri varlığını unuttuğunda, tabancayı seyahat çantama atıverdim.

Buna ancak bir gün dayanabildim, sonra Bärbel'le gara gittik. Münih treni akşamın geç saatlerinde Göttingen'de durdu, Bärbel'le

---

* (İng). "Kim yaptı?" ya da "Katil kim?" Suçun soruşturması sırasında okurunda çıkarımlar yapması sağlanan sürükleyici dedektif roman tekniğinin genel adı. (e.n.)

birlikte indim, bir taksi tuttuk, geceyarısı orada, şehrin dışındaki karla kaplı şehirlerarası yolun kenarında, Sarah uyanana kadar kapıyı yumrukladık. Sarah kapıyı açtı, üzerinde uzun bir sabahlık vardı. Kendi yaptığı ekmekten ikram etti, anlaşılan başka bir şey yemiyordu. Ekmek taş gibi sert, soba soğuktu. Üçümüz birlikte yatağa girdik; kısa bir süre sonra hafifçe horlamaya başlayan iki genç kadının arasında yatıyordum. Dolunay, pencerenin ardında asılıydı. Genç kadınları okşayarak uyandırmaya çalıştım, horlamaları biraz hafifledi, uykularında iç çektiler; rüyalarını hissedebiliyordum ama aynı zamanda onlarda kendime yer olmadığını da seziyordum. Aydaki gölge, Burroghs'u andırıyordu.

Yazı yayınlandı, dergi bütün gazete bayilerinde asılıydı. Kapakta, adım olmasa da, en azından yazı işlerinin haberime yapıştırdığı başlık göz alıcı bir biçimde duruyor; şirin bir sarışın, kitleleri cezbediyordu. Frankfurt şehir merkezindeki kafeleri dolaşıp durdum. *Spiegel*, *Stern*, *Quick* okunuyordu oralarda veya *Autoillustrierte* ve *Pardon* gibi sıkıcı şeyler; peki ama *twen* neredeydi? Café Schwille'de bir okura rastladım; uzun saçlı, gözlüğü nikel çerçeveli, klasik bir tip. Yavaş ve sessizce yaklaştım, omzunun üzerinden gözlemeye başladım. Sıkkın bir şekilde derginin sayfalarını çevirdi, bir an için sarışında durakladı, ardından bir de Toskana çiftliklerinde, dergiyi bir kenara koydu, *Rundschau*'nun kültür-sanat ekini eline aldı. Eh, bu tür okura ben zaten sıçayım, önemli olan camiadan insanlardı. Şimdi *Spiegel* ile *Stern* takip etmek zorundaydı, her zaman öyle yaparlardı, ve beni görmezden gelemeyecekleri açıktı. Şimdiden söyleşileri görebiliyordum, *Gezegenin Zehirden Arındırılmasına Bir Katkı*, kendim de bir deneme yazabilirdim, neden olmasındı, ya da bir röportaj – her ne kadar *kendi* dergime bağlı kalsam da...

Spiegel ve *Stern*'in sesi soluğu çıkmadı. Dediler ki, *twen*'in tirajı hızla düşmüş; iki ay sonra dergiyi gerçekten de kapattılar. Gutowsky Yayınevi de iflasın eşiğindeydi.

22

Burroughs'un *APO-33*'ünü ayrıntılı olarak incelemiştim. Sütunlar halinde yazılmış bu cut-up metin, içlerine yerleştirilerek yeniden değerlendirilen metin parçacıkları olarak romanlarında bir kan izi gibi beliren anekdotlar, hikayeler, ve gazete haberleri ile Graham Greene ve Joseph Conrad'ın kitaplarından karakterler, cümleler ve cümle parçalarından biraraya getirilmişti.

Metin, fotoğraflar, enstantaneler, fotomontajlarla yumuşatılmıştı: Çin işi sancaklar, gazete büfeleri, kitap ciltleri, evler, bir bar ve Gibraltar'daki bir otel, bir korsan bayrağı çizimi. Bülten şeklinde bir metin, dergi şeklinde bir kitap; bu hoşuma gitmişti. Bir kitabım olmasını kafaya takmıştım ve Gutowsky kapandığında yeniden, yavaş yavaş acayip rahatsız hale gelmeye başlayan sokakta kalacaktım, hem de bu sefer Sarah olmadan. Kendimi yeniden daktiloyla mektup yazarken görebiliyordum: "Sayın bayanlar ve baylar! Ekte... ikinci bir kitap hazırlık aşamasında... kısa sürede yanıt alabilirsem son derece müteşekkir olacağım..." Ayrıca çoğu yayınevinin üstünü zaten çizmiştim; geriye kalan, isimleri bana pek de güven vermeyen firmalardı: mesela Werkbund-Verlag Stolberg/Westfalen* ya da Verlagskollektiv Roter Mohn/Berlin-Neukölln?** Bunlara harcayacağım posta ücretinden tasarruf edebilirdim. Belki ilk önce dergi formatında esprili ve neşeli bir cut-up harmanı yayınlamamın yardımı dokunurdu. Bu şey sansasyon yarattıktan sonra da, bir tam ve bir de yarım *Blues* elimde hazır bekliyor olurdu: Taze kan lazım mıydı?

---

* Emek Birliği Yayınevi. (ç.n.)
** Kızıl Haşhaş Yayın Kolektifi. (ç.n.)

Kitapçılarda kiloyla satılan kitaplara baktığınızda –sosyoloji, "üçüncü dünya", soft porno–, *APO-33* tarzında bir derginin sansasyon yaratacağını gönül rahatlığıyla varsayabilirdiniz. Kültür-sanat yazınına göre, ulusun büyük öncü yazarları büyük bir yaratıcılık krizi geçiriyor ya da politikaya atılıyordu; alt katlardan kütüphaneler bütünüyle atılıyor, ve tüm afişler edebiyatın sonunun geldiğini –ya da sosyalist yazar kolektifine devredildiğini– ilan ediyordu. Belki de Lou Schneider ve Anatol Stern haklıydı; cut-up, bireycilerin verebileceği yegane çağcıl cevaptı.

Hemen işe koyuldum.

Yine Göttingen'de ama bu defa Düstere Straße'dekinden biraz daha büyük bir dairede oturuyordum. Clint Kluge otuz yaşında, uzun saçlı, sırık gibi ve son zamanlarda moda olan tarzda bir atkı takan bir adamdı. Karısı ile kızı da sarışın, her ikisi de –yine son zamanlarda moda olan tarzda– bir mızmız, bir sakin ve melankolik oluyorlardı. Stern ile Schneider yayıncı olarak Kluge'yi seçmişlerdi; çünkü üniversite öğrencileri ile sanatçıların gittiği bir mekânın organizatörü ve işletmecisi olarak çalıştığından, matbaalarla ilişkileri vardı. Göttingen dönemimde işlettiği mekâna gitmekten özenle kaçınmıştım. Ama neye yarar, şimdi kültür matadoru ve müstakbel yayıncı Clint Kluge'nin evinde mutfak masasına oturmuş çay içiyor, pantolonumu lekeliyor ve Kluge'nin yayınlamak istediği kitap hakkındaki düşüncelerimi açıklıyordum. Kafamda daha şimdiden bir de isim vardı: *Buzluk*.

"Sembolik anlamda," diye açıklıyorum Clint'e, "bağımlılığın metabolizmayı dondurduğu gibi, medeniyet de insanlığın tamamını donduruyor. Ve ancak kendimizi zehirden arındırdığımızda..."

"Harika," dedi Clint, "anlıyorum. Adı tamamdır. Adele, bugün çocuğu lütfen biraz daha erken anaokuluna götür. Yoksa nasıl rahatsız edilmeden çalışabiliriz?"

Adele yüzünü astı. Nedenini anlayabiliyordum. Dışarıda hava eksi on dereceydi. Evet, elimde önemli bir eser vardı ama kitap elbette marttan önce çıkmayacaktı ve o zaman yine çiğdemler açıyor olacaktı. Ama aynı zamanda bir hep-satan olacaktı. Kitapçılığın mali yönüne bu defa, söz verdiği 500 markı sözleşmeye rağmen hâlâ çıkmamış olan Gutowsky'de olduğu kadar umursamaz yaklaşmamaya karar vermiştim.

"Evet, o zaman geriye her şeyden önce sözleşme meselesi kalıyor," diyerek, gevrek ekmeğe biraz daha labne peyniri sürdüm. "Demek istiyorum ki, bu konuyu ilk olarak yoluna koymamız daha iyi olur. Ne tür bir avans vermeyi...?"

Clint yüzünü bir ıstırap ifadesiyle buruşturmadı; başka bir numarası vardı: Sadece güldü. Oldukça büyük, yassı bir yüzü olduğundan, gülüşü de oldukça büyük ve yassıydı. Kolayca bir televizyon ekranını doldurabilirdi.

"Avans mı? Bak, onu hemen unutabilirsin. Demek istiyorum ki, bak – yayınevi olarak daha yeni başlıyorum, avansı nereden bulayım? Ve başlangıçta tüm risk bende olacak, matbaacıya ödeme yapmam, oluşan maaliyetleri karşılamam lazım, posta masraflarını da unutmamalı, dağıtım, kitabı tabanvayla Almanya'nın dört bir köşesine taşıyamam ya. Bak, Harry, sana dürüst bir teklifim var: Kitaptan elime kaba masrafları karşılayacak kadar para geçtiği anda, karı elli-elli paylaşıyoruz, bu adil midir?"

"Hımm, kaba masrafların karşılığının ne zaman eline geçeceğini düşünüyorsun?"

"Bak, 500 adedi kesin çabucak elden çıkarırız, o kadarı da baskı masrafını çıkarır."

"Eh, madem öyle diyorsun, Clint... peki sözleşme yapacak mıyız?"

"Ah, sözleşme –tabii yapabiliriz– ama sen söyle: Arkadaşlar arasında el sıkışıp anlaşılmaz mı?"

Arkadaş olduğumuzu ilk defa duyuyordum. Ama –televizyon ekranı kadar büyük– yüzü, insanı silahsızlandıran ve huysuzun teki gibi durmak istemiyorsam geri çeviremeyeceğim bir dürüstlük ifadesi taşıyordu. O yüzden, başımla onaylayıp gevrek ekmeğe uzandım. Gevrek ekmeği pek sevmesem de, yine de artık her yerde insanın önüne konulan makrobiyotik şeylerden daha lezzetliydi.

Clint Kluge bir balya kitapla Frankfurt'a geldi. İşte buradaydı: Harry Gelb, *Buzluk*. İlk kitabım. En azından matbaanın yolunu bulabilen ilk kitabım. Manuskriyi, daktilodan çıktığı haliyle çoğalttırmış, birkaç mütevazı fotomontaj, gazete küpürü, yemek tarifi vs. eklemiştik. Metin oldukça karmaşık olsa da –bunun yanında *Schmargendorf City Blues* bile doğrusal ve anlaşılır kalıyordu–, sonuçta zaman deneylerin, bilinç değişimlerinin, yeni yolların zamanıydı. Tek kelimeyle, underground. *Buzluk* değilse, ne underground olabilirdi ki? Kluge hemen yanında bir yığın kitapla bir rock konserine gitti. Döndüğünde, üç tane satmıştı. Bir nüshanın fiyatı 3 mark 50 pfennig'di. Öyle işte, insan hemen aşırı beklentiye girmemeliydi.

Kluge'ye, "İnsanlar nasıl buldu?" diye sordum. "Kesin sayfalarını karıştırıp bir yorum yapmışlardır."

"Ah, nasıl olduklarını biliyorsun. *Rundschau'* da yazan salağın teki taklit maklit bir şeyler geveleyip durdu. cut-up gördüler mi, hemen kartoteks kutusundaki kart mırıldanmaya başlıyor."

"Tipik Alman," dedi Anatol Stern. "Hepsi de tamamıyla birbirinin aynı yaşamlar sürüyorlar; aynı mobilyalar, aynı kitaplar, aynı yemekler, aynı şekilde düzüşen aynı kadınlar. Aynı şeyi söylüyor, aynı şeyi seçiyor, aynı Yunan adasında tatil yapıyor, aynı şekilde gözüküyor, aynı marka sigara içiyor, aynı marka arabaya biniyor, aynı müziği dinliyorlar ve öyle şartlanmışlar ki, gurularından biri doğru parolayı söyledi mi, hepsi aynı anda aynı yere gidiyorlar. Ama benzer deneyimlere ve görüşlere sahip yazarlar benzer biçemleri kullanarak, benzer –ama yine de bireysel açıdan bütünüyle farklı– sonuçlara ulaştılar mı, bu zombiler derhal hep bir ağızdan aynı şarkıyı tutturuyorlar: Taklit!"

"Ve tüm bunlar," dedi Lou Schneider hiddetli FBI sesiyle, "edebiyat seminerlerinin her yıl bir düzine Bachmann kopyası ile Uwe Johnson taklidini insanların üstüne saldığı bir ülkede. Mamma mia!"

Clint Kluge bana, "Kafanı takma sen," dedi. "Kitabını satacağım, merak etme."

Yine de iş aramaya başladım.

23

Stiftstraße'de, şimdi canlı rock müzik yapılan eski bir jazz-bar vardı: Zero. Yeni "in" bardı ve kendisine aynı zamanda iletişim merkezi adını veriyordu; girişin önünde GI'lar kümeler halinde durup, uygun bir bağlantı kovalarken, caddenin karşı tarafında siviller park etmiş fotoğraf çekiyordu. Zero, şehirdeki en havalı mekândı ve ben sadece zorunda kaldığımda gidiyordum. İğneyi bırakmıştım, kimseyle sorun yaşamak istemiyordum.

Bir akşam barın önünde dururken, futbol makinelerinin yanında eskiden, ta jazz-bar zamanlarından tanıdığım birini keşfettim. Biraz sohbet ettik. Paulus o zamanlar eczacılık okur, arada bir amfetaminlerle deney yapardı; şimdiyse Zero'da çalışıyordu.

Ona, "Burada ne iş yapılabilir ki?" diye sordum.

Zero'nun iki yöneticisiyle arkadaş olduğunu ve sabit maaşla çalışıp, bir çeşit ne-iş-olursa-yaparım yöneticiliği yaptığını anlattı.

"Eczacılık okumaktan daha çok hoşuna gidiyor anlaşılan," dedim.

Paulus sırıtarak çerçevesiz gözlüklerinin arkasından beni inceledi. "Peki sen, moruk? *twen*'deki büyük hikayelerini okuyoruz. Hâlâ iğne yapıyor musun?"

"Bıraktım."

"Bunu duyduğuma sevindim." Beni biraz daha inceledikten sonra, Roth-Händle'sinden derin bir nefes çekti ve "Dinle bak, şu anda biz de bir dergi çıkarsak mı diye düşünüyoruz. Burada bu mesele acayip gelişecek, biliyor musun? underground, karşı-kültür. Bizimle çalışmak istersen yarın öğleden sonra uğra. Senin gibi biri, dergiye cuk otururdu."

Bunu benim de aynı şekilde görmem için iki dakika bile geçmesi gerekmedi.

Ertesi öğleden sonra tam zamanında oradaydım. *Newsweek*'e daha yeni indirimli abone olmuştum ve kolumun altında yeni sayısı, *Times, FAZ* ve Londra'dan birkaç underground dergiyle oldukça profesyonel bir donanıma sahip olduğumu düşünüyordum. Zero'nun yöneticileri, Paulus ile beraber sahnenin arkasındaki küçük bir odada oturmuş, hesapları inceliyor ve bir tutam kokainle akşam için havaya giriyorlardı. Yöneticilerden biri, uzun boylu, geniş omuzlu, beden öğretmeni tipli bir adam olan Carl Dorfmann'dı. Diğeriyse aynısının biraz daha çelimsiz, koyu ve açıkgöz versiyonu olan Wolf Westenberger'di. Daha tanımadığım bir insan türüne dahillerdi: altkültür jargonunu çok iyi tanıyan, ritüellerini ve adetlerini taklit eden ve aynı zamanda sömüren genç ve atik fırsatçılar. Soğuk bir Berlin kışında anarşi hayali kurduğumuz zamanla aramda sanki bir sonsuzluk vardı. Burada, kokain ile geçtiğimiz akşamın gelirinin masanın üstünde durduğu bu küçük odada, altkültür de aynı elektrikli süpürge, halı ya da modern sanat gibi birden tamamıyla gerçek ve ticareten mümkün bir şeydi. Donup topak topak olmuş spagettiden usanmıştım. Projelerle kafamı bulandırmayı da hep sevmiştim ve burada devasa ama kesinlikle gerçekleştirilebilir, en azından Ede'nin o zamanlar daktilolar, sergiler ve Museum of Modern Art hakkındaki laflarından daha gerçekleştirilebilir bulduğum ölçeklerde projeler havada uçuşuyordu.

"Ancak dergicilikte çok tecrübem yok," diye göstermelik olarak vurguladım.

"O zamanla hallolur," dedi Carl Dorfmann. "Bizim de Zero gibi şeyler hakkında çok tecrübemiz yoktu; bugünse Frankfurt'un bir numarasıyız. Dergi tutarsa, yerel politikaya girmeyi ciddi ciddi düşünmeliyiz."

Geçmişte kuşkucu bir doğa bilimci olarak saygı duyduğum Paulus, "Tabii," dedi, "politikacılar bizim ihtiyaçlarımızla ilgilenemeyecek kadar beceriksizlerse, o zaman kendimiz politikacı olmak zorundayız. Provo'lar da Amsterdam'da belediye meclisine seçilmedi mi?"

"Emniyet müdürüyle bu hırgür son bulmak zorunda," dedi Wolf Westenberger. "Her akşam baskın olacaksa dükkana kilit vuralım."

Dorfmann, "İşte, yeni bir imaja ihtiyacımız var," dedikten sonra, birkaç kokain öbeğini çizgi halinde düzeltti.

"O yüzden şu meditasyon zımbırtısını yapıyoruz zaten," dedi Paulus.

Hafiften kaygılı bir halde, "Nasıl bir meditasyon zımbırtısı?" dedim.

"Onu eskiden Happening sanatçısı olan Butzmann yapıyor," diye anlatmaya başladı Paulus. "Şimdi bir meditasyon grubu var; haftada bir, öğleden sonra burada prova yapıyorlar. Yaz bitince de Grüneburgpark'a gidip süzülme egzersizleri yaparak, uyuşturucu alemindeki saldırganlığı azaltıyorlar. Belediye bunun için biraz para veriyor, sık sık kültür dairesi müdürüyle biraraya geliyoruz."

Dorfmann, "Şu tiyatronun kasasına attığını, operada her koltuğun kaç paraya sübvanse edildiğini duyunca az kalsın şaşkınlıktan dilimi yutuyordum, değil mi Wolf?" dedi. "Peki bizim elimize ne geçiyor? Gençleri sokaktan uzaklaştırıyor, rock müzik, kültürel etkinlikler yapıyor, resim grupları, bekar anneler için anaokulları kuruyoruz, orada terapi, burada terapi, meditasyon, bir de dergi. Bu, kültür değil mi yani?"

Paulus, "Haftaya *Spiegel*'den birisi gelecek," dedi. "Hep şu uzun haberleri kanırtan herif. Şimdi de bizim *ortamı* kafasına takmış. Onu iyice ağırlayacağız burada, Butzmann ona bir meditasyon gösterisi yapacak. Sonuçta sanatçı olarak da tanınıyor, tam istediğimiz türden PR olacak böylece."

"O zaman belediyedekiler artık bizi görmezden gelemez," dedi Dorfmann.

Westenberger bana, "Bu tür bir dergi için ne gibi bir konseptin var?" diye sordu. Rol dağılımının nasıl olduğunu fark etmiştim: Dorfmann konuşma işlerini hallediyordu, son söz Westenberger'indi ve Paulus ise bir nevi kapı görevlisi yerine de geçmek zorunda olan kahvaltı müdürüydü. Merak ettiğim, bana hangi rolü biçtikleriydi. Yegane bildiğim, artık kapağı atmış olduğumdu.

"Şey," dedim, "bu sizin kafanızda ne olduğuna bağlı. Bu tür bir şey başlangıçta küçük olarak da kurulabilir ama daha baştan gümbür gümbür de gelebiliriz. Mesela Londra'da yıllardır büyük bir underground basın var: *IT, OZ, Friends*. Tabii, Frankfurt Londra kadar büyük değil; ama sadece Zero'nun reklam broşüründen fazlasını istiyorsak, bizim de bu tarzda düşünmemiz gerekir. Yani yerel politika, müzik dünyası, edebiyat, spor, kısacası bizi ilgilendiren her şey olmalı. Röportajlar, bilgiler, eğlence, aydınlatma. Uyuşturucu kullananlar için bir sayfa. Eintracht Frankfurt'ta olup bitenler. Plak önerileri, eylemler, çöpçülerle ilgili skandal, Gutowsky Yayınevi'nin yeni cut-up dizisi ve Westend'in çöküşü. Frankfurt'ta hiç kimsenin görmezden gelemeyeceği bir dergi. Freak'ler için bir platform ve ilericiler için dergi formatında bir esrarlı kurabiye. Bütün şehir için Zero. Haydi renkli 70'lere! Flower power ve Zero power. Elbette bu biraz paraya malolacak."

Doğru tarzı tutturduğumu görebiliyordum. İşletmecileri havalı, ilerici uluslararası bir underground dergi çıkaran bir rockbar nerede vardı? Bu sayede Londra'da, Amsterdam'da, New York'da havaları olacaktı. *Zero: Pardon* ve *twen*'e ölüm öpücüğünü veren dergi. *Spiegel*'de kapak konusu olmak, ardından ilanlardan gelen para ve Karayipler'de bir ada. Hepimizin kendine özgü hayalleri vardı.

Carl Dorfmann, "Bunu yapıyoruz," dedi ve bana biraz kokain ikram etti. Westenberger başıyla onayladı ve Paulus yeni işimizi kutlamak için bir langırt maçı yapmayı teklif etti. Eintracht meselesi, işletmecilerin özellikle hoşuna gitmişti. İkisinin de hem Waldstadion, hem de Bieberer Berg'de birer kombinesi vardı.*
İnsan böyle bir şeyi fark eder.

---

* Waldstadion: Eintracht Frankfurt'un stadı. 2005 yılında Commerzbank-Arena adını aldı. Stadion am Bieberer Berg, Kickers Offenbach'ın stadyumuydu. 2011 yılında yıkılarak, yerine Sparda-Bank-Hessen-Stadion inşa edildi. (ç.n.)

Ertesi gün ayda 800 mark artı harcamalarla işe başladım.

"Şimdilik burada başlıyoruz," dedi Dorfmann, "ileride hakiki bir yazı işleri bürosu tutacağız." Ve derhal bankada dergi için, benim de hak sahibi olduğum bir hesap açtı. Durum şöyleydi: Westenberger'in kovboy çizmeleri masanın üstünde bütün gün Londra'daki menejerler ve müzisyenlerle telefonla konuştuğu – *"Hey, Rod, how are you? When you come to Frankfurt, Rod?"* – sanatçı soyunma odasına bir çalışma masası atıldı. Bana bir telefon verdiler, bir paket kartoteks kartı satın aldım, *Zero Zeitung – Yazı İşleri* yazan bir tabela hazırlayıp soyunma odasının kapısına astım. Barda çalışan kızlar az şaşırmadı ama bana daha ısınamamışlardı. Müzisyenleri tercih ediyorlardı. Zamanla hallolur diye düşündüm, şimdi harıl harıl çalışmalıydım.

İlk yayın kurulu toplantısını düzenledim. Yayın kurulu; yayın yönetmeni, Paulus, grafiker Wentz ve Happening ve meditasyon sanatçısı Butzmann'dan oluşuyordu. 40 yaşlarında, sürekli gülümseyen bir adam olan Wentz, aramızdaki yegane gerçek profesyoneldi. Mizanpaj yapabiliyor ve biraz da matbaacılıktan anlıyordu. Onun yaptığı rock afişleri, şehrin her tarafında asılıydı. Bizi ilk önce pop renklerdeki plastik çantasıyla onurlandıran, hafiften ibne havası olsa da sıkı çalışan tipik bir piyasa sanatçısıydı Wentz. Beline gelen bakımsız kıvırcık saçları ve çalı gibi sakalıyla Butzmann, alışılagelmiş tüm avangard evrelerini arkasında bıraktıktan sonra, şimdi o tür sanata elveda demişti ve artık sadece çoğu batikler içinde esrar üfleyen kadınlı-erkekli müritleriyle dolaşıyordu. Ona derginin, biraz tozbembe ve mistik olmasında bir mahsur olmayan orta sayfasını tasarlama görevini vermiştim. Bu görev ona yettiğinden, nadiren uğruyordu. Paulus derhal farmakolojik bilgilerle desteklenen bir uyuşturucu sayfası yapmak istiyordu. Zero'da akşamları bazen çillum* dumanından göz

---

* Koni şeklinde bir tahtanın ya da taşın içinin oyulmasıyla elde edilen esrar içme aleti. 60'larda Goa'ya giden hippiler üzerinden Avrupa ve Amerika'ya yayıldı. (ç.n.)

gözü görmediğinden fuzuli bulsam da, onu memnun ettiği sürece bana uyardı. Wentz derginin kendi tasarımcı tikleri için harika bir oyun alanı olduğunu keşfetmekte gecikmemişti ve şimdi en çılgın fontları ve göz alıcı görsel oyunları dikkat çekmek amacıyla kullanıyordu ve (fotoğraf makinasından esinlenerek) Bay Asahi adıyla imzalamak istediği bir fotoğraf serisi getirdi. Tüm bunları cüretkar bulsam da, Wentz yönetimin kültür gurusuydu; bu durumda göz yummaktan başka yapacak bir şey yoktu. Yayıncılar her satırı tek tek onaylama haklarını saklı tutuyordu. Hepimizin kendi oyun alanına ihtiyacı vardı. Küçük odamızda öğleden sonraları vuku bulanlarla karşılaştırıldığında; Butzmann Grubu'nun meditasyon egzersizleri, İşçi-Sıhhıyeci Birliği'nin* kahve gününden daha çılgın değildi.

Kafalarının içinde neler olup bittiğini –yeni ismiyle: *vibrations*– anlamak birkaç günümü aldı. Ancak nihayet kafama dank etmişti: Burada, başrolde geçmişi bulanık ya da en azından tertemiz olmayan ticari bir işletme –su katılmamış ticaret– söz konusuydu. Ama kendi yaşam tarzları da, birlikte para kazandıkları ve onlardan para kazandıkları insanların hepsinin yaşam tarzları da tertemiz olmadığından, hatta yasadışı olduğundan (cigara içen herkes suç işlemiş oluyordu), bu ticari işletmeye şık bir kültür kılıfı örmek, kültür işgüzarlığı yapmak, Frankfurt Belediyesi'nin Kültür Dairesi Müdürü ve baş iletişim gurusu Hilmar Hoffmann'nın herkes için kültür olarak adlandırmaktan bıkmadığı şeye aktif olarak katılmak gibi parlak bir fikir bulmuşlardı. Ama bu bağlamda kültür, gül yanaklı, ayakları yerden kesilmiş, teknoloji-sever, ilgi düşkünü ve geleceğe kızışmıştı. Hepimiz gençtik. Hepimiz kaygısızdık. Bob Dylan söylüyor,

---

* "Arbeiter-Samariter-Bund": 19. yüzyıl sonlarında Almanya'da işçilerin ilk yardım ve sağlık konusunda bilgilendirilmesi amacıyla kurulmuş dernek. Şu anda bir milyondan fazla üyesi var ve can kurtaran, ambulans servislerinin yanında çeşitli sosyal hizmetlerde bulunuyor ve anaokulu, huzurevi vb. kurumlar işletiyor. (ç.n.)

herkes satın alıyordu: New Morning. New Morning Frankfurt. New Morning Deutsche Bank. New Morning Zero. New Morning Zero Zeitung. New Morning dünyanın bütün yayıncıları.

"Bir bildiriye ihtiyacımız var," dedim, "insanların var olduğumuzu duyması lazım." Dorfmann'ın arkadaşı olan bir modelin evinde tam takım oturmuş, Bacardi ve votka-limon içip New Morning müziği dinliyorduk.

"Haklısın," dedi Dorfmann, "50 bin tane bastır ve tüm şehirde dağıt."

Bir köşeye oturup duyuruyu yazdım, başlık olarak "Zero Bildiri No. 1 – Kızıl Sabah" koydum, New Morning'e hâlâ daha tam alışamamıştım. Kağıt parçasını Dorfmann'a verdim, okudu.

"Yo, hayır, hayır," diye şikayet etti, "bu fazla siyasi olmuş, böyle olmaz."

Kağıdı Paulus'a verdi. Paulus, Beatles saçlarını hayır anlamında salladı. "Neden bu kadar agresifsin, Harry?"

Westenberger, bildiriye bir göz attıktan sonra, "Siktir," diye bağırdı, "belediyenin bizi kapatmasını mı istiyorsun?"

Hah, sonunda jeton düşmüştü. Tekrar bir köşeye çekildim. Bu defa on dakikadan fazlasına ihtiyaç duymadım. Yeni bir başlık bulmuştum, Timothy Leary başka neye yarardı ki? "Devrim sona erdi – Biz kazandık." Okudular.

Dorfmann, "İşte bu!" diyerek, bardağıma Bacardi doldurdu. O gece aklıma teflon şirketi ve Merkez Bankası geldi. Oralarda da elime 800 mark geçmişti ama bunun için şimdikinin yarısı kadar bile yalan söylemek zorunda kalmamıştım.

24

Dergicilik bir zanaatti ve bende kafayı tümden bu işle kırmıştım. Yayıncılar artık derginin başarısından emindi; o halde en kaliteli baskı gelsindi, oradan kısmak olmazdı. Kurşun dizgimiz, seri baskı makinemiz, ekstra renk olarak kırmızımız vardı. Wentz ile Butzmann, kırmızılarını sayfalara damla damla akıtıyor, sürüyor, püskürtüyorlardı. Ben ise gece yarılarına kadar bütün gün sanatçı soyunma odasında oturup votka içiyor ve müzik gürültüsüne rağmen telefonda derdimi anlatmaya çalışıyordum. Lou Schneider'le, Anatol Stern'le telefonla konuşuyordum; şimdiden Londra'ya, Renanya'ya, Göttingen'e ve Frankfurt am Main'ın her köşesine uzanan bir muhabir ağına sahiptim. Bir asistan talep ettim –asistanı olmayan bir yazı işleri duyulmuş şey miydi?– ama Zero'daki kızlar rock star'ların kusmuğunu temizlemeyi dergicilik sektöründe bir kariyere başlamaya yeğliyorlardı.

Manyaklar –tek satır aralığıyla daktilo edilmiş şiir ve inceleme yazılarını masanın üstüne koyarak freelance çalışmak için başvuran, geleneksel kuzu yünü Bavyera ceketleri giymiş, soluk benizli Yukarı Frankonyalı Alman Dili ve Edebiyatı öğrencileri– geliyordu, ve Wentz ile Paulus her akşam ellerinde son buldukları şeylerle karşımda beliriyorlardı.

Paulus esrarkeş sırıtışıyla, "İşte," diyordu, "'*If a proposition is not necessary it is meaningless and approaching meaning zero,*'* Wittgensten. Sağlam, değil mi?"

"Ne yapayım bunu?"

---

* (İng). Bir önerme gerekli değilse anlamsızdır ve sıfır anlama yaklaşmaktadır. (e.n.)

"Her yere ufak Wittgenstein alıntıları iliştiririz diye düşündüm. Adam acayip deli. Daha Zero ortada yokken de Zero'ymuş."
"Bir dergi yapıyoruz diye düşünmüştüm."
"*Yeni* bir dergi. New Morning!"
Wentz, "Bak, bir ilan var," diye müjdeledi. "Bir küçük ilan. Ama damlaya damlaya göl olur, sayın yazı işleri müdürü."
Küçük ilanı okudum. *Emma iki pirinç karyola sağtıyor.*
"Bunun, *satıyor* olması lazım herhalde."
"Ama o zaman bütün esprisi kaybolur."
"İyi tamam. Çizgi roman ne oldu?"
"Evet, o konuda ne düşündüm, sana ana hatlarıyla bir anlatayım. Şuraya iki sütun yapıyorum. Soldakine bir sürü çizgi roman sembolü koyuyorum – çiçekler, harfler, işaretler, rakamlar. Sağdaki sütuna ise hiçbir şey koymuyorum, orada okur kendi çizgi romanlarını yapacak. Çünkü kendin yapmak, başkasının senin yerine yapmasından iyidir."
"Bir çizgi roman dizisi yayınlayacağız diye düşünmüştüm ben. Böyle biraz çocukça olmuyor mu? Yani kim evde oturup makasla bu parçaları kesip yapıştırır?"
Ama Wentz çoktan yayıncıların onayını almıştı ve ayrıca bu saçmalığa *inanıyordu* da. Almanya'da bir underground dergi çıkarıyordum, yani o dergiyi iki disko işletmecisi, dokuzuncu yılındaki bir üniversite öğrencisi ve ilerici bir sanat pedagoguyla çıkarıyordum.

Wentz, Offenbach yakınlarındaki bir kasabada oturuyordu. Offenbach çevresi, piyasa sanatçılarının egemenliğindeydi.
"cut-up elbette önemli ve iyi," dedi, "ve tabii ki politik görüşüne karışmak istemem ama bu tür bir derginin insani olması, insani sıcaklık yayması gerekir. Biz iyi olanı yayınlamak zorundayız, kötü olanı diğerleri yayınlıyor zaten." Ve beni kasabadaki bir dondurmacıya götürdü.

Beni dondurmacının sahibiyle tanıştırarak, "Tonio, Venedik'de cam üflemeciliği yapan köklü bir aileden geliyor ve babasının çocuklara hep anlattığı eski özlü sözleri toplamış. Babası şimdi 66 yaşında. Geçenlerde buradaydı, o zaman o özlü sözleri yazdık. Bence bu, dergi için son derece önemli olur."

Sözlerin üçüncü sayfaya konmasını kabul ettirdi. Hayalini kurduğum büyük yerel röportajın yerinde, şimdi dondurmacıda not aldıkları Venedik'ten eski özlü sözler, o cam üfleyici bilgelikleri yer alıyordu: "Suda delik açamazsın", "Eşeğin kafasını yıkayan, sabun ve havluyu ziyan eder", "Sen başla, sevgili tanrı gerisini getirir." Ve tabii sonra çetesi, ahşap zincirleri ve Hint gömlekleriyle Butzmann geldi ve o da, ÖZUZAM-ZAMANA-BAKIŞ hakkında bir şeyler kaleme almıştı; özetle: ŞU YA DA BU DEĞİL, CENNET'ti. Üçüncü sayfanın geri kalanı onun oldu. Onu payladım.

"Sana bir şey söyleyeyim, üstat. Dergi satmazsa, bütün bu özlü sözler saçmalığının üstünü acımadan çizerim."

Butzmann, "Sadece tirajı düşünmemen lazım," dedi. Bir an için ona dik dik baktım. Gerçeği anlamak için o bir ana ihtiyaç duymuştum: Butzmann aramızdaki en sıkı satıcıydı.

Her gün on birden gecenin birine, ikisine kadar canım çıkarcasına çalıştığımı fark eden patronlar, Waldstadion'a ve Bieberer Berg'e maça, kaburga yemeye, mahallede kısa bir tura ya da emniyet müdürüyle veya kültür dairesi müdürüyle toplantılara giderken beni yanlarına alıyorlardı. Emniyet müdürü, Zero'yu kapatmak isterken; kültür dairesi müdürüyse şehri bir medya birliğine dönüştürme konseptinin bir parçası olarak görüyordu. Tüm yeni metro istasyonlarına video stüdyoları yerleştirmek istiyordu – televizyon, kablolu zımbırtılar, filmini kendin yap, B-hattının durduğu tüm katlarda workshop'lar, gayrıresmi iletişim, uzay çağının çömlekçilik kursları. Emniyet müdürünün de aklının videoda olduğu yüzünden okunuyordu: kendi sinemanı kendin yap, gizli dinleme hatları, tüm katlarda sessizce kayıt yapan kameralar. İkisi de August Bebel ile Wilhelm Liebknecht'in yüz yıl önce kurduğu partiye üyeydiler. İşte uzay çağının sosyal demokrasisi. Zero'ya sert koşullar dayatılıyordu. Eh, az önce matbaaya gönderdiğimiz dergiye bakıyorum da, beyefendiler bayağı memnun kalabilirdiler.

Tabii, dehşet yüksek baskı giderleri yüzünden –12 sayfalık derginin 10 bin nüshası neredeyse 8000 mark tutuyordu– yazar giderlerini neredeyse sıfırlamak zorundaydım. Bunu başardım ve sonra yayıncılar gelip satış fiyatını 1,50 mark olarak saptadılar, inanılmaz! Onlara bunu açıklamaya çalıştım –başyazım hariç, başka bir yerde de bulamayacağınız hiçbir şey yoktu; tabii eğer okumak istiyorsanız–; ama underground çevredeki bu atik genç girişimcilerin de, bu tutucu dağlık bölgeye havasını vermiş olan o arketipik pinti küçük kapitalistin çağcıl versiyonlarından başka bir şey olmadığını fark ettim. Elleri ceplerine fazla gitmişti, artık derhal nakit parayı avuçlarının içine görmek istiyorlardı; ve satış fiyatı 1,50 olduğunda, 1 mark olmasına oranla ellerine daha az para geçeceğini hesaplayarak göstermemin de hiçbir faydası olmadı. Ama künyede yayıncı olarak bulunmak; işte bununla düzenbaz dostlarına, rock star'larına, modellerine gösteriş yapabilirlerdi.

Birinci sayı 1 Mayıs'ta Frankfurt'ta sokağa çıkacaktı ve patronlar bunun için, cüretkar giyimleriyle şehir merkezindeki tüm stratejik noktalara konuşlandırılan düzinelerce Zero kızının dergiyi peynir ekmek gibi sattığı, ufak bir hoppa kokain vizyonu geliştirmişlerdi. Tabii satış uzmanlarının bu vizyonundan geriye pek bir şey kalmadı. 1 Mayıs günü yağmur yağıyordu. Garın önünde, eylem yapan üniversite öğrencileri ile bira içerek gezinenlerin arasından ellerindeki dergi tomarlarıyla utangaçça geçen iki kız, balyaları bir kenara bırakmış, ellerinden çıkarabildikleri birkaç nüshanın parasını teslim etmiş ve üstlerine kuru kotlarını geçirmek üzere ev yönünde uzaklaşmışlardı.

Paulus, "Bizzat işe koyulmalıyız," diye açıkladı. Böylece yanımızda bir balyayla hippilerin, üniversite öğrencilerinin, oyuncuların ve sanatçı takımının buluştuğu mekânları dolaştık. Derginin kapış kapış gittiği söylenemezdi. Sanatçı meyhanesinde bize bir tabak yağlı ekmek ve birer bardak şarap ikram ettiler. Akşam Zero'nun her tarafı elbette dergiyle kaplıydı, her tarafta Butzmann'ın orta sayfadaki büyülü Zero halkası görülüyordu. DJ kabinine girip mikrofonun başına geçerek, başyazımın bir özeti olan kısa bir konuşma yaptım: "Kendimizdeki değişimler... manipülasyonu bozmak... özgürleşme teknikleri... beyinlerinizi tütsülemelerine izin vermeyin... yaşam ilkesi... düşünsel derinleşme ve eylem... biz kazandık... istersek..." Rod Stewart benden daha çok ilgi çekse de; orada yukarıda, mikserin ışıkları böcek gözleri gibi parlar ve aşağıda kitle et ve duman ve seks ve açlık ve boğuk bir uğultunun kaynaşmasıyken –İstanbul'daki çatı katından Berlin'deki komüne, Sarah'nın kucağından buraya, elimde bir dergiyle Zero'ya– her şeyin bir anlamı olduğuna dair tuhaf bir duyguya kapılmıştım: New Morning! Butzmann'ın süzülme egzersizleri, Venedikli cam üflemecilerin özlü sözleri, Wittgenstein'dan "Dünya, gerçekleşen her şeydir"i, biraz farmakoloji, Offenbach çevresinden grafiker tikleri, Emma pirinç yataklar sağtıyor, cut-up, bilinç açma, sonra bir de, yine Offenbach çevresinden, kuşçuyu, Wentz'in bulup getirdiği yaşlı Mühlteich kuşçusunu da dergiye koymuştuk, "Ben de yakında okullara gitmek istiyorum, oradan başlamalı," ve bu lüzumsuz saçmalığın yarısını küçük yazıyla basmıştık ama mesele artık bu değildi: New Morning! Ben bir guruydum, hepimiz birer guruyduk, hepimiz bir dergiydik. New Morning.

Yeniden junky'ler ile torbacıların, GI'lar ile sivil polislerin, zokacılar ile dolandırılanların, serseriler ile guruların arasına inip, aşağıda kendime sakin bir köşe, ufak bir bilinç kapanması, gurum olmak isteyen bir kadın ararken, Babs'la karşılaştım. İstanbul'da hepimizin tutuklandığı günkü son hödüğümüzün kız kardeşiydi. Oldukça havalıydı, uzun siyah saçları cilalanmış gibi parlıyor, kırmızı dudakları Kamasutra şehveti vadediyordu. Gözlerinin çevresinde bağımlılığın sarımsı gölgesi vardı. Birkaç siyahla birlikteydi. Abisi yine hapisteydi. Birden kaçımızın iğneye bağımlı olduğunu, kaçımızın sonsuza dek alev gibi parlayacağına inanırken neredeyse şimdiden yanıp bitmiş olduğunu fark ettim. Bara doğru uzaklaştım. En azından orada artık içkimi biraz daha hızlı veriyorlardı. Darmadağınık siyah saçları, gür bir bıyığı, dinç bakışları ve derin kırışıkların yarıklar oluşturduğu enerjik bir yüzü olan ufak tefek bir Akdenizli benimle konuşmaya başladı. Otuzlu yaşlarının sonlarında olduğunu tahmin ediyordum. Dergi önünde duruyordu ve editörünün ben olup olmadığımı bilmek istiyordu. Ardından elimi sıktı ve bizim için iki içki söyledi.

"Bir senaryo üstünde çalışmama yardım edecek birisini arıyorum," dedi Yunan Dimitri, "yönetmenim ve iki yıldır Almanya'da yaşıyorum. Bir senaryo yazdım ama Almancam iyi değil."

"Senaryonun konusu ne?"

"Ha," dedi ve güldü, "rock'çılar, üniversite öğrencileri, devrimciler, CIA, hainler, ölüm. Politika, anlıyor musunuz? Hayatın bütünü."

Dimitri beni son metroya bıraktı. Ayrıca, 1967'de CIA cuntayı iktidara getirdiğinde, ilk uzun metrajlı filminin makaralarını yanına alarak son anda gizli servisin elinden kaçabildiğini de anlattı. Bir bankada part-time çalışıyordu ve senaryoyu televizyona satabilmeyi umuyordu. Sonra metroda oturup dergiyi inceledim. Bu kadar acemi işi olmasına rağmen böyle büyük bir iddiayla ortaya çıkan bir şey kolay kolay bulunmazdı ama yine de – bunu yaptın, kimse elinden alamaz. İşte orada da duruyor: Yazı işleri müdürü Harry Gelb. Ama kesin olan bir şey varsa, o da bu salakların artık işime burunlarını sokamayacağı. Şu andan itibaren cam üflemecilere, kendin yapmalık çizgi romanlara, süzülme egzersizlerine ve ister Wentz'ten, ister Wittgenstein'dan olsun iliştirilmiş alıntılara yer yok. Yayıncılara gelince, onlara da diş geçirmeli. Onları etkisiz hale getirmeli. Kombineleriyle, taraftar t-shirt'leriyle, sözleriyle Eintracht'ı dergiye taşımadılar mı? Yeterince atıp tutuldu, şimdi gerçek bir dergi çıkarılacak. Hem de underground'dan değil, yeraltından. Artık bize verilen oyun alanının yeterince keyfini çıkardık, bir sonraki sayı kapalı kapılar ardında hazırlanacak. Burroughs ne demişti? "Çoğu çağdaşımız için, kapıların kapalı kalması daha iyi." Adam haklıydı. İnsan gerçekten bir şey başarmak istiyorsa, kitleyi, yancı, katılımcı, lafa karışmacı kitleyi uzak tutmalıydı. Metro Nordwestzentrum'a girerken kendime dedim ki, iyi bir takımın yoksa, o zaman sen de dergiyi tek başına çıkarırsın.

25

Wolfgangstraße'de, sarıya boyalı permalı saçları ve eski aile kasalarının rengindeki gözleriyle dul ev sahiplerinin kiraladığı öğrenci evlerinden birinde, şehir merkezine yakın bir oda buldum. Zero'nun kamyonetlerinden biriyle eskiciden zaruri olan şeyleri aldık, ardından yine işimin başına döndüm. Dergiyi baştan aşağı değiştirmiyor, yeni bir dergi hazırlıyordum. İlk sayıdan sadece isim, logo ve künyeyi devralmak istiyordum. Hemen sayfa sayısını yirmi dört ve fiyatı 1 mark olarak belirledim. Dergicilik tarihine geçmek gibi bir hedefim kesinlikle yoktu ama ayda 800 mark'a elimden gelenin en iyisini yapmakla yükümlü olduğum düşüncesindeydim ve elimden gelenin en iyisi, kimsenin işime karışmasına izin vermememdi.

Başka bir derginin de yayıncıları arasında yer almam şimdi işime yarıyordu. Lou Schneider ile Anatol Stern, cut-up komplosunun şık kesimli bir yayın organına kavuşmasının zamanının geldiğine karar vermiş ve beni de aralarına katılmaya çağırmışlardı. Stern'in Volvo'suyla Göttingen'e uçarak gitmiş ve iki gün, bir gecede *Ufo*'yu hazırlamıştık. Schneider, grafikerlik eğitimi almamış ve hayatında hiç Offenbach'ta takılmamıştı; ama ustalıkla yapılmış bir mizanpaj söz konusu olduğunda, sektörde eline su dökebilecek pek kimse yoktu. Üniversite çağından bu yana mizanpaj yapıyordu ve birkaç kadeh votka-portakal içtikten sonra *Ufo*'nun 24 sayfasının mizanpajını, sanki hayatı boyunca Letraset kullanmak ve sütun yapıştırmaktan başka bir şey yapmamışçasına hızlı ve hatasızca hallediverişti. *Buzluk*'un yanında artık *Ufo*'nun da yayıncısı olan Clint Kluge ağzı açık bakıyordu.

"Ulan Lou, bu hakikaten profesyonel işi oldu," diye bağırdı.

Lou, sigara dumanını eliyle yelpazeleyerek uzaklaştırdıktan sonra, kalın gözlük camlarının arkasından bakışlarını bir milimetre daha sola kaydırdığı bir fotomontaja yoğunlaştırdı.

Camel'ı dudağının kenarında, "Ah," dedi, "zamanında East Village'ta Jim Silver'la –adı *Seven-Up-Sisters* mıydı neydi– şu little magazine'i nasıl yaptığımı görmeliydin. O zaman Letraset'i resmen boya tabancasıyla yapıştırman gerekiyordu, yoksa hamamböcekleri sayfanın üstünden yiyip bitirirdi. Hamamböcekleri Letraset'in nasıl da hastasıydı! Çok acayipti. On beş dakikada bir, kafayı bulup transa geçmiş zenci junky'lerden biri yangın merdiveninden düşerdi. Alt satırı paralel yerleştirmek istiyorsan, elin titrememeliydi. Evet, Clint, o zamana kıyasla bu, *Christ und Welt*'teki* bir hafta gibi.

Schneider ile Wentz'ten gördüklerimle, gerekirse *Zero Zeitung*'un mizanpajını tek başıma da yapabilirdim. Tamam, en iyi sanat yönetmeni ödülünü alamazdım; ama sonuçta gerçek bir yeraltı dergisi çıkarmak istiyordum.

Freelance çalışmasına izin verdiğim yegane Alman Dili ve Edebiyatı öğrencisi olan Bramstein'a, "Dergiye biraz action lazım," dedim. O da soluk benizi ve uzun saman rengi saçlarıyla hortlak gibi olsa ve elbette bir dünya şiir yazsa da; bir arabası, göz alıcı memeleri olan bir sevgilisi, sağlıklı bir içkiye susamışlığı vardı ve Pfalz'lıydı. Pfalz'lılar genelde Yukarı Frankonya'lılar, Allgäu'lular, Dithmarschen'liler ya da Offenbach'lılar kadar manyak olmuyordu.

Bramstein, "Kara Panterleri koy," diye önerdi, "şimdi Zweibrücken'de şu Kara Panterler davası var, bu tür bir yazı iyi gider – Power to the People!"**

---

* 1948 yılında yayın hayatına başlayan mufahazakar Protestan dergi. Uzun süre Almanya'nın en çok satan dergileri arasında yer alan *Christ und Welt*, 1968'in beraberinde getirdiği toplumsal dönüşüm sonucunda okurlarını büyük ölçüde kaybetti. (ç.n.)
** (İng). İktidar Halka! (e.n.)

"İyi, yazıyı *Rundschau*'dan mı kopyalayayım, ne yapayım?"

"Ben oraya giderim."

Gitti ve dava hakkında pek bilgilendirici olmasa da sert bir dille yazılmış bir haber gönderdi.

"Bunu son sayfaya koyarız," dedim, "kelepçeli ellerini uzatıp Black-Power selamı verdikleri şu fotoğrafı da koyarız. Sonra birine bir konuşma balonu eklerim: Kill the Pigs!"*

"Yayıncıların ne diyecek merak ediyorum," dedi Bramstein.

"Bu sefer dergiyi bitmeden görmeyecekler. Satış rakamlarına baktığımızda, bunu kabullenmekten başka pek bir şansları yok. Montanus'ta** 600, kitapçılarda 350, elden satışta 200. Dergilerini Eintracht'ın kulüp binasına duvar kağıdı yapmak istiyorlarsa, buyursunlar. Başlarına şöyle sağlam bir davadan iyisi gelemez; yoksa *Spiegel*'in underground raporunda neden adları bile geçmedi sanıyorsun? Tam da, bir numarası olmayan küçük işletmeciler olduklarından; onlardan Dietzenbach ya da Büdingen'de de var. Ama devlete hakaret, şiddeti övmek ve adı başka her neyseden açılan bir dava oldu mu, dergi nasıl gider, biliyor musun? O zaman *Spiegel*'dir, *Stern*'dir, hepsi peşimizden koşar. Biliyorum. Hep öyle yaparlar."

"Evet ama o yasa maddeleri artık yumuşatıldı," diye açıkladı. Alman Dili ve Edebiyatı öğrencileri daima bozgunculuğa eğilimliydiler.

"Emniyet müdürünü tanıyorum; bu dergiyi gördü mü, kırmızı görmüş boğaya döner ve kan ister," diye konuyu kapattım.

Dağıtımla da ilgileniyordum. Ren bölgesinde, Ruhr'ın kıyısında bir turne düzenledim. Bottrop'da trenden inip, aradığım binayı bulana kadar, raylar boyunca ve ardından Hollanda tuğlasından yapılmış binaların dizili olduğu caddeden aşağı yürüdüm. Aldo Moll beni elinde bir şişe birayla geniş geniş esneye-

---

* (İng). Domuzları [Polisleri] Öldürün! (e.n.)
** Bir kitabevi zinciri. (ç.n.)

rek karşıladı. Krupp'ta programcı olarak çalışıyordu ve öğle siestasının ardından bodrumdaki bir depoya oturup karşı-kültür üstünde çalışıyordu.

Böyle bir şeyi daha önce hiç görmemiştim: Federal Almanya, İsviçre ve Avusturya'daki küçük topluluklar ve liberter grupçuklar, makrobiyotikçiler ve sağlık sandaleti taraftarları, antroposoflar ve anarko-sendikalistler, silahlı mücadele yanlıları ve her tür sofu şiddetsizlik, el yapımı kağıt ve serigrafi simyacılarının yayınladıkları her şey tavana kadar dizilmişti. Aldo Moll bunların aydınlığa çıkarılmasını boş zaman uğraşısı, hatta devrimci görevi, yaşamının amacı ilan etmişti. Burada, bayat bira, soğuk ter ve matbaa mürekkebi kokan bu depoda, Moll'ün "ortam" adını verdiği şeyi meydana getiren sayısız sersem, düzenbaz, politik ve dinsel fanatik, yeni başlamış ve işi bitmiş yazar, ciddi yayıncı ve akıldışılığın her türünün dans eden dervişlerinin yayınlarının dağıtım merkezi yer alıyordu. *Zero Zeitung'*un yayıncılarının durum değerlendirmesinin yanlışlığını kavrayana dek, yayınları yarım saat boyunca inceledim. Bu arada ben de durumu yanlış değerlendirmiştim; dahası, mutlak saçmalığın, aklın çiçeklerinin karşısında inatla yaşam mücadelesi verdiği yabani otu oluşturduğu çiçeklenmiş bu bahçelerden haberim bile olmamıştı. Onun da yabani otlardan olup olmadığından emin olmasam da, bir balya *Buzluk* da mevcuttu. Evet, çiçeklenen bahçeler; Alman karşı-kültürü çiçek açıyordu, özellikle de Neckar kıyısında, Heide'de, Aşağı Bavyera'nın ve Yukarı Hessen'in ormanlarında, Allgäu'un güneydeki dağlarında, Ren-Hessen ve Saarland'da çiçek açıyordu, anlaşılan Berlin-Kreuzberg'de de her yanı sarmıştı; bu durumda Frankfurt Stiftstraße'den New Morning'imiz ile biraz geç kalmıştık ama Aldo Moll duruma farklı bakıyordu.

"Ben şöyle görüyorum," dedi ve bana bir bira uzattı, "büyük Alman underground dergisi gelecek ve eğer Frankfurt'taki adamlarının parası varsa, o zaman tabii ki öndesiniz."

"Bu bin grupçuğu asla bir çatı altında toplayamazsın," dedim, "hem dağıtımı kim üstlenecek? Yok, Aldo, böyle bir şey için Londra ya da New York gibi bir metropole ihtiyaç var. Kafaların benzer şekillerde işlemesi gerekiyor; ama Kreuzberg ve Idar-Oberstein'da kafalar benzer şekilde işlemiyor işte."

"Öyle deme," diyerek bir cep şişesi Jubelbrand açtı. "Sen de bir yudum ister misin? Bu zımbırtı olmadan kesinlikle çalışamıyorum. Karım kızsa da, bazen burada geceleri sakalım resmen kartoteks kutusunun içinde kalıyor. Valla."

Kartoteks kutusuna gerçekten de gözbebeği gibi bakmasında bir gariplik yoktu: Bottrop ve çevresinden, okuyan birkaç sendikacıyla başlamıştı ve şimdi iki ayda bir kendisinin hazırladığı bilgi broşürünü bin beşyüzden fazla aboneye gönderiyordu. Moll olmasa, Doğu Odenwald'daki *Roter Komposthaufen*'ı* çıkaran ya da Flensburg'un güneyinde *Mahayana Budizmi'nin Yolları* dergisini piyasaya sürenlerin, ürünlerini okurla buluşturmak için fazladan çabalamaları gerekecekti. *Zero Zeitung*, Moll'da pek gitmiyordu.

"Dürüst olmak gerekirse içinde fazla bir şey yok," diye belirtti, "hem de pahalı, biliyor musun. Bir bira daha alır mısın, Harry?"

"Gelecek sayıyı bekle," dedim. Bir bira daha aldım.

---

* "Roter Komposthaufen": Kızıl Kompost Yığını. (ç.n.)

26

Artık her gece Wolfgangstraße'deki odamda oturup yazıyor, terliyor ve dergiyi birleştiriyordum. Banyom, telefonum ve sevgilim olmadığından, bu oldukça yalnız bir haldi; ve kendimi ne kadar yalnız hissedersem, ruh halim de bir o kadar radikalleşiyordu. Bir cappie* atıp, AFN'in** sesini biraz daha açtım, Night Bet, Pete Smith'in programı, Stones, Lou Reed, Doors, Janis Joplin. Sonra bir başlık attım: BİLİNCİN LAĞIMLARINDA.

Bu gece seanslarına, gece gündüz beni terk etmeyen radikal ruh haline alışıyordum. Bramstein'la beraber, neşeli siyahların bilardo oynayıp radikal laflar ettiği Amerikan barlarına gidiyordum. Bize devrimci el sıkışlarını öğrettiler, biraz ot içtik, ardından Wolf Westenberger'in aralıksız telefonla konuştuğu yazı işlerine gittim: *"Hey, Rod, when you come to Frankfurt?"* Eliyle ahizeyi kapatıp bana baktı: "Dergi ne alemde?"

Başparmağımı iyi anlamında kaldırdım.

Zaman zaman Wentz bana dizgi konusunda yardımcı oluyordu ve sayfalara göz attığında nazik ruhunun tüylerinin diken diken olduğunu fark ediyordum ama herhangi bir yorum yapmaktan kaçınıyordu. Bu senin işin, diyordu gözleri, kendini yapmak zorunda hissettiğin şeyi yap. Tamam, itiraf ediyorum, der gibi gözüküyorlardı, cam üflemeci, kuşçu ve Bay Asahi'yle underground dergi (o da artık ne demekse) yapılmaz; ama ancak Kara Panterler, dolgun memeler ve kaba laflar, cut-up komplo-

---

* Captagon'un argodaki söylenişi. (ç.n.)
**American Forces Network: ABD ordusunun, askerleri için yayın yapan radyo kanalı. (ç.n.)

su ve desperado havasıyla yapılabilecekse, o zaman beni lütfen künyeden çıkar da diyorlardı aynı zamanda. Onu künyeden çıkardım.

Kimseden nefret etmek için bir nedenim yoktu, belki Sarah'yı elimden alan tipler hariç –fakat insan Krişnamurti'den, sufiler ve Allah'tan nefret edebilir miydi?–; ve yine de o nefret, yazın ortasında birden bire buradaydı, beynimdeki kızgın bir kütle gibi, ve ancak, bambaşka bir şeyin çok daha şiddetli sesini talep etse de, daktilo tuşlarının tıkırtısı ve Stones ile yatışabiliyor, soğuyabiliyordu. Berlin'de hiç böyle nefret etmemiştim, İstanbul'da hiç. Belki de bu şehirden kaynaklanıyordu; dinamizmini gökyüzünde harcayan, borsanın her yükselişini yeni bir gökdelenle kutlayan, fasılasız bir gürlemeyle dolu –havalı çekiçler, yıkım gülleleri, çakılan metro inşaatı kazıkları–, akşamları ahı gidip vahı kalmış ciğerlerinden, onunla kıyaslandığında Esrar Çayırı'ndaki soluk yüzlü torbacıların en saf nektarı satışa sunduğu kadar öldürücü dozda zehirli hava dışarı atan bu sıcak, daracık şehirden. Odama çıkıp ışığı açtım. Dar oda hâlâ çok sıcaktı. Büro masası, büro sandalyeleri, şilte, bir adet katlanabilir plastik giysi dolabı, birkaç kitap, transistörlü radyo, Olympia Slendid 33 – bu kadarı yeterdi. Oturup dizgiye devam ettim.

İstediğimi yapmakta özgür olmayı talep etmiş ve istediğimi almıştım, patronların işleri başlarından aşkındı. Polis Zero'yu kapatmak için elinden geleni ardına koymamaya karar vermişti ve her defasında yeni talimatlar ve engellerle çıkagelen Kamu Düzeni Dairesi'ni önden gönderiyordu. Gazeteler uyuşturucu haberleriyle doluydu ve Zero yabancı vurguncuların, kadın kıyafetleri içindeki asker kaçağı GI'ların ve Dr. Frankenstein'ın laboratuvarından fırlamış uyuşturucu bağımlısı suçluların burjuvazinin günahsız, seçkin kız ve oğlanlarını doğaya aykırı eylemlere zorladığı cehennemî bir bataklık olarak gösteriliyordu. Uzun vadedeki etkileri hakkında hiçbir net bilgi olmamasına rağmen Happening sanatçısı Butzmann'ın süzülme egzersizlerine ve Zero'nun kasasından günbegün belediyenin cebine akan eğlence vergisine ise kimse karşı çıkmıyordu.

Bu gergin atmosferde mütevazı bombacığımı patlatıverdim. Adı gösterişsizce *Zero Zeitung 2. Sayı*'ydı ve 80 gramlık saman kağıda basılmıştı. Bu defa dizgi giderinden tamamen tasarruf etmiş ve dergiyi Bergerstraße'deki küçük bir dükkanda foto ofsette bastırmıştım. İlk nüshaları almaya gittiğimde, usta bana garip garip baktı – eh, eski tüfek bir sosyal demokrat için biraz ateşli kalıyor olabilir ama diğer yandan belki de birbirimizden o kadar da uzak değilizdir, diye düşündüm. Sosyal demokratlar da zamanında burjuvaların gözünde öcü provokatörler değil miydi? Bramstein'ın eski Renault 4'üne birkaç balya yükleyip Stiftstraße'ye doğru yola koyulduk. Yolda sayfaları çevirdim. Matbaacının ne demek istediğini gördüm. Foto ofsette boya şeridinden tasarruf etmeye kalkmamalıydınız. Ama biraz zor okunan yerleri ve birkaç mizanpaj hatasını bir kenara bırakırsanız, dergi çok şık gözüküyordu – en azından birinci sayıyla karşılaştırıldığında. Aldo Moll kesinlikle, kuzeyde, Bottrop'taki kartoteks kutulu ve Jubelbrand'lı uzun gecelerinde okuyacak bir şeye daha kavuşacaktı.

Balyaları Zero'ya çıkardık. Temizlikçiler iş başındaydı ve bir köşede ebeveyn-çocuk grubundan bir teyze birkaç sümüklüyle pantomim provası yapıyordu. Patronlar odalarında oturuyorlardı. Ödeşme. Onlara iki nüsha verip, Bramstein'la beraber soyunma odasına çekildim. O dergiye yoğunlaşırken; ben de şimdiden yazarlara verilecek nüshaları torbalamaya giriştim. Bu kez bir sürü yazar vardı ve onları karşılıksız çalıştırmış olmayı düşünmüyordum. Patronlar nihayet elden satışı becerebilirse, o zaman en azından gerçekten sıfıra sıfır yapma şansımız vardı.

Patronlar bu konuda başka türlü düşünüyordu. Dorfmann kapıyı menteşelerinden sökecek gibi hışımla açtı. Kafası kıpkırmızı, belirgin ter damlaları, güzel saman kağıdı sayfalar elinde top yapılmış. Mavi gözlerindeki bakış müthiş histerikti – en sevdiği bebeği mahallenin kötücül genci tarafından parçalanmış, kum havuzundaki küçük bir çocuk.

"Bununla bize zarar verdiğinin farkındasın, değil mi?"

Arkasından Westenberger bağırdı: "Bu şey çıkarsa, kapatırız. Duyuyor musun? Kapatırız!"

Dorfmann, "Ben bir işletmeye böyle zarar verildiğini hayatımda görmedim," dedi.

Ben de kıpkırmızı kesilmiş bir halde, "Bunu ancak satış rakamlarını gördükten sonra konuşabiliriz," dedim.

"Adımız yayıncı olarak künyede yazıyor. Bu pis derginin bizim adımıza satılmasına izin vereceğimizi mi sanıyorsun?"

"Basın yayın yasası açısından ben sorumluyum," dedim, "ve neden sorun çıkacağını anladığımı da söyleyemem..."

"Bak burada – 'Kill the Pigs', 'devrim zorunlu', 'Domuzları tütsüleyin' ve şu sadist metinler..."

"Hiciv," dedim, "*Pardon* her ay bunlarla paraya para demiyor..."

"En azından onun görüntüsü bu kadar boktan değil..."

Arkadan Westenberger, "Tartışmaya girme," diye bağırdı. "Bitti, bitti! Yok artık!"

Dorfmann, "Derginin yayınına son veriyoruz," dedi.

"Ondan önce bu sayıya bir şans verin, iyi sattığını göre..." dedim.

"Hiçbir şey görmeyeceğiz!" diye inledi Westenberger.

Dorfmann, "Dergiyi hamur haline getireceğiz," dedi. Bir şekilde kırılmış gibi duruyordu. Belki de ona acımalıydım. Bana bir şans tanımıştı –Westenberg hep bana karşı olmuştu– ve ben ne yapmıştım! Eh, ben de bir şekilde kırılmış görünecektim. Bir gün. Sadece şimdi değil.

"Öyle yapıyorsanız," dedim, "birbirimize söyleyecek hiçbir şeyimiz yok." Bramstein'a, "Gel," dedim, "burada özgürlük bastırılıyor." Yanıma birkaç dergi aldım. Westenberger dergileri elimden çekip almak istiyormuş gibi gözüküyordu ama bir şey yapmadı. Abartılı jestlerden hoşlanan Dorfmann, buruşturduğu sarı kağıtları yüzünde bir iğrenme ifadesiyle bir köşeye fırlattı. Ebeveyn-çocuk grubunun pantomimci teyzesi sakin bir şekilde devam etmişti. O şimdi Marcel Marceau'ydu, bense artık sadece işsiz bir budalaydım.

27

Yine de işim yok değildi. Dimitri'nin senaryosunu elden geçirme görevini üstlendim. Yunan, Kettenhofweg'deki bir çatı katında oturuyordu ve boşaldığında yan odaya da ben taşındım. Bu arada, şimdiye kadarki ev sahibimin yine ev sahibim olduğu ortaya çıktı. Bu iki daire, eğik duvarları ve güneşin kavurduğu tepe pencereleri olan daracık birer göz odadan fazlası değildi; ama yukarıda çatının altında büyük ölçüde kendi başımızaydık ve hatta bir tür banyomuz bile vardı. İlk gecelerden birinde Yunanca bir savaş çığlığıyla uyandım ve bağırarak ne olduğunu sorduğumda, Dimitri odamın kapısını açıp, yüzünde bir zafer ifadesiyle kurbanını gösterdi: bir fare.

Dimitri, içsavaştan en çok zarar gören, Selanik'in kuzeyindeki Makedonya bölgesinden bir çiftçinin oğluydu. Atina'da solcu bir tiyatro yönetmeni olarak ünlenmişti. Moskova yanlısı resmi komünistlerden tiksinerek Troçkistlere katılmış ve Cezayir'de bağımsızlığın kazanılmasının ardından patlak veren iktidar mücadelesi sırasında Ben Bella'ya gizlice silah sevk eden bir gruba üye olmuştu. Dimitri'ye bu dönemden, her tür ideolojiye, yetkililere ve kodamanlara karşı sağlıklı bir nefret miras kalmıştı. Nefreti ve alaylarından sadece dostları ve kadınlar azadeydi. Çoğunluğu hapiste olan az sayıda dostu vardı. Avukat olan karısı, Atina'da kalmıştı. Karısının onu en azından arada sırada ziyaret edip etmediğini sordum.

"Nerede ziyaret edecek ki?" dedi, "Bu fare kapanında mı? Bunun karıma layık olduğunu mu düşünüyorsun?"

"Muhtemelen umrunda olmaz," dedim.

"Evet, kadın olduğu için ama ben," diye bağırdı, "biliyor musun benim ne olduğumu? Erkek!"

Dimitri, Yunanistan'ın en iyi sinemacılarından biri olma ününü, faşistler ile ordunun bir komplosuna kurban giden pasifist parlamenter Lambrakis hakkında bir belgesele borçluydu. Birkaç sene sonra Costa Gavras bu konuyu gasp ederek Z'yi çevirmiş ve dünya çapında başarıya ulaşmıştı. Sürgündeki Yunan cemaatine egemen olan sol elitin tamamını olduğu gibi, Costa Gavras'ı da yalnızca küçümsüyor ve aşağılıyordu. Başkaları Fransa ve Almanya'daki ilişkileri sayesinde, iyi bir iş bulamasalar bile geçimlerini sağlıyordu; eski Troçkist, silah kaçakçısı ve öfke dolu aykırı bir tip olan Dimitri, gündüzleri bir banka şubesinde odacılık yapıyor, akşamlarıysa çatı katındaki boğucu odasında oturup, senaryo taslakları üzerine kafa yoruyor ve avazı çıktığı kadar, kendi uydurduğu, cuntacılara ve Stalinistlere korkunç şeyler yapılan dizelerle zenginleştirilmiş Makedon türküleri söylüyordu.

"Onlara ne olacak?" diye sordum. Satranç oynuyorduk ve şahını elinde tutuyordu.

"Ona ne mi olacak? Ha, hayal edemiyor musun? Yalnızca kellesini uçuracaklarını mı sanıyorsun? Beyefendi için bu biraz fazla iyi olmaz mı?"

"Yani yakalayınca Pattakos'a ne yapacaklar?"

"Siz Almanların hiç fantazisi kalmamış."

"İyi peki, bu gece uyumadan önce bu konu hakkında düşüneceğim."

Gözlerini keyifsizce yatağa dikti.

"Sikişmem lazım, sikişmem, sorunum bu," dedi.

"Club Voltaire'e gidelim mi? Belki ikimizle birden yatağa girecek birisi çıkar."

Bana baktı. "Sana bir şey söyleyeyim mi? Geçen yıl benimle çıkan bir kız bulmuştum ve bir yıl sonra, çıplak bir şekilde arkada, yatağımda oturduğunda, yapamadığımı fark ettim, anlıyor musun? Ve ona bir dilim kek verip evine gönderdim."

"Neden?"

Bakışlarını satranç tahtasına dikti. Bir süre sustuktan sonra: "Bu tür sürgünün en kötü yanı, birçokları için vatanlarındakinden çok daha rahat olması. Paris ya da Frankfurt'ta, Atina da Selanik'tekinden çok daha iyi yaşıyorlar. Bu domuzlar, faşistlerden beter. Faşistler belki bizi öldürüyor ama onlar bizi iktidarsız yapıyor. Şah-mat! Daha dikkatli olman lazım. Bir oyun daha?"

"Şarkı söylemeni tercih ederim," dedim. "Köylülerin Melina Mercouri'ye ne yapacağını tekrar duymak isterim."

Senaryo üstünde fazla değişikliğe gerek yoktu. Kendisinden daha iyi Almanca bilen dostları, Dimitri'ye zaten yardımcı olmuştu. Yalnızca tashih etmem ve geçişleri biraz daha akıcı hale getirmem yeterli oldu. Ardından Dimitri on beş fotokopi ciltlettirip, sinema teşvik kurullarına ve televizyon yapımcılarına gönderdi. Her yerde –sevilmese de– tanındığından ve bu kadar sert ve heyecanlı bir siyasi gerilim, genç ya da yaşlı hiçbir Alman sinemacıdan beklenmeyeceğinden, doğrusu filmin yakında çevrileceğinden hiç şüphem yoktu. Konu hariç: Sonuçta 1971 yılındaydık, Bonn'da şansölye Yunanistan'daki direnişe bağlılığını şüpheye yer bırakmayacak bir biçimde ortaya koyan bir sosyal demokrattı ve dayanışma, yüksek kültür çevrelerince kutsanmış bir sözcüktü. Bu nedenle Dimitri, yazı işleri ve kurullar için biçilmiş kaftan olmalıydı.

Mainz'a gittik. Dimitri'nin, ZDF televizyon filmleri bölümünün en kudretli adamıyla randevusu vardı. Dimitri bankadaki işinden ayrılmıştı ve ben de işsiz olduğumdan, elimiz biraz dardaydı; ama tren bileti ve sigara parasını ödeyecek kadar paramız vardı. Dimitri'nin ilk avansını alması ise gün meselesiydi. Beni yardımcı yazar olarak yanında götürmüştü. Gutowsky nihayet iflasını ilan etmişti ve *Stamboul Blues*'un manuskrisi yeniden çekmecemde duruyordu. Kitaplar ve basınla şansım yaver gitmiyor gibi gözüküyordu. Eh, zaten film sektörünün geleceği de daha parlaktı.

Mainz'da ikimiz de kan ter içinde kalmıştık. Yaz sıcakları, cebinde beş kuruşu olmayanlara göre değildi. Tramvaya binecek paramız olmadığından, ZDF'e yürüyerek gidiyorduk. İkimizin de çok daha uzun yollar yürümüşlüğü vardı ama ter yüzümüzden aşağı boşalıp, gömleklerimizdeki ıslaklıklar banyo lifi ebatına eriştiğinde, bu işin altından kalkamayacağımızı net bir şekilde hissettim. Almanya'da artık sadece aylaklar ile züppeler bir yere yürüyerek gidiyordu ve bizi olsa olsa aylaklar birer züppe olarak görürdü.

Televizyon filmlerinin en kudretli adamı bizi sıcaklığı hoş bir seviyeye ayarlanmış bürosunda karşıladı. Buruşuk spor ceketi ve daha da buruşuk yüz ifadesiyle, veznedar vekili gibi gözüken orta yaşlı bir adamdı – belki de *o* bir züppeydi. Konuya geldiğimizde yüzünü daha da buruşturdu.

"Senaryoyu gerçekten heyecanla okudum," dedi, "iyi buldum, gerçekten çekilmek zorunda olduğunu düşünüyorum. Ama," dedi sonra, "şimdiki biçimiyle olmaz tabii."

Dimitri bir sigara yaktı.

"Hemen sinirlenme Dimitri," dedi televizyon filmlerinin en kudretli adamı, "tanışmıyor muyuz? Sadece şimdiki biçimde bizi neyin rahatsız ettiğini söylüyorum. Rock'çılar. Siz bunu bilemezdiniz tabii, Dimitri; ama daha yeni rock'çılar hakkında şimdiye kadar çekilmiş en iyi filmi çektik –daha önce hiç duymadığım bir ad söyledi– ve o da daha iyi bir film çekmedi. Dimitri, bunu anlamak zorundasınız, ZDF öyle kolayca rock'çılar hakkında iki filmi arka arkaya çekemez, bunu asla kabul ettiremem, ben de kurumda ne yapılıp ne yapılamayacağına bakmak zorundayım, tek başıma karar veremem ki."

"Ama benimkisi rock'çılar hakkında bir film olmayacak ki," dedi Dimitri, "politik bir film olacak. Rock'çıların lümpen proletarya olarak üniversite öğrencileri ve ajan provokatör olarak gizli servisler için politik bir işlevi olacak..."

Teskin edercesine, "Ah Dimitri, bilmiyor muyum sanıyorsunuz?" dedi televizyon filmlerinin en kudretli adamı. "Dediğim gibi, bana kalsa filmi hemen çekerdim. Ama madem değindiniz Dimitri, gizli servislerle ilgili sahne... yani demek istiyorum ki, bunu gerçekten araştırdınız mı, Dimitri? Gizli servislerin sokak hareketinin içine sızmış olması, bana da mümkün geliyor... ama bunun hemen ölümlere yol açması, bu kadarı biraz fazla spekülatif kaçmıyor mu, Dimitri?"

"Spekülatif düşünmeyen bir politik film, potansiyelinin altında kalacaktır," diye araya girdim. "Mesela İtalyanlar ve Fransızlar bu konuda sözlerini sakınmıyor."

Kudretli, beni savuşturan bir bakışla süzdü. Daha bir Yunanla başı beladayken, bir de Fransızlar ve İtalyanlar hakkında tek kelime bile duymak istemiyordu.

"Ama ikiniz de kabul edersiniz ki, hikayeniz gerçek değil," dedi neredeyse suçlarcasına, "oysa şimdi yaptığımız rock'çılar hakkındaki film – sonbaharda gösterilecek, Dimitri, bir izleyin, bu bir prensip değil tabii, ama..."

Bu amayla yetindi. Televizyon filminin kudretli adamı, büyük çarkların arasındaki küçük adam rolünü hayranlık verecek kadar kendinden geçerek oynuyordu, ve bu küçük *ama*, onu her tür sorumluluktan azat ediyordu – bakın, aygıtın tutsağı olan ben ne yapabilirim ki? Bakın, diyordu o *ama*, karşıt düşünce haddimi doldurdum, fakat 1973/74 sezonunda tekrar denemek isterseniz, sizin için burada olduğumu biliyorsunuz. Bakın, diye bağırıyordu o *ama* neredeyse çaresizce, sizinle politik film hakkındaki düşüncelerimiz ve belki de sokak siyaseti, gizli servis ve ZDF televizyon filmlerinin stratejisi ve taktiği ve neden ünlü genç yönetmenin rock'çılar hakkındaki filmini yapıp, eski Troçkist Yunan silah kaçakçısının politik gerilimini yapmadığımız üzerine bir gün enine boyuna tartışmayı çok isterim – her ne kadar, çocuklar, diye tartışmayı bitirdi o *ama*, sizin de bunu uzun uzun açıklanmasına ihtiyaç duymadan zaten biliyor olmanız gerekse de.

Televizyon filmlerinin kudretli adamı sonuçta bize neredeyse bir buçuk saatini ayırdı. Yürüyerek gara dönerken, ağzımızdan tek bir şikayet sözcüğü çıkmadı. Bunun için fazlasıyla sıcaktı zaten.

Hessen Televizyonu'nun üçüncü kanalında, kolormatik gözlük camlarının arkasındaki baykuş gözleri ve uzun saçlarıyla soluk benizli bir yapımcı, senaryoyu en küçük parçasına kadar yerden yere vurdu. Ses tonu, bana SDS'teki sinir bozucu akşamları hatırlatıyordu.

Öğreten adam edasıyla, "Bu biçimiyle," dedi, "senaryoyu yalnızca apolitik ve önemsiz bulmakla kalmıyorum, aksine, ki bunu üstüne basa basa söylemek istiyorum, kesinlikle gerici, hatta karşı-devrimci buluyorum. Nasıl bir politik duruşunuz olduğu hiçbir noktada belirginleşmiyor, hem de sinemacıların tam da açıkça taraf olduklarını açıkladıkları bir çağda. Senaryonun şimdiki hali tamamıyla yüzeysel, kesintisiz bir aksiyon filmi. Bu da, bizim düşündüğümüze hiç uymuyor."

Bu insanlarla epey tecrübesi olan Dimitri bile yutkunmak zorunda kaldı. Sakalının kılları diken diken oldu. Bense bu küstahlığı neredeyse etkileyici buluyordum: Üniversite mezunu anne-babasının evinden, Adorno seminerinden geçerek bu kültür kodamanı bürosuna; hakiki yaşam tecrübesinin izine dahi rastlamadığınız bir surat; hayatında hiç aç kalmamış ve en ciddi tehdidi belki bir oturma eyleminden sonra, "Soytarılığı bırakın," diyen bir profesörden duymuş bir herif gelmiş, mücadeleciliğini hayatını tehlikeye atarak kanıtlamış bir adama fırça atıyordu. Arsızlık diye herhalde buna denirdi.

Nefretim büyüyordu. Böyle bir makamcığa gelmek ve oradan kalın kitaplar yazmak ve başkalarını engellemek için belki de düzenli olarak birkaç dönem üniversiteye gitmem gerektiği düşüncesi aklıma geldiğinde, yara izlerim sızlamaya başlıyordu. Eski bir junky yoluma çıktığında yeniden biraz mal alıp, kendimi yukarıda yatağa attım ve yara izleriyle kaplı damarıma iğneyi bastım. Bu sistemde, yapmak istediğiniz şeyle başarılı olmanızın hiçbir yolu yokmuş gibi geliyordu. Egemen klikler, topları kendi aralarında nihai olarak paylaşmışlardı: sağcılar ticareti, solcular kültürü; bu noktada elekten süzülerek düşenler sonsuza dek orada aşağıda kalıyordu. Üç yıl önce Ede resimleri, bense not defterlerimle o çatı katında otururken nasıl da gülünç derecede naiftik, hangi günahsız gebelik, gazyağı bulaşmış, afyonla zehirlenmiş 1001 gece rüyamızdan doğrudan Alman kültür dünyasının karşısına çıkabileceğimize inanmamızı sağlamıştı: Başından bunlar geçen, aranızda kendine yer bulabilir? Reklamcılığa girişsek daha iyi olurdu, diye düşündüm ve bir iğne daha vurdum. Muhtemelen ilaç sektöründe çalışan bir dünya junky vardı. Üstüne hâlâ kafa yorulabilecek bir şeydi bu. Kültürleriniyse saçlarına sürebilir ya da ketçapla yiyebilirlerdi isterlerse.

Bir akşam Babs'la karşılaştım. Yeniden iğneye başladığımı hemen fark ederek, fazla konuşmadan benimle yukarı çıktı. Onu birkaç yıldır tanımama rağmen şimdi bir anda birlikte yatağa girivermiştik. Bir vuruş istediğini sanıyordum ama kafasını hayır anlamında salladı. Onun yerine, çoğu kadında zaten olsa da, uyuşturucu kullanan kadınlarda daha da şiddetlenen, manik bir anlatma gereksinimi duyuyordu. Benden yalnızca bir yaş büyük olmasına rağmen vücudu çoktan sararıp solmuştu ve bu solgunluk, Babs'ın yaptığı ya da kendisiyle yapılmasına izin verdiği her şeye kendine özgü bir matem, özellikle etkileyici bir Doğu işi geçkinleşmişlik havası veriyordu – misk ve çürüme. Ağırlaşmış ateşli kafam, bana bir Hint aşağı-tanrıçası sikmemi telkin ediyordu. Yılan, amber, uçucu yağ kokuları alıyordum. Vücudu koyu kahverengiydi. Üstünde bağırsaklarından vurulmuş beyaz bir fatih gibi gidip geliyordum.

Ardından Babs bütün gece konuştu, bir Roth-Händle'yi* söndürüp bir diğerini yakarken, dalgın bir şekilde sikimle oynuyor

---

* Bir Alman sigara markası. (ç.n.)

ve arada sanki yeterince olgunlaşıp olgunlaşmadığımı kontrol etmek istermişçesine boynumu ısırıyordu. Babs kızından, Hintlisinden, siyahlarından, yine hapiste olan abisinden, annesinden, yine yitirdiği işinden, hayallerinden, seyahatlerinden söz etti.

"Sen neden hiçbir şey söylemiyorsun?" diye sordu tekrar tekrar. "Burada yatıp hiçbir şey söylemeden beni sikebileceğini mi sanıyorsun? Dilini mi yuttun?"

Ardından ısırınca onu ittim.

"Canımı acıtıyorsun."

"Aha, ağzını açabiliyorsun yani. Sana bir şey söyleyeyim mi? Sanırım sen sapıksın. Sana anlattıklarımı aralıksız dinleyip, hiç ama hiçbir şey söylememen mümkün değil. Uzun süredir mi böyle yapıyorsun?"

"Dinle, Babs."

Yan tarafta Dimitri şarkı söylemeye başladı. Duvar oldukça inceydi ve Dimitri her şeyi duymuş olmalıydı. Şimdi müstehcen köylü şarkıları söylüyordu. Sesi kısık geliyordu.

"Yana gidip ona sakso çekeyim mi?"

"Saçmalama, Babs."

"İstersen yaparım. İstemezsen de yaparım."

"İşte buna inanırım."

"O zaman sana da sakso çekerim. Hoşuna gider, değil mi? Hiçbir şey söylememek, hiçbir şey yapmamak. Ha, hoşuna gider mi?"

Dediğini yaptı. Orada yatıp, Babs'ın emmesini ve Dimitri'nin şarkı söylemesini dinledim. Kusursuz dünya.

28

Yerde bağdaş kurmuş halde kanın önkollarımdan akıp gitmesini izliyordum. Damarlarımın işi tamamıyla bitikti. Ayağa kalkıp telefona gittim ve *twen*'deki yazımın ardından apomorfin yazmaya başlayan bir doktoru aradım. Bana derhal bir reçete göndereceğine söz verdi. Adam İsrailliydi. Bir Alman böyle bir şeyi asla yapmazdı. Daha yüksek dozlarda apomorfin, zehirlenme ve alkol zehirlenmesi halinde kusturucu olarak kullanılıyordu. Bu konuda bir şeyler okumuştum, en başta Dent'in kitabını ve Burroughs'un kuru hakkında yazdıklarını. Burroughs yıllarca bilimsel yayınlarda ve popüler dergilerde, apomorfinin yoksunluk işkencesini olağanüstü kısaltmak ve korku faktörünü küçültmek gibi faydalarını anlatmak için hiçbir şansı kaçırmamıştı. Dr. Dent adeta Burroughs evreninin mitik bir figürü gibiydi. Tabii tüm tıp dünyası hep birlikte üzerine çullanmıştı. Bu küçümseme karşılıklıydı. Beş yıl junk'ın ardından, ya apomorfinle ya da tıp dünyasıyla şansımı denemek zorunda olduğumun bilincindeydim. Şimdi kendimi uyuşturucu doktorlarına, özel kliniklere, terapistlere ve sosyal hizmet uzmanlarına, psikologlara ve tıp şarlatanlarına ve devlet dairelerindeki destekçilerine teslim eder, bir hasta olmayı kabul edersem, uzun bir süre için özgürlüğümü –ve üstüne yazmayı da– unutabilirdim.

Doktorun önerdiği en düşük dozu alıp –deri altına 0,1 cc– hemen yattım. Biraz mide bulantısı, hafif baş dönmesi, gözlerde karıncalanma. Dalıp gittim, bir saat sonra ter içinde kendime geldim, yarım bardak su içtim. Biraz sendeledim. Bir sigara yaktım, tadı tamamen normaldi. Kollarıma baktım, yaralara, yanık et parçalarına. Açık bir kendi kendine zarar verme vakası. Garip. Uykuya daldım, beş dakika süren bir sonsuzluğun ardından tekrar kendime geldim. Hayat bomboş bir kara delikti. Belki de bir doz apomorfin daha almalıydım. Alıp tekrar uykuya daldım. Derin bir uykunun ardından bir doz daha aldım, uyumaya devam ettim. Ertesi gün biraz bir şey yiyebildim. İki gün sonra ayağa kalktım. Hâlâ biraz halsizdim, dizlerim titriyordu ama canım bir bira istiyordu. İki gün sonra bağımlılığım nüks etti, derhal bir doz apomorfin daha alarak kontrol altına aldım. Ertesi hafta doktor aradı.

"Gerçekten yaptınız mı?"

"Evet, elbette."

"Peki şimdi nasılsınız?"

"Bir şikayetim yok. İyiyim."

"Beni dinleyin: Bağımlılık sizi yeniden ele geçirirse beni arayın. Buraya gelebilirsiniz de."

"Elimde daha dört ampül var, Doktor Bey," dedim, "bu bana hayatım boyunca yeter."

"Eh," dedi, "en azından diğer junky'lere göre bir avantajınız var: Hayatta ne yapmak istediğinizi biliyorsunuz."

Artık pek o kadar emin olmasam da, onu onayladım. Adamı tam da şimdi hayal kırıklığına uğratmanın bir anlamı yoktu. Ayrıca bu tür maddelerden gerçekten yeterince almıştım.

Aşağıda birisi çatı katına çıkan merdivenlerin kapısını yumrukluyordu: Babs. Saate baktım. Sabahın yedisi. Topuklu ayakkabılarıyla yalpalaya yalpalaya merdivenlerden çıktı. Gaz lambasının ışığında saçları da yüzü kadar cansızdı. Dudakları şişmiş, gözleri doğal olmayan bir biçimde küçülmüştü. Üzerindeki bluzun düğmeleri yarıya kadar açıktı ve parfümü fazla kaçırmıştı. Bana bakmaya çalıştıysa da tam başaramadı. Sanki gözlerinde tam bir bakışa yetecek güç kalmamış gibiydi.

Yukarıya vardığında, "Kesin benim için bir şeyler vardır sende," dedi. Üzerimde yalnızca külot vardı ve orada bir kımıldanma olması beni utandırıyordu.

"Bir fincan kahve," dedim, "eğer bu kadar erkenden kahve içebilirsen."

Babs, "Salak salak şakalar yapma," dedi. "Neye ihtiyacım olduğunu görüyorsun işte."

"Üzgünüm, Babs. Bende hiçbir şey yok. Temizim."

"Temiz misin?" Gülmeye çalıştı. Göstermesi gereken efor o kadar büyüktü ki, ter içinde kaldı. "Sen buna ne zamandır temiz adını veriyorsun be?"

"Sıçtığımın şeyini bıraktım," dedim. "Kurtuldum. Kesin olarak."

"Senin için iyi olmuş," dedi. Artık gülümsemeye çalışmıyordu. Listesindeki bir sonraki adrese yönelmek için tüm enerjisine ihtiyacı vardı.

"Sen de bıraksana," dedim. Daima sosyal bir yanım olmuştu. "Bendeki şeyle kolayca başarıyorsun. Apomorfin."

Babs dinlemiyordu bile. Bluzunun düğmelerini açmaya çalışıyordu. Belki de beyni ona, bir sonraki adresin uzakta olduğunu ve taksi ücretinin mal parasından eksileceğini söylemişti. Bir kez daha denemeye karar vermişti.

"Anlıyorum," dedi, "bir şey vermeden önce beni sikmek istiyorsun. Hadi, daha ne bekliyorsun?"

"Babs," dedim, "sana söylüyorum, bende apomorfinden başka hiçbir şey yok. Bir denesene. İki gün içinde kurtulmuş olacaksın. Çocuk oyunu gibi."

Elini uzatıp yanağımı okşadı. Isırarak yaralamış olduğu dudakları titriyordu.

"Kafana takma," dedikten sonra topuklu ayakkabılarıyla merdivenlerden indi. Hemen ardından Babs'ın dördüncü kat penceresinden atladığını duydum.

Beş parasızdık. Kirayı denkleştirmek bile hatırı sayılır bir koşuşturmaca gerektiriyordu. Dimitri televizyonda bir iş bulmaya çalışsa da, televiyonla alakalı neredeyse her şeyi becerebilmesine rağmen, yardımcı kablo taşıyıcısı olarak bile işe alınmıyordu. Bu nedenle Merkez Bankası'na başvurdum ve gerçekten de tekrar işe alındım. Bu kez personel bölümündeydim ve altında çalışmam gereken adam hastalık izninde olduğundan, kendime ait bir büröm vardı ve günü orta ve alt kademelerin maaş listelerini güncellemekle geçiriyordum.

Bu, birkaç günlüğüne bayağı ilginç bir işti. Bu fişlerde ne kadar büyük bir dayanıklılık, nasıl da huzur dolu bir yaşam gizliydi! Ne zaman Merkez Bankası'nın hizmetine girdiklerini, ne kadar maaşla başladıklarını, şimdi ne kadar aldıklarını takip edebiliyordum. Listelerimle ülke ekonomisinin tamamı gözlerimin önündeydi – bilmem ne kadar araba, bilmem ne kadar kadın, çocuk, müstakil ev, çim biçme makinesi, tatil yolculuğu, ikinci araba, derin dondurucu, renkli televizyon, mutfak dolabı, çamaşır makinesi, hafif motorsiklet, bebek kıyafeti, aile mezarı ve bunların yanında bir de birkaç bin tiyatro ve sinema bileti, birkaç kamyon Böll, Lenz, Simmel, Grass! Nakliye kamyonları oradan oraya gidip geliyordu, insan arada taşınır da, üstünüzdekilerin önüne eğiliyorsunuz ve sonra gelsin Taunus'un yamacında küçük bir ev, güney cephe. Merkez Bankası'nın dünyası, hata yapmadığınız sürece planlanmıştı. Sen de bunun bir parçası olabilirsin, diye düşündüm, bir kaç yıl daha katlanırsan seninle süresiz bir sözleşme yaparlar, o zaman kumarhanede sürekli bir yerin olur ve boş zamanlarında, yazan Merkez Bankası çalışanları kulübünü organize edersin. Bu, edebiyat sektöründeki bir kariyerden daha sağlam duruyordu. Gutowsky, yayınevini kapatmıştı. Clint Kluge'den *Buzluk*'un satışının durgun olduğunu duyuyordum. Bir keresinde 200 mark gönderdi, ben de Dimitri'yi yemeğe çıkardım.

Politik açıdan da ortam bayağı hareketleniyordu. Westend'de ilk ev işgalleri yaşandı. Çoğu, spekülasyon nesnesi haline gelmiş gösterişli binalardı. SPD eleştiri oklarının hedefi haline geldi; bir yanda beton bloklar dikilip spekülatörlerden rüşvet alınması, diğer yanda JuSo'ların sözde radikalizmi olunca, mevzu çıktı. Baader-Meinhof Çetesi hâlâ yakalanmamıştı; aksine, RAF iyi örgütlenmiş gözüküyordu ve görüşlerini de, kulağını açıp dinlemeye hazır olduğu ölçüde, halka ulaştırmaya başlamıştı. Broşürlerinden birine ulaşıp Dimitri'ye gösterdim. Okuduktan sonra küçümseyen bir bakışla geri verdi.

"Ortodoks bir komünistten kötüsü varsa eğer, o da paranoyak bir komünisttir," dedi. "Bu insanlar delirmiş. Tabancası olan deliler, aman dikkatli ol!"

"Bazı şeyleri hiç de yanlış bulmadım ama," dedim.

"En azından hakiki anarşistler olsalardı bari," dedi Dimitri ve satranç taşlarını dizmeye koyuldu. "Ama bu lafların arkasında sadece idam mangaları görüyorum. Marksizm-Leninizm! Proletaryanın öncüsü! Dışın, dışın! Ne oldu, başlamak istemiyor musun?"

Bir piyonu ilerlettim. "Ama bazen düşünüyorum da, Dimitri, burada ortalığın karışması iyi olur."

Dimitri güldü. "Ne oldu, sadece kitabın basılmadı diye hemen devrim mi istemeye başladın?"

"Bunu senin ağzından duymak garip oluyor. Sonuçta örgüt için silah temin etmiş adamsın. Böyle bir insan olduğun için de seni burada da aralarına almıyorlar."

Dimitri, "Belki," dedi, "ama Almanların sorunu aynı zamanda başka bir yerde de. Bir sana bak, bir bana, sonra bir de editörlere ve Kluge ya da Schlöndorff gibi insanlara bak. Hepsinin, aynı şeyin parçası olduklarını hemen görmeni sağlayan bir fizyonomileri var – aynı köken, aynı seminerler, aynı görüşler, aynı hayat. Sen ve ben, dostum, onlar gibi gözükmüyoruz, bu yüzden işimiz daha zor. Ama sadece onlar şimdi devrim hakkında zırvalamayı şık buluyor diye, RAF'çıların haklı olduğunu söyleyemeyiz. Ben Yunanım, devrimin ne olduğunu ve kanın nasıl aktığını bilirim. Şimdi de filini alıyorum."

Filimi aldı ama kendimi geliştirmiştim, ona karşı inatçı bir mücadele verdim. Dimitri'nin dik kafalılığına hayrandım. Sürgün hayatı onu bir yenilgiler, hakaretler, zorlamalar ve günlük felaketler zincirine sürüklemişti. Ama o artık sosyalizme, devrime ya da sadece bir gün her şeyin daha iyi olacağına inanmamasına rağmen, bütün bunlara göğüs geriyordu. Bir gün tekrar iyi bir film çekeceğine inanıyor ve bir gün tekrar karısı ve çocuğuyla yaşamayı ve faşistleri sokak lambası direklerine asılı görmeyi umuyordu. Aslına bakarsanız, bu da bayağı büyük bir umuttu.

29

Altında levye ve kriko sakladığımız kalın parka ve deri ceketlere bürünmüş bir grup karanlık şahıs, şafak vakti hedefimize yaklaşıyorduk. Botlarımız kırağı üzerinde gıcırdıyordu. Dikkat çekmeden binanın arka cephesine, bodrum kata ulaştık. Uzaklardan bir yerlerden polisin sireni duyulsa da, ses yaklaşmıyordu. Kapı, sorun olmamıştı. Hemencecik boş binanın içine girivermiştik. Bina dört katlıydı, yerler parke, banyolar fayans kaplı, tavanda yalancı mermerden melek işlemeleri, balkonlarda dökme demirden parmaklıklar, geniş merdivenler ve kışlık bahçesiyle Bockenheimer Landstraße üzerinde, sigorta şirketleri, bankalar, reklam ajansları, üniversite enstitüleri, kütüphaneler ve başka işgal evlerinin yer aldığı bir mahalledeydi. İranlı bir emlak tüccarı ve Westend spekülatörü, evi bir büro binası haline getirmek istiyordu. Eh, bugünden itibaren bir süre burada oturacaktık.

İşgal uzun süredir planlanmaktaydı ve Westend Çalışma Grubu'ndan anarşistlere, politik açıdan söyleyecek sözü olan her tür grup elini taşın altına sokuyordu. Taşınanların arasında asalakların olmasının önüne geçebilmek için, kısa bir süre sonra bedavaya oturmak isteyen tüm adaylar toplantıda gerekçeleri hakkında hesap vermek zorundaydı. Elbette sistemde boşluklar vardı, zira kimi aktörler gerekçeleri hakkında daima yalnızca karanlık imalarda bulunma eğilimindeydi. Bu gruplardan biri de, zaten sadece koyu renkli şeyler giyen, kara bayraklar taşıyan ve güdülerini tarihin güneşli kısmındansa gölgelerine dayandıran anarşistlerdi. Anarşistlere ben ve sonradan kabul edilen gölgem olarak Dimitri de dahildik. Anarşizm söz konusu olduğunda, ikimizin de ağzı süt kokmuyordu. Dimitri ayrıca bütün eylemlerden muaftı. Nihayet yeniden bir iş bulmuştu, hem de geceleri çalışıp gündüzleri uyuduğu bir iş.

Hazırlık amaçlı toplantılara iki fraksiyon egemendi: Sayıca fazla olan Komünist Üniversite Öğrencileri Birliği KSV üyeleri ve geleceğin Danton'ları ve Bossi'lerinin kendilerini gösterdikleri Kızıl Hücre – Hukuk. Anarşistlerin temsilcileri o kadar seçkin değildi. Esas itibarıyla, Wiesbaden'li işsiz bir aşçı yamağından ve benden oluşuyordu. Ama radikal sözler konusunda bu yorgun Maocuların hiçbiri elimize su dökemiyordu ve bu da, üniversite öğrencilerinin şımarık çocukluğuna terfi etmiş küçük bir serseri lümpen proleterler birliği olan rock'çı grubunun hoşuna gidiyordu. Bu işgal evinde yaşam oldukça zevkli geçecek gibi duruyordu. Hatta müstakbel eyalet yüksek mahkemesi başkanlarından, güvenilmez avukatlardan ya da banka soyguncularından birinin sevgilisi olan bir Fransız kadın da aramıza katılmak istiyordu. Ateşli gözleri, uzun siyah saçları ve kedimsi hareketleri olan narin birisiydi ve adı Bernadette'ti.

İlk tartışma, balkonlardan birine kara bayrağımızı asmakta direttiğimizde yaşandı. KSV ekibi bunun önüne geçmek istese de, birkaç sert sözün ardından –"Bölücüler! İşçi düşmanları! İspanya'yı unutmayın!"– aşçı yamağıyla ben mücadeleyi kazandık. Ev mücadelemizi öğleden önce neredeyse kazanmıştık. Destekçilerimiz caddeyi fiilen ellerinde tutuyordu, birçok komşu sıcak yiyecekler ve iyi dilekleriyle ziyarete gelmişti. Emniyet müdürü durumu kolaçan ettikten sonra tekrar ortadan kaybolmuştu. Konuşmacılar birbiri ardına önemli bir zafer kazandığımızı ilan ediyorlardı. İnsan onları dinlediğinde, –o zamanlar, 1917'de St. Petersburg'da– az önce Kışlık Saray'ı ele geçirdiğimizi sanabilirdi. Eh, belki de öyleydi. Tarih tekerrür etmez ve insan dönüp de sadece yenilgilerine baktığında, yaşam acayip uzun gelebilir.

Gündüzleri alkol içilmeyeceği kararlaştırılmıştı ama rock'çılar elbette bu kurala uymuyordu. Birasız bir gün yaşanmamış sayılırdı. Anarşist grup adına onlara katıldık ve akşama doğru havamızı bulduk. "Enternasyonal", "Roter Wedding"* ve "Der Osten wird rot"** yerine kolonlardan daha çok gümbür gümbür Stones, Jimi Hendrix, Ton Steine Scherben geliyordu. Artık elektrik, su ve havagazımız vardı. Lotta Continua grubundan İtalyanlar sofraya spagetti getirdi. Gerçek huzur. Dimitri alaycı yorumlarını eksik etmiyordu.

İşe gitmek için hazırlanırken, "Göreceksin," dedi bana, "yakında kitaplarıyla mobilyalarını getirip iyice yerleşecekler. O zaman duvara ders planları ve Mao posterleri asılacak, sonra müzik setleri gelecek, ardından da sevgililer, kız kardeşler ve ebeveynler ziyarete gelecek. Halılar, saksı bitkileri, Enver Hoca'nın Seçme Eserleri, sıcak bir yuva. Bunlar, her şeye sahip olmak isteyen insanlar, burjuvazi ve bohem, kariyer ve devrim. Bana bunun nasıl olabileceğini söyleyebilir misin, ha?" diyerek sandviçini plastik bir poşete koydu. "Sistem sana bir şey bahşettiğinde onu paramparça etmek zorundasın ve asla rahata ermemelisin, bunu bütün devrimcilerin bilmesi gerekir. Devrimcilermiş, öyle mi? Yeni sosyal demokratlar bunlar."

Sonradan odalar dağıtıldığında Dimitri'ye sadece tavan arasında bir oda verilmesi beni şaşırtmadı. Rock'çıların payınaysa bodrum düşmüştü.

Genel kuralların ve ev toplantılarının sonu gelmiyordu. Almanlar bir şey örgütlediğinde, ister küçük bir eğlence olsun, ister kültür ya da bir işgal evi, bu insanı canından bezdiren bir titizlikle gerçekleşiyordu. Eh, öğrenciler gündüzleri seminerleri, eğitim çalışmaları, Marx tefsirleri ile meşguldü, belki bir de akşamları

---

* Kızıl Wedding. (ç.n.)
**Doğu kızıl olacak. (ç.n.)

pratikte hayata geçirmeye ihtiyaçları vardı – Engels'in temizlik malzemelerinin paylaşımı konusunda söyleyecek sözü ya da Mao'nun KSV'nun iki banyoya sahip olma hakkı olup olmadığı sorusuna verecek cevabı yok muydu? Dışarıdan olan bizler için, Marksistleri bölmeye çalışmanın da hiçbir anlamı yoktu. Proletarya diktatörlüğüne hangi yoldan ulaşılacağı ya da Westend Çalışma Grubu'nun aslında sermayenin temsilcisi olup olmadığı konularında ne kadar birbirlerine girerlerse girsinler, ayrıcalıklarını kendilerine musallat olan anarşistlere ve lümpen proleter Blanquistlere karşı savunmak zorunda kaldıklarında, Marksist fraksiyonlar derhal birleşiyordu.

"Banyomuzdan elinizi çekin!"

"Kızıl Hücre – Alman Dili ve Edebiyatı için bir okuma odası!"

"Peki KSV'nun pinpon masasını nereye koyacağız? Yoldaş Lin Piao'nun da dediği gibi, pinpon kapitalist heteronominin, sosyal demokrat uyuşukluğun ve Rus hegemonist büyüklük hastalığının üstesinden gelmektir!"

"Peki kim bu bir kasa birayı satın aldı?"

"Alkolizm, küçük insanların emperyalizmidir."

"Ben sizin küçük insanların tarafında olduğunuzu sanıyordum."

"Yoldaş, Çin'de artık küçük insanlar yok."

"Evet, her Çinli'ye bir apartman topuk."

Biraz kişilikli olsam, Dimitri'nin yanına tavan arasına taşınırdım ama çatı katlarından bıkmıştım. Sonuçta birinci katta, parkeli ve yalancı mermerden melek işlemeli, balkonlu bir odaya taşındım. Birinci katta benim dışımda aşçı yamağı, –erkeklerle sorunlu, Gertrud adında soğuk bir sarışın olan– KSV'lu bir öğrenci kız, rock'çılar, Kızıl Hücreler ve şimdilik arka planda kalmayı tercih eden çevreler arasında aracı rolü üstlenen Alf ve Lotta Continua grubundan İtalyan ev işgal hareketinin temsilcileri oturuyordu. Fanatik bakışlı ve sert tavırlı birkaç Milanolu olan Lotta Continua'cılar, kısa bir zaman sonra spagetti tencereleri, kırmızı şarap şişeleri ve kibirleriyle kendi başlarına kalmayı yeğlemeye başladılar.

Bernadette Troçkistti ama belki de Fransız Marksistler bizimkiler kadar ortodoks değillerdi. Ne olursa olsun, akşamları zemin kattaki toplantı odasında oturup, böyle büyük bir evin ister istemez beraberinde getirdiği, ısınma giderlerinden bildiri dağıtmaya ve Lenin'in güncelliğini asla yitirmeyen sorusuna –"Ne yapmalı?"– tüm sorunlar üzerine tartışırken bakışlarıma karşılık verdiğini fark ettim.

Yiğitçe karşılık verdim, kaybedecek neyim vardı ki? Herhangi bir şey olmayı da istemiyordum. Kızıl Hücre – Hukuk'ta, hemen ajan, palyaço ya da küçük burjuva ilan edilmeden aykırı, ironik ya da garip görüşleri de dile getirebilecek hareket alanına sahip olduğunuz, görece bağımsız düşünen birkaç kişi vardı. Böylece usulca Bernadette'e sokuldum. Her gün ayaklanma provası yapıyor, havai fişekler yakıyordum ve balkonumdaki kara bayrakla görüntüde, dualarını mırıldanan Tibetli keşişler gibi ağzımızda geveleyip durduğumuz devrimin önderlerinin arasına karıştım. Bu ihtilalci özentilerinin, devletten para desteği alan Maocuların ve kışı geçirecek sıcak bir yer arayışındaki lümpen proleterlerin arasında ne aradığımı bana kimse sormadı. Her gün politik yalanın bin lehçesini duyuyordum. Belki şöyle cevap verebilirdim: Şu anda edebi metinler yazmasam da, edebiyatın kimi türlerine karşı dayanıklılığımı arttırıyorum.

Kızıl Hücre – Hukuk, kendi katında küçük bir eğlence düzenledi. Okul döneminden beri bu tür bir eğlenceye gitmemiştim. Bu defaki de pek farklı değildi, yalnızca biraz daha gürültülü, biraz daha sert, biraz daha sefildi. Bir iki kadeh attıktan sonra biraz hoplayıp zıplıyordunuz, sonra yiyişmek ve aşağıya şeyinizi sokmak istiyordunuz. Bernadette de aynısını istiyordu. Gerçi sınıf eğlencelerimizde kimse beni böyle öpmemişti. Bernadette'in her öpücüğü vahşi bir hücum, nefes kesici bir şahlanma, bir kendinden geçip bir olmaydı. Bir şekilde odamı bulduk. Yandaki öğrenci kız, pikabında Janis Joplin, Janis Joplin, Janis Joplin çalıyordu. Arada bir şaraptan bir yudum alıyorduk. Sonunda yatağımda, örtülerin altındaydık. "Busted flat in Denver, waitin' for a train."* Bernadette bacaklarını sırtıma doladı. Siyah saçları, ay ışığında bir flama gibi yayılıyorlardı. "Freedom's just another word for nothin' left to loose."**

---

* (İng). Denver'da beş parasız kaldım, tren bekliyorum. (e.n.)
** (İng). Kaybedecek hiçbir şeyinin kalmamasının bir başka adıdır özgürlük. (e.n.)

30

Bernadette yanıma taşındı. İnanamıyordum. Buraya katılmama izin verilmesi tesadüfler ve yanlış anlamalardan başka bir şeye dayanmazken, evin en güzel kızı artık benimdi. Evin mi? Bu dünyanın tüm kızıl bayraklarının altındaki en güzel kız. Her gece benimdi. Bernadette gündüzleri bir kitapçıda çalışıyordu. Benim açımdan sorun değildi. Dinlenip kendimi toplamak için gündüzlere ihtiyacım vardı. Merkez Bankası'ndaki işi derhal bıraktım. Personel müdürü hiç de memnun olmadı. Beni anlamıyordu.

"Delikanlı, iyi düşünün! Yakında maaşınıza zam alacaktınız!"

"Evet," dedim, "ama biliyor musunuz, ben yine de serbest yazar olarak başarılı olmak istiyorum."

Kafasını iki yana salladı.

"Serbest yazar mı? Para kazanmadıktan sonra serbestliğin size ne faydası olacak? Yirmi yedi yaşındasınız, sakın bir daha böyle bir iş bulmanızın kolay olacağını düşünmeyin."

Sonradan bu sözleri sık sık düşünecektim.

Bunu Bernadette'e anlattım. Gecelerimiz oldukça uzundu ama fazla uykuya ihtiyacı varmış gibi durmuyordu ve sevişmediğimizde konuşuyorduk.

"İşi unut," dedi, "şimdi nerede oturduğunu öğrendikleri anda, zaten seni kapının önüne koyacaklardı."

"Öyle deme. Merkez Bankası, bir Sparkasse şubesi değil. Ömür boyu çalışılacak bir iş."

"Kulağa sanki pişmanmışsın gibi geliyor, Chéri."

"Saçmalama. Ama ben de para kazanmak zorundayım."

"İş dediğin her zaman bulunur."

"Ben bulamam. Ne yapabilirim ki?"

"Kitapçı, bir paketçi arıyor."
"Kitap paketlemek. Ben mi?"
"Bunda ne var ki? Saatine altı mark ödüyorlar."
"Söz konusu bile olamaz. Ben yazarım, kitapçı çırağı değil. Kitapları paketlemem, yazarım."
"Bu, gerici bir tutum. Sosyalizmde kafa ve kol emeği arasındaki ayrım ortadan kalkar."
"Evet, mümkündür. Fabrikada çalışmaya karşı değilim. Tabii zorunda kalırsam. Ama kitap paketlemem."
"Beni dinle, yazarım diyorsun ama hiçbir şey yazmıyorsun."
"Yazarlar her zaman yazmak zorunda değildir."
"Ama yazmadığın sürece, yazarlıktan geçinemezsin."
"Bernadette, insan kitap paketlemeden de yaşayabilir."
"Oh, là, ben sadece sana yardımcı olmak istedim. Yapma, Chéri."
"Dimitri, çalıştığı şirketin birilerini aradığını söyledi."
"Nasıl bir işmiş bu?"
"Şey, bir tür... yani, Dimitri genelde fabrikanın bir köşesinde oturup, bir şey olmamasına dikkat ediyor."
"Bir çeşit polislik mi bu?"
"Yok, hayır, gece bekçisi, kapı görevlisi deniyor. Dimitri çoğu zaman okuduğunu ya da uyuduğunu söylüyor."
"Gece bekçisi mi? Yani geceleri çalışıyor, öyle mi?"
"Gündüzleri ona ihtiyaçları yok."
"Ama geceleri," dedi Bernadette ve tartışmaya kendi tarzında nokta koydu, "geceleri *benim* sana ihtiyacım var. Şimdi olduğu gibi, görüyor musun, Chéri?"

Dimitri haklı çıkmıştı. Üniversite öğrencileri yerleşir yerleşmez, işgal evinde düzenli kurullar, komiteler ve Dietz Verlag'ın Marx/Engels baskısının kılavuzluk ettiği derli toplu bir yaşam başladı. Tabii kırılma noktaları vardı ama düzenlemelerle minimuma indirilmişlerdi. Bu, daha dairelerin paylaşımında kendini gösteriyordu. Rock'çıların çoktan terk ettiği bodrum, artık davetsiz misafirleri dışarıda tutmak için iyice kilitlenmişti.

Zemin katta ortak kullanım alanları ve müphem ama pratik faaliyetlerden sorumlu kimi grupların odaları yer alıyordu. Onu İtalyanlarla bizim olduğumuz karışık kat takip ediyordu. Üzerimizde yüksek seminercilerin,* Kızıl Hücreler ve KSV'nun esas matadorlarının beylik odaları yer alıyordu. Sonra tavan arasında işsizler, yabancılar ve bağımsız anarşist unsurların odaları vardı.

Dimitri, "Sana bir şey göstermek istiyorum," dedi. Odasının kapısını açarak içeriye süzüldü. "ŞİMDİ diye bağırdığımda ışığı açacaksın."

Bağırdı: ŞİMDİ! Işığı açtım. Çarşafı şiltenin üstünden çekip almıştı. Şiltesi tahta kurusu kaynıyordu.

"Bütün tavan arası, tahta kurusu dolu," dedi, "eski binalarda sık görülür bu."

"Ha siktir," dedim. Ona baktım. "Dimitri, sana aşağıdan bir oda ayarlayayım. Burada kalmaya devam edemezsin."

Bana mesafeli, müstehzi bir bakış attı. Bir adamın, birliğinin siyasi komiserleri için takınacağı türden bir bakış.

"Peki diğerleri? Onlara da aşağıdan birer oda ayarlayabilir misin? Seçkin kattan olur mu?"

"Çatı katı tamamen kapatılmalı. Tahta kuruları!"

"Bu, oturma alanı israfı olur," dedi Dimitri. "Boşver, tahta kurularının hakkından geliriz, merak etme."

Sırıtarak bana gece vardiyası için aldığı yemekten ikram etti: ucuzluktan Yunan beyaz peyniri ve siyah zeytin.

Eski dairemden yalnızca şiltemi, giysilerimi, kitapları ve manuskrilerin, insan yazdığı anda birikmeye başlayan kağıt dağının olduğu bir sandığı yanıma almıştım. Akşamları genel kurul, top-

---

* Oberseminar: Sadece akademisyenler ile doktora öğrencilerine verilen özel seminer. (ç.n.)

lantı ya da anarşistler arasında bir iç tartışma olmadığında ve Bernadette evde olmamı istediğinde, bazen eski şeyleri karıştırırdım. Mum ışığı, bir şişe şarap, Troçkistim gitarı tıngırdatır ya da bir plak koyardı. Händel, Segovia, toplumsal mücadelelerin mayın tarlasının ortasında ev saadeti. Beş parasız olanın şikayet etme hakkı yoktu. Bernadette banyoda saçlarını yıkadı, ardından bir havluyu sarık gibi başına dolamış halde, sabahlığıyla kaloriferin yanına oturdu.

"Yazdıklarını okumama izin ver," dedi ve tırnağını törpülemeye girişti.

"Ah Bernadette, bunların hiçbirinde iş yok, anlıyor musun? Eski hikayeler. Yeniden bir şeyler yazarsam tamamen farklı olacak."

"Şimdi yayınlanması gereken kitabı göster bana, okumak istiyorum."

"*Stamboul Blues* mu? Onu anlaması zor."

"Nasıl yani? Onu anlamak için yeterince zeki olmadığımı mı söylüyorsun?"

Bir an için Fransızca saydırdıktan sonra Almanca devam etti: "İnan bana, hayatında spor gazetesinden başka hiçbir şey okumamış bir Fransız bile, çoğu Alman dili ve edebiyatı öğrencisinden daha fazla edebiyat bilgisine ve dil duygusuna sahiptir!"

Ona inanıyordum. Sonuçta Fransız olan ve Alman dili ve edebiyatı okumak için Almanya'ya gelen oydu. Ayrıca bir kitapçıda çalışıyordu ve Troçkistti ve Troçki, edebiyat bilgisiyle gurur duymuştu. Daha da önemlisi sevgilim, mon petit age'ım, mon amour'umdu. Yine de, *Stamboul Blues*'un onun tarzı olduğundan şüpheliydim. Ona, Gutowsky için elden geçirdiğim manuskriyi verdim. Beyaz plastik kapağı yıpranmış, lekelenmişti. Bernadette yastık ve yorgana sarınıp okumaya başladı. Kaşları hep çatık kaldı. Eh, diye düşündüm, Troçkist edebiyat eleştirisi başka şeydi, Lou Schneider gibi bir adamın kanaati başka bir şey. Edebiyat söz konusu olduğunda, Marksistler hâlâ oldukça gerici bir beğeniye sahip olduklarını göstermişlerdi. Sonuçta, politika söz konusu olduğunda da öyleydi. Bernadette manuskriyi nihayet bir kenara bırakarak yanıma sokuldu. İçini çekti.

"Haklısın, Chéri, gerçekten de anlaşılması güç."
"Üzülme, Bernadette, Almanlar için de öyle."
"Ama Almanca yüzünden değil ki, eşek kafalım! Okurken edebi geldiği ama aslında tamamen anti-edebi olduğu için güç anlaşılıyor – ve tabii hakkında yazdığın şeyi bilmediğim için."
"Ah, çoğunluğu birbiri ardına dizilmiş güzel kelimelerden ibaret."
"Neden öyle diyorsun? Yara izlerini görüyorum. Seni kimin, kendini böyle yaralamana yol açacak kadar yaraladığını bir bilseydim."

Hafifçe öksürdüm. Can alıcı nokta buydu: Kitabı okuyunca, kim bilir hangi korkunç acıları çekmişim gibi geliyordu. Tamam, birazı gerçekten olmuştu ama çoğunlukla bu tür acıların son derece gülünç olduğunu hissetmiştim. Ama bu mizahı, yeterince metnin içine işlemediğimden, belki de yalnızca Lou Schneider ya da Anatol Stern gibileri hissedebiliyordu. Evet, mizah içermesini istiyorsanız, anlaşılan biraz daha abartılı olması gerekiyordu.

"Bunu aklından çıkar," dedim. "Beni kimse yaralamadı. Aklıma gelmişken, Dimitri'nin çalıştığı şirkette işe başlamaya karar verdim. Destek olarak, haftada iki ya da üç gece çalışacak birilerini arıyorlar. Bu, yaklaşık 120 mark kolay kazanılmış para yapar."

"Ecoute, tu es complètement fou..."*

Stamboul Blues konusunun böylece şimdilik gündemden düştüğünü biliyordum. O haftada üç geceye şimdiden seviniyordum. Rahatsız edilmeden düşünmek için zaman. Biraz dinlenip kendime gelmek için zaman. Bernadette'in bir kadın olarak talepleri, politik taleplerinden çok daha kapsamlıydı ve bunu bana açıkça göstermek için hiçbir fırsatı kaçırmıyordu. Aynısını elbette Sarah da yaptıysa da, onda saf öğreti sonuçta sevgiye galip gelmişti – edebiyat da cabası.

---

* (Fr.) Dinle, tamamen çıldırmışsın... (ç.n.)

31

Germania Bekçilik ve Güvenlik A.Ş.'nin ofisi, üniversite yakınlarındaki, kuruluş döneminin son evresinde inşa edilmiş yeni bir binadaydı. Anarşist aşçı yamağı, bir fast food büfesindeki patates kızartma işinden atılmıştı –ardında iz bırakmadan ortadan kaybolan bir piliç teslimatıyla ilgili belirsizlikler olmuştu– ve böylece ikimiz de güvenlik sektöründe bir iş için başvurduk. Aşçı yamağı, saç bağından gözlüğüne, parkasından özel olarak yağladığı botlarına kadar kapkaraydı. Ben ise baldırlarıma kadar inen asker yeşili bir trençkot ve giyilmekten eskimiş Clark Desert botlarımı giymiştim. Sonuçta hiç askere gitmemiştim.

Birinci katta bir koridora girdik. Germania oldukça curcunalıydı. Telefon sesleri kulakları tırmalıyor, üniformalı adamlar bir o yana bir bu yana koşturuyor, kafalarını kapılardan içeri uzatıyor, bağırarak kahve ve kağıt istiyordu, birileri bir yerlerde Skat çeviriyordu ve bir telsiz hışırdıyordu. İnsan, yıpranmış linolyum zemini ve tekerlekli dolaplarıyla bu koridordan geçerek, kendine özgü bir işleyişi, kuralları ve çatışmaları olan yeni bir dünyaya ulaştığını hissediyordu. İçine giren herkesi tarikat adına, gerekirse hemen arkasından ceza gelecek ilahiyle takdis eden, başlı başına kendine özgü küçük bir dünyaya. Elbette bu her işte böyleydi. Sanki ruhunuzu kurtarmak için onlara gitmişsiniz gibi yapar ve sonra, kesintilerin çokluğundan şikayet ettiğinizde rencide olurlardı. Düşman toprağındaymışçasına tetikte olmak zorundaydınız. Siyah-beyaz kırçıllı paltolarıyla, form doldurmak için bir masanın başına oturmuş üç Türk çoktan kararlarını vermişlerdi. Birbirleri ardına ayağa kalkarak büroyu terk ettiler. Yele gibi beyaz saçlı bir adam başını kapıdan içeri uzattı.

"Eee, Kemal Atatürk nereye kayboldu?"
"Üç Türk'ü kastediyorsanız, az önce gittiler," dedim.
"Demek öyle." Kalın gözlüğünün arkasından bana baktı. Kafası, Hegel'inkini anımsatıyordu. "Söyleyeyim size, dizlerinin üzerinde sürünerek buraya geri gelecekler! Ama o zaman Germania treni çoktan kaçmış olacak! Peki siz? Caritas için bağış toplamaya mı geldiniz, yoksa adam gibi bir iş mi arıyorsunuz?"
Aşçı yamağı çekingence, "Part-time çalışacak birilerini aradığınızı duyduk," dedi.
"Beyler, o zaman tam yerine geldiniz! Hadi geçin içeri! Cennete gitmek isteseydiniz, başka bir yeri denemeniz gerekirdi ama burada yeryüzünde doğru adres biziz. Rica edersem buraya bakıp kafanızı kaldırın, lütfen gülümseyin, ay kim diyor ki? Klik, lütfen tekrar, evet, şimdi de siz – klik, ve şimdi de formları doldurun. Sabıkanız yok, değil mi? Tabii ki yok, diğer her şeyi, üniformanızı edindikten sonra konuşuruz, tamam mı? Evet, doğrusu bu, kitap harfleriyle. Eğitimli insanları hemen farkediyor insan. Bazen bu formların beni nasıl uğraştırdığını bir bilseniz. Tamam, bu kadardı. Şimdi bekleyin, sizi teker teker çağıracağım!"
Fotoğraf makinesi ve formlarıyla odasında gözden kayboldu. Aşçı yamağıyla ben, sırıtmak zorunda kalana dek birbirimize baktık. İkimiz de kesin aynı şeyi düşünüyorduk: Yardımcı polis olarak anarşistler. Sigaralarımızı içerek durmak bilmeyen hareketliliği izledik. Çalışmak isteyen daha bir sürü insan geldi. Bazıları, doğrudan evsizler yurdundan ya da gardan geliyormuş gibi gözüküyordu: yanaklarında soğuk suyla oldukları tıraştan kalma kan pıhtıları, pis gömlekler ve tüm varlıklarını içeren plastik torba. Şişeler şakırdıyordu. Hepsi de çelik bir disiplinle formları dolduruyordu. Sonra Hegel beni içeriye çağırdı.
"Tebrik ederim, part-time bekçi olarak işe alındınız. İşte kimliğiniz, aman kaybetmeyin. Başka sorunuz var mı, Bay Gelb?"
"Evet, saat ücretinin ne kadar olduğunu sormak iste..."
Kulağa aşırı düşük gelen bir meblağ söyledi.

"Ama tabii buna ek ödemeler dahil değil: Gece vardiyası, haftasonu, fazla mesai için ek ödemeler var. Hepsi biraraya gelince, Hertie'de sekiz saat boş paketleri tasnif etmeye oranla daha iyi kazanacaksınız, delikanlı... Hem ikisi mukayese dahi kabul etmez, şirketimizde çalışmak sadece değişken ve görece altından kolay kalkılacak bir iş değil, aynı zamanda topluma da parayla ölçülemeyecek bir hizmet teşkil ediyor, yani hakikaten toplumsal bir sorumluluk ve sizin ilginizi çeken şeylerden birinin de bu olduğu belli... Ve siz, Bay Gelb, bir insani ilişkiler, her yönüyle insan varlığı öğrencisi olarak bu sizin için ideal meslek, değil mi? Hele part-time bekçi olarak kendinizi bir gösterin, size ömür boyu çalışma imkanı, hatta sizi bekleyen bir hayat gayesi garanti ederim... Ah, üniforma, şöyle gelin bakalım, kaç beden giyiyordunuz?"

Mont, pantolon, siperli kasket, düdük, el feneri ve bana atandığım tesiste özgürce hareket etme ve şüpheli şahısları geçici olarak tutuklama hakkı veren kimliğimi verdiler. Hegel'e bunu nasıl yapacağımı sormadım. Kendimi daha şimdiden bir tutsak gibi hissediyordum.

Yeni iş kıyafetlerimi Latscha torbalarından çıkarıp gösterdiğimde, Bernadette önce çığlığı bastı. Sonra parmak uçlarına basarak kollarını bana doladı ve beni defalarca öptü.

"Tou es fou, Chéri,"* dedi bir nefes molasında, "tamamen çılgınsın! Ah, çılgınsın sen! Tanıdığım en çılgın adamsın! Ah, çok tatlısın! Çılgınsın! Seni yiyip bitirebilirim! Mmmmmmhhhh! Tu es complèment fou!"**

Elbette üniformayı giymek zorundaydı: Bol pantolon, Germania armalı –gagasında şimşek taşıyan bir kartal– mont ve yine armalı olan kasket, hepsi de kaşındırıcı gri kumaştan, bü-

---
* (Fr.) Çılgınsın, tatlım! (ç.n.)
**(Fr.) Tamamen çılgınsın! (ç.n.)

tün kaybedilen savaşlardan kalma üniforma artıkları, belki de hâlâ Lviv, Kiev, Besarabya polis kışlalarından yağmalanan mallar. Bernadette üniformanın içinde, Offenbach Halk Eğitim Merkezi'ninin amatör sahnesi tarafından sahnelenen bir Jean Genet oyununda rolüne uygun olmayan bir oyuncu gibi gözüküyordu. Yan odanın kapısı açıldı, KSV'lu soğuk Gertrud bize gülümsedi. Onu uzun süredir görmemiştim. Kuzeyli yüzü, erkeğe susamışlık ve aşka dair hayal kırıklığı yerine açıkça cinsel doygunluk saçıyordu. Yatağında, pahalı bir deri ceket, pileli pantolon ve şık yarı çizmeler giymiş siyah afrolu genç bir adam yatıyordu. Garip bir ciyaklama duydum.

"Bu da ne?"
"Fred'in."
"Peki Fred kim?"
"Yeni sevgilim. Gel Fiffi, bak burada ne var."

Bir şey omzuna sıçradı. Küçük bir maymun, çizgili bir tulum giymiş bir bebek şempanze. Maymun, sarı saçlarını çekti. Yataktaki herif kayıtsızca sigarillo içerek resimli bir derginin sayfalarını karıştırıyordu. Mao posterinin altında buraya ait değilmiş gibi görünüyordu ama kim öyleydi ki? KSV sarışınının bir pezevenkle birlikte olacağını elbette beklemezdim. Eh, belki de Pekin'deki merkez komitenin yeni şiarı şuydu: Müttefikleri, sınıf düşmanının en son tahmin edeceği yerlerde aramak.

Aşçı yamağı geldi. Üniformasını çoktan giymişti. Yavaş yavaş Dimitri'yle birlikte işgal evinde bir Germania işyeri komitesi kurabilirdik. Eh, Devrimci Mücadele* için Rüsselheim'daki Opel fabrikası, Kızıl Hücre – Hukuk için alt kademe akademisyenler neyse, Maocular için pezevenkler alemi ve biz part-time anarşistler için bekçilik işi de oydu. Devrim bir labirentti ve sonunda hedefe ulaşamasanız dahi, adamakıllı dolaştığınızı söyleyebilirdiniz.

---

* 1968 hareketinin anti-otoriter kanadından bir örgüt. Üye olan üniversite öğrencilerinin siyasi faaliyet amacıyla fabrikalara işçi olarak girmesiyle ünlü. (ç.n.)

İlk vardiyam gelip çatmıştı. Bernadette bana bir süre eşlik etti. "Simone de Beauvoir da, savaşta cepheye gitmesi gerektiğinde Sartre'ı hep trene bırakırdı," diye açıkladı. Sartre'ın hiç cepheye gitmemiş olduğunu hatırlıyor gibi olsam ve bunun dışında da bu karşılaştırmayı doğru bulmasam da, duygulanmış bir biçimde Bernadette'e sarıldım. En azından bir kişinin benimle aynı fikirde olduğunu bilmek güzeldi: İş de bir tür savaştı.

Köşede bir kez daha öpüştükten sonra ayrıldık. Bernadette sosyalist Noel kutlamasına koştururken, ben bekçilik ve koruma şirketinin merkezine doğru yürüdüm. Bir Noel ağacı vardı ve Hegel kahve ile kurabiye dağıtıyordu. Kahvenin içine ne kattıkları, pembe yüzlerinden anlaşılıyordu. Bana hiç hoşuma gitmeyen bir şey verdiler: yaklaşık 50 cm. uzunluğunda siyah bir cop.

Operasyon amiri, "Noelde utanmazca çalabileceklerine inanıyorlar," dedi. *Onların* kim olduğuna dair bir şey söylemedi. "Bu bizim daha da uyanık olacağımız ve zorunda kalırsak sert bir biçimde müdahale edeceğimiz anlamına geliyor. Beyler, şimdi yola düşmeden önce, hepinize mübarek Noel arefeleri ve mutlu Noeller diliyorum! Bu anlamda: İçinde sadece kahve de olsa, kadehlerimizi kaldırıyoruz, hahaha!"

Yüzlerini inceledim: Güvenceli bir işi olanların istisnasız hepsi neşeli bir heyecan içinde, her şeyi yapabilecek kadar kararlıydı. Eğer Noel arefesi kanlı biterse, daha da iyiydi. Part-time çalışanların gözlerindeyse daha ziyade düşünceli bir bakış vardı. Olaylar başka türlü gelişse, aralarından bazılarının operasyon amirinin zorunda kalınırsa sert bir biçimde müdahale edilmesini talep ettikleri arasında olabileceğini tahmin ediyordum. Sonuçta, Hegel'in verdiği isimle, her yönüyle insan varlığının öğrencisiydim. Basamakları aşağıya doğru çiğnedik. Hava gittikçe soğuyordu. Pencerelerde mumlar yanıyor, insanın kulağına Noel şarkıları, Hessen Radyosu'nun potporisi geliyordu. Kültür de iş başındaydı.

Çalışacağı yere son bırakılan ben oldum. Uzunca bir süre Doğu Limanı çevresindeki karanlık bölgede dolanıp durduktan sonra, operasyon amiri bir fabrika binasının önünde durdu. Arabadan indik. Yerler buz tutmuştu. Yıldız adını verdiğimiz bütün o ışıldayan şeylerle gökyüzü çok yüksekti. Bir yük gemisinin borusu duyuldu. Operasyon amiri, parmaklıkların önünde hızlı adımlarla ilerliyordu. Müzik parçacıkları gecenin içinden geçerek bize ulaşıyordu. Buz adımların altında çatırdadı, karanlık bir silüet yaklaştı. Vardiya değişimi.

Ne yapmam gerektiğini açıkladılar. Gecede üç kere, arazinin anahtar kutularının bulunduğu stratejik açıdan önemli yerlerinde bir tur atılmalıydı. Her devriyeye çıktığınızda yanınızda taşıdığınız anahtarları kontrol saatine sokup geri dönmeniz gerekiyordu. Ne zaman hangi kontrol noktasında olduğunuz da, kontrol saatlerindeki şeritlerden okunabiliyordu. Operasyon amiri bana araziyi gösterdi. Daha ziyade bir hurda deposunu andıran bir fabrika hangarı, bitişiğinde başka bir fabrika hangarı olan tesis arazisi ve bir işçi yatakhanesi ile caddeye bakan bir büro binası vardı. Ve her yerde anahtar kutuları. Hepsini nasıl aklımda tutacağımı sordum.

Operasyon amiri, "Bekçi kulübesinde harita var," diye yanıtladı, "hem arada bir kontrol noktasını atlarsanız sorun olmaz; sonuçta burada ilk geceniz."

Bana kalacak olursa da son gecem, diye düşündüm. Kendimi Demokratik Almanya Cumhuriyeti sınırının doğusunda bir yerlerde hissediyordum.

"Gözünüzü özellikle yatakhaneden ayırmayın," diye açıkladı operasyon amiri, "orası, bu tesise dahil değil. Sakın bu tarafa geçip harala gürele yapmasınlar. O zaman cop kafalarına inecek, anlaşıldı mı?"

"Kim ki onlar?"

"İtalyanlar."

Gece biraz daha hoştu. Beni bekçi kulübesinde tek başıma bıraktılar. Can sıkıcı, derme çatma bir tahta kulübe. İçinde sadece küçük bir elektrik sobası, bir Metal İşleme Endüstrisi Birliği duvar takvimi, sallanan küçük bir masa ve bir güvenlik defteri. Deftere devriye saatleri, bekçinin adı ve dikkat çekici vakalar işlenmişti. Büro sandalyesine olabildiğince rahat edecek şekilde yerleştim, Nescafé dolu termostan ilk fincanımı içerek güvenlik defterini okumaya başladım. Aydınlatıcı bir okumaydı: "23.11. saat 4:56: İtalyanlar çok gürültü yapıyor. Sessizlik sağlandı." "26.11. saat 2:12: Motorlu taşıt parmaklıkta hasara yol açtı. Bekçi Müller plakayı tespit etmeye çalıştı ama şoför tespit edilmeden kaçmayı başardı, yaz: Bekçi Müller." Güvenlik defterini bir kenara bırakıp kitabımı çıkardım. Yanımda Dostoyevski vardı, *Ecinniler*. Bununla burnunun iyi koku aldığını kanıtladın, diye düşündüm ve ikinci bölümün başlangıcına yoğunlaştım, *Gece*: "Şimdi, her şey sona erdikten sonra bu vakayinameyi yazarken, her şeyin nasıl birbiriyle bağlantılı olduğunu biliyoruz; ama o zamanlar hiçbir şey bilmiyorduk ve kimi şeylerin bize tuhaf gelmesi tamamen doğaldı." *Ecinniler* tekrar tekrar okuduğum kitaplardan biriydi. Birkaç kitabı gerçekten iyi bilmenin, belli belirsiz hatırladığınız birkaç bin kitap okumaktan daha faydalı olduğu düşüncesindeydim. İçerisi yavaş yavaş ısınmaya başlıyordu. Okumayı sürdürdüm.

Birden korkudan sıçradım. Çok yakınlarda bir köpek havlamıştı. Köpekli bir hırsız? Muhtemelen hayır. Kesin İtalyanlara aitti. Ama bu nasıl bir sesti? Bir yerlerden tik-tak sesleri geliyordu. Hafif, metalik bir tik-tak. Kulağa pek sevimli gelmiyordu. Dikkatlice ayağa kalkıp el fenerini kavradım. Bu durumda Dostoyevski ne yapardı? Bekçi, dikkatli ol. Kapıyı araladım, feneri yakıp ışığı fabrika hangarının girişine tuttum. Orada bir sıçan sessizce köşeyi dönüp kaybolmamış mıydı? Kimse bana sıçanlar hakkında bir şey söylememişti, o yüzden var olmadıklarına karar verdim. İtalyanların kaldığı yatakhanede bütün ışıklar yanıyor, şarkılar söyleniyordu. Savaş esirleri böyle şarkı söyler, diye düşündüm,

Sibirya gecelerinde, sole mio, memleket, yıldızlar. Birisi camdan sarkıp bana bir şeyler söyledi. Sonra şişe tutan elini salladı. Ben de el sallayarak cevap verdim. Ama tik-taklar hafiflese de hâlâ duyuluyordu. Kapıyı tekrar kapattım. Tik-taklar daha yüksek sesli hale gelmişti. Bakışlarımı, kulübenin duvarlarını oluşturan tahta perdelere diktim, ta ki benimle oyun oynayanın ne olduğu anlayana dek: bir elbise askısına asılı olan kontrol saati. Saate baktım. Neredeyse on. İlk devriyenin zamanı gelmişti. Kendimi gülümsemek zorunda hissettim. Belki de, sadık kontrol saati, okur ya da uyurken bile tik-taklarıyla devriye zamanını hatırlatan türden, doğuştan bir bekçiydim. Belki de, Germania'da 35 yıl çalıştıktan sonra işten ayrıldığınızda, eski bir kontrol saati hediye ediyorlardı; evde saati yatağınızın üstüne asıp, ileride son uzun devriye yürüyüşünün vakti geldiğinde, "Bekçi, istirahat et," diyecek tanrınıza giderken yanınızda götürüyordunuz. Kasketimi başıma geçirdim, bir kahve daha içip bir sigara yaktım. Görev başında iki saat ve şimdiden kafayı yemeye başlamıştım. Belki bir dahaki sefer yanıma Sartre'ın bir kitabını, gerçekten rasyonel bir kitap almalıydım. *Varlık ve Hiçlik*, bekçinin uykudaymışçasına zaman geçirdiği kitap.

Kontrol noktalarının en azından üçte birini bulmam, neredeyse iki saat sürdü. Geri döndüğümde, eksiksiz bir Germania üniforması giymiş, kır saçlı bir adam masanın başında oturmuş *Ecinniler*'in sayfalarını karıştırıyordu.

"İyi kitap," dedikten sonra kendisini tanıttı. "Bu gece görevdeki kontrolörüm. Siz de yeni adamsınız, değil mi? Her şey yolunda mı?"

"Her şey yolunda."

"Bir şeyiniz yok ya? Muazzam terlemişsiniz."

"Ah, önemli bir şey değil. Kontrol noktalarını bulmakta biraz zorluk çektim de."

"Hımm, her şeyin başı zordur. Her askerin sırt çantasında bir mareşal asası olduğu fikrine hiçbir zaman katılmadım. Sigara?"

Bana bir Roth-Händle uzattı. Elleri bembeyaz ve narindi, parmağına altın bir mühür yüzüğü takmıştı. Zayıf ve kırmızı bir yüzü vardı ve gözkapakları gergince seğiriyordu.

Kontrolör, "Tanrım, o zamanlar Rusya'da bir sigara için neler vermezdik," diyerek dumanı güçlü bir biçimde içine çekti. "Muşikler ağaçların kabuklarını ve yapraklarını içiyordu. Rus kışları... Binbaşıydım," diye devam etti, "Stalingrad önlerinde. Hava burada gerçekten soğuduğunda, eski soğuk şişkinlikleri, sanki 'Babacık, hâlâ Çernişevsk'i ve Dnipropetrovsk'u hatırlıyor musun?' dermişçesine kaşınmaya başlıyor." Ekledi: "Ama burada hava hiç gerçekten soğumuyor."

O kadar üşüyordum ki, deli gibi başımı salladım. Sobayı bacaklarının dibine kadar çekmiş olduğunu gördüm. Isıdan payıma düşeni almak için masaya sokuldum ve devriyemi deftere işledim. Dikkat çekici vakalar: yok. Aslında şöyle yazmam gerekiyordu: Beş kere yolumu şaşırdım. İtalyanlarla yarım şişe Valpolicella içtim. Sert bir biçimde müdahale ederek ve daha da uyanık olarak, bir şişe daha içirerek beni safdışı bırakma girişimlerinin önüne geçtim.

Kontrolör, "Evet, bu Noel," dedi ve kontrol zamanını deftere işledi. "Benim gibi eski bir subayı ayıplayacaksınız ama zaman zaman kendime, toplar sadece bir saatliğine susmuş olsalar da, yegane hakiki Noeli savaşta kutlayıp kutlamadığımızı soruyorum." Eliyle kitabımın üstüne vurdu. "Dostoyevski müthiş yazar. İnsan ruhu erbabı. Artık pek sık okumuyorum –benim yaşımda harfler silikleşiyor– ama okudum mu yalnızca Rusları okuyorum."

Ona parmaklıklara kadar eşlik ettim. Hasarlı tosbağasına binerken dönüp bir kez daha bana baktı.

"Mutlu Noeller, delikanlı!"

Bana bir şey attı. Yakaladım. Bir sigara paketiydi. O halde artık kesinlikle ağaç kabuğu ve yaprak içmek zorunda kalmayacaktım.

Zaman yavaş ilerliyordu. İtalyanlar sessizleştiğinde saat daha ancak ikiydi. Artık gerçekten geceydi, buz gibi gece. Dostoyevski beni artık sadece geriyordu, tüm o karanlık tavırlar, telaşlı bakışlar, bizimkilerin hiddetli münakaşaları ve bir de Stepan Trofimoviç'in yine diz çöktüğü, pek saydıdeğer Varvara Petrovna'daki çaylar. Adımlarımı yere vura vura bekçi kulübesinin içinde dolandım. Bekçi kulübesi! Nöbet tutmak! Ben de mi kafayı yemiştim? Babacık Soğuk'la senli benli? Gerçekten bayağı yol almıştım: İstanbul'daki çatı katından *Zero Zeitung*'un yazı işlerine ve oradan Frankfurt Doğu Limanı'ndaki bu tahta kulübeye. Yazarlıktan part-time bekçiliğe. Benden hiçbir şey olmayacak mıydı? Bernadette'i düşündüm. Onun gibi bir kız, bir şeyler görmese, benimle birlikte olmazdı. Ama bende olan neydi? Birden Seine Nehri'nin doğusundaki en büyük aşığa dönüşmemiştim ya, mon ange, mon amour, nasıl olsundu. Bende ne görüyordu? Kara bayraklı asiyi mi, IV. Enternasyonal'in gelecekteki şef ideoloğunu mu, yoksa sürekli dünyanın tüm cephelerine doğru yola düşen genç Sartre'ı mı? Bunda ters olan bir şeyler vardı. Birden o anda bir başkasıyla yatakta olduğu düşüncesi beni sardı. Şu sosyalist Noelin ne olduğu belliydi. Orada ortam yine şenleniyordu: Sana bilincimi veriyorum. Bu solcular da hippilerden daha iyi değildi, hepsi de kolay sikiş peşindeydi. Denetleme turumu atarken, fabrika hangarının her köşesinde, Troçki'ye benzer bir herifle düzüşen Bernadette'i görüyordum. Her çalışma masasının üzerinde hem Troçki, hem de Mao'yla aynı anda yapıyordu. Bir dehşet üçlüsü. Sikim üniforma pantolonunun sert kumaşına sürtüne sürtüne yara oldu, dünyanın tüm cephelerinden selam.

Sabah yediyi birkaç dakika geçe dikkatlice odamızın kapısını açtım. Bakışım yavaşça yataktan yastıklara doğru uzandı. Saçlarının oluşturduğu kara bayrak kusursuz derecede duruydu. Hızlıca üzerimdekileri çıkarıp yorganın altına süzüldüm. Bana sokuldu ve elini sikime atmadan önce hâlâ şöyle düşünüyordum: Yarın bu koduğumun işini bırakıyorsun, Doğu Limanı'nı, Babacık Soğuk'u, yaprakları ve ağaç kabuklarını. Ama ertesi akşam elimde plastik torbam ve bana geçici tutuklama yapma hakkı tanıyan kimliğimle yine ayaklarımı işe doğru sürüyordum. Önümde aşçı yamağı, yanımda Dimitri yürüyordu. Ülke huzur içinde kaldığı yerden devam edebilirdi.

32

Eski damar virtüözlerinin, dünyadaki her şey için olduğu gibi, alkol için de daima söyleyecek bilgece bir sözleri vardır. İğneden kurtulmak istediğinde, sakın şişeye sarılma, derler; bütün o opiatlar, Pervitin, artık nankörce adlarını bile duymak istemediğin küçük güzel şeyler vücudunu o kadar forma sokmuştur ki, akşamları iki şişe Korn'u* maden suyu gibi devirirsin. Ama, derler bir marzipan topunun simli kağıttan ambalajını kıvırırlarken, vücudunun kaldırdığını kafan da kaldıracak diye bir şey yoktur; kısacası kafayı çekme işine bulaşma – sonuçta sonunun peltek peltek konuşan ayyaşlarınki gibi sabahın beşinde bir ayyaş hücresinde** kendi kusmuğunda boğulmak olmasını istemezsin. Ardından marzipan topunu ağızlarına atıp, son oyuk dişlerindeki artıkları da dilleriyle çıkarana kadar emerlerken, gözbebekleri küçüldükçe küçülür; bir marzipan topu daha aradıklarını düşünürsün ama aslında çoktan bakışlarını gar tuvaletine, bir gün işe koyulan temizlikçilerin sabah erkenden, betondan şehirlerin donuk şafağında onları kollarında son iğneleriyle bulacağı o isimsiz deliğe dikmişlerdir.

Ben içkiden tat alıyordum. Sol içkicilerin buluşma noktalarından biri, şehrin göbeğinde, Kleine Hochstraße'deki, çevresi opera binasının harabesi, borsa, bankalar ve Esrar Çayırı tarafından kuşatılmış Club Voltaire'di. Club Voltaire'e düzgün solcular –saç-

---

* Yüksek oranda alkol içeren, tahıldan imal edilen bir içki. (ç.n.)
** Karakollarda sarhoşların ayılana kadar tutulduğu hücrelere argoda verilen ad. (ç.n.)

larına hafiften kır düşmüş paskalya yürüyüşçüleri, geleneksel SDS'in kalıntıları, şimdi bir kez daha SPD'nin verimli toprağını eşeleyen, sol yelpazenin yarı legal çevrelerinden eski köstebekler– hakim olsa da, ev işgalcisi olarak da kabul görüyordunuz ve bütün bu rock'çılar, part-time'cılar ve çevreleri de ciroyu arttırıyordu. Bernadette, Club Voltaire'den hiç hoşlanmıyordu. Onun gözünde güzel bir akşam, lezzetli ama fazla ağır olmayan bir akşam yemeğinin ardından coşkulu bir tartışma, belki bir film, bir kitap, biraz okuyup öğrenmek ve sonunda uzun, ateşli bir aşk gecesinden oluşuyordu. Bunu anlayabiliyordum, sonuçta yarım gün boyunca kitap satıp, ardından bir seminere, eğitim çalışmasına ya da dil kursuna gittikten sonra; elma şarabı Blues'larıyla anarşist part-time bekçilerin, toplum dışı unsurların yaşadığı mahallelerden gelip naralar atan motorcu birliklerinin ve ikinci gençliklerini geçiren eski tüfek komünist biracıların arasında sıkış tıkış, dumanaltı bir kulüpte beş-altı saat geçirme fikri kesinlikle çekici değildi. Diğer yandan yazmak için malzemeye ihtiyacım vardı.

"Ama hiçbir şey yazmıyorsun ki," diye bağırdı Bernadette. Mutfaktaydık ve kaosun içinde biraz olsun düzen yaratmaya çalışıyordu. Zaman zaman ortam bana Berlin'deki komünü hatırlatıyordu. Lotta Continua'cı İtalyanlar her gün sert önlemler almakla tehdit ediyorlardı.

"Böyle bağırmana gerek yok," dedim. Böyle herkesin ortasında yazarlığımdan bahsetmesi hoşuma gitmiyordu. "İnsanın, daktilonun başına oturmadan önce deneyim kazanması gerekiyor."

"Meyhanede mi?"

"Elbette. Sonuçta oradakiler de insan, değil mi?"

Ocağın üstüne cif döküp, kurumuş yağ birikintilerinin üstünde çalışmaya girişti. Fakat bu, enerjisini bağlamak yerine, yeni enerjileri serbest bırakıyordu.

"Demek bütün bunlar hakkında yazmak istiyorsun. Benim hakkımda da yazacak mısın?"

İki ucu boklu değnekti. Duraksadım. Ancak yazar olarak, yeri geldiğinde hakikati bir aşk gecesinden üstün tutmak zorundaydınız.

"Tabii ki, Bernadette. Bir yazarın kullandığı..."

Belki yine gözlüğümün camları kirliydi; ama sonradan, fırlatışını temiz camlarla görebileceğimden de şüpheliyim. Komünist kadın gruplarında neler öğrendiklerini duyuyordu insan. Muhtemelen Bernadette beni bir el hareketiyle camdan atabilirdi de. Ne olursa olsun, cif kutusu alnımın tam ortasına isabet etti ve gözlüğüme de biraz cif sıçradı.

"Hiçbir şey yazmayacaksın, anlıyor musun? Hiçbir şey! Rien du tout!"* Karşıma dikildi, gözleri kara şimşekler saçıyordu ama belki de bunları sadece kafamda kuruyordum. Artık sadece oldukça bulanık görebiliyordum. "Bu tür edebiyat burjuva, tamamıyla burjuva, compris?** Ve benim hakkımda böyle yazmana göz yummayacağım." Ses tonu değişti. "Seni yaralamadım, değil mi Chéri?"

"Hayır, yalnızca edebiyatı yaraladın."

Cevabım, Bernadette'i bile güldürdü. Hemen aramızda her şey yolundaymış gibi yatağa girmek istiyordu ama benim için o kadar kolay değildi. Ayrıca beni bekliyorlardı. Meyhanede.

İçmek, afyondan, o öldürücü küçük şeylerden çok daha ucuzdu. Club Voltaire herkese açık bir mekân olsa da, fiyatlar ortalamanın altındaydı. Yoldaşlardan utanmaz meblağlar tokatlamak kolay değildi. On mark'a hoş bir sarhoşluk mümkündü, fakat benim için değil. Bünyem alkole aşırı dayanıklıydı. Gece bir civarı içki arkadaşlarımın şarkılarına katıldığımda, içtiğim kesinlikle birkaç bira ve Schnaps'tan ibaret olmuyordu. Club Voltaire'in barında rağbet gören artık "Mr. Tambourine Man"

---

* (Fr.) Hiçbir şey! (ç.n.)
** (Fr.) Anladın mı? (ç.n.)

ya da "It's a Hard Day's Night" değildi; orada konuya doğrudan giriliyordu: "Den Karl Liebknecht, den haben sie verraten, die Rosa Luxemburg, die lag in ihrem Blut..."* Aslında sözlerini tam bilmediğimizden, doğaçlama yapıyorduk ve o zaman, Baader ve Meinhof isimlerini ağzımıza almamız, paskalya yürüyüşçülerinin ve sendika stratejisyenlerinin içten içe rahatsız olup olmadıklarını hissetmek için yeterliydi. Onları RAF'la kışkırtabiliyordunuz. Şikayetçi olurlarsa; o zaman işte zavallı bir sarhoş, kurumlar içinde uzun yürüyüş esnasında yolun kenarında yığılıp kalmış ve ne yazık ki geride bırakılmak zorunda olan toplum dışı unsurlardan biri oluveriyordunuz. Ancak beni hep özellikle delici bakışlar hedef alıyordu. İster yayıncı ya da editör olsun, ister kodaman ya da oportünist, hep aynı çevreden, işleyen kültür sınıfındandılar. Ve karşılarına ister arzulu yazı kölesi ya da cut-up junky'si olarak çıkayım, ister yoldaş ya da arkadaş; onların gözünde bir ajan provokatörden, yapı tasarrufu sözleşmelerini, makamcıklarını ve karılarını korumak zorunda oldukları karanlık güçlerin bir ajanından başka bir şey değildim.

Bir buçukta nihayet hesaplar ödendi. Dışarıda çamurlaşmış kirli kar, opera binası harabesinin önünde son tramvay, sürünerek parmaklıkların arasından geçmeye çalışan bir berduş. Üç kişiydik: ben, aşçı yamağı ve üniversiteden nihai olarak atılmadan önceki son sömestrinde son burs çekini içkiye yatıran, otuzlarının başlarındaki başarısız bir üniversite öğrencisi olan Fritz. Fakat ocak ayının sonuna gelmiştik ve kitaplarının çoğu, mobilyaları ve tost makinesi gibi çek de çoktan gitmişti.

"Lanet olsun, ben hâlâ içkiye susamış durumdayım."

Kutsal sözleri kimin söylediğinin önemi yoktu. Hep sanki bir koro konuşmuş gibi olurdu. Zaten içkiye susamak da sadece yaşamakla eşanlamlıydı. Belki biraz kuşkuluydu ama aynı zaman-

---
* "Karl Liebknecht'e ihanet ettiler, Rosa Luxemburg yatıyordu kendi kanında..." (ç.n.)

da bu saatte bir şey ifade eden yegane eşanlamlısıydı; ve iğneyi betimleyen küçük ölüm karşısında cazip bir değişiklik olduğunu düşünüyordum.

Fritz, "Bildiğim bir yer var," dedi. Kırmızı burnu, gözenekli parşömen rengi yüzünde bir yabancı madde gibi göze batıyordu.

"Bu saatte Orospuların Louis de kapalıdır."

"Evet ama bodrumdakilerde belki hâlâ bira vardır. Aslında onlarda neredeyse her zaman bira olur."

"Hangi bodrumda?"

Aşçı yamağı, "Ah, mahpuslar," dedi.

"Hangi mahpuslar?"

"Şey, evlere sokmadıkları ayaktakımı. 95 numarada bir bodrumları var."

95 numara bir blok ötedeydi ve bizimkilerden biraz daha titiz olan gruplar tarafından işgal edilmişti.

Fritz, "Bu görmen gereken bir şey, moruk," dedi, "Dostoyevski'deki gibi."

Aşçı yamağı, "Ama şimdi benim içmem lazım," diye haykırdı. Opera Meydanı'nı geçtik, Bockenheimer Straße'ye saptık. Köşede birkaç dükkan vardı. Şarap şişesi dolu bir vitrini işaret ettim.

"Burada yeterince var," dedim. İkisi de durdular. Birkaç metre ileride bir inşaat çukuru vardı. Frankfurt, inşaat çukuru doluydu. Dolu vitrinler, dolu inşaat çukurları, her taraftan ihtiyacınızı karşılamaya davet ediliyordunuz. Vitrin çoktan şangırdamıştı bile. Yoldaki az sayıda araba sükunet içinde yola devam ediyordu; ama bir yerlerde bir ışık yandı, birisi gecenin içine bir şeyler bağırdı. Aşçı yamağı küfretti. Elinden kan fışkırıyordu. Fritz kırmızı şarap şişesini elinden aldı ve kaçmaya başladık. Birden yakınlardan bir yerlerden siren sesi gelmeye başladı. Devriye arabası. Kettenhofweg'e girerek kaçtık. Aşçı yamağı, yenini kanayan eline bastırıyordu. Fritz yeni bir binanın karanlığında ortadan kayboldu. Burada bir banka şubesi, yakında diğer 1799 banka şubesiyle rekabete girmek istiyordu. Bir betoniyerin arkasına sindik. Bir gazete hışırdadı.

Burada kolonun arkasında yatan birisi vardı. Bir evsiz. Gazeteyi kendini korumak istercesine kaldırmıştı. "Şşşt, sessiz ol!" Devriye arabası yavaşça geçip gitti. Sireni susturmuş, sokakları arayıp tarıyorlardı. Eğer sıçtığımın kanı, sıçtığımın karına damlamışsa işimiz bitti, diye düşündüm. Devriye arabası köşeyi dönüp gözden kayboldu. Fritz şişeyi çoktan açmıştı. Evsize de ikram ettik ama o istemedi. Belki de yeşilaycıydı. Frankfurt'ta her şey mümkündü.

Aşçı yamağının kanaması durmamıştı. O yüzden, yarasını üstünkörü sardıktan sonra onu evde bıraktık. Az önce mahalle çalışmasından dönmüş olan İtalyanlar, keskin bir biçimde sarmısak kokuyordu ve sanki önümüzdeki pazarı dünya devriminin başlama tarihi olarak saptamışlarcasına bir surat ifadesi takınmışlardı. Muhtemelen yine bir Osso buco'nun zamanı gelmişti. Onlara şüpheli bir hikaye anlatıp, aşçı yamağını yanlarında bıraktık. Yanında devrimci bir fırça yemiş olsa da, bir Grappa ona kesin iyi gelmiştir.

Schumannstraße'ye kadar olan kısa mesafeyi sorunsuz arkamızda bıraktık ama sonra Bockenheimer Landstraße – Zeppelinallee kavşağından geçip bize doğru gelen devriye arabasını fark ettik. Çok yavaş ilerliyordu. Tabii yürümeye devam ettik ve Schumannstraße'ye saptık. Ancak insan takip edildiğini hissettiğinde, gece şehirdeki çok sayıdaki ışık, iş hanlarının ve enstitülerin cephelerindeki garip ışıklar dikkatini çekiyordu. Bunların hepsinin iş arkadaşım olması imkansız, diye düşündüm, yoksa Germania gelişen sektörler içinde bir dev olurdu.

"Arkamızdan geliyorlar mı?"
"Evet."
"Sakın gerilme," dedi Fritz. "İyi ki efendi bir görüntümüz var."
"Efendi mi?"
"Eh, uzun saçlı değiliz, Mao rozeti takmıyoruz."
"Yani bu kadarına da efendi görünmek diyorsan..."
Devriye arabası, tekerleri gıcırdayarak yanımızdan geçti. Şoför dönüp bize baktığında, Fritz elini kaldırıp kayıtsızca el salladı. Şo-

för yanındakine bir şeyler söyledikten sonra, bu defa da o dönüp bize baktı. Genç yüzlerdi, genç ve belirsiz. Yollarına devam ettiler.

"İşte," dedi Fritz. O da Pfalz'lıydı. Schumannstraße'de karşıdan karşıya geçtik. Burada bir işgal evinin avlusu vardı. Ot öbeklerinin, çalıların arasında, dolup taşan çöp bidonları ve portakal kasaları. Ortalık çöp, benzin, ıslak kağıt ve sidik kokuyordu. Birisi, pas tutmuş bisiklet parkının yanında durmuş evin duvarına sidik torbasını boşaltıyordu. Durup saygıyla onu izledik. Bodrumdan boğuk bir müzik sesi geliyordu. Sonra herif işini bitirip bize döndü. Üzerinde lime lime bir kot, çizme ve deri yelek olan, uzun boylu bir adamdı. Kaslı kolları, bileklerine kadar dövmeliydi. Fritz onu tanıyormuş gibi gözüküyordu. Selamlaşmaları resmiydi. Fritz canımızın bir şeyler içmek istediğini söylediğinde, herif dişlerini göstererek gülümsedi.

Uzun, "O zaman güzel barımıza gelin bakalım," dedi. Kaygan basamaklardan bodruma indik. Aşağısı daha yoğun kokuyor olsa da, artık kokuları birbirinden ayırt etmek mümkün değildi, insanın başını döndüren tek bir koku vardı, şehrin bağırsaklarından gelen bir koku. Bir zamanlar çamaşırhane olan mekânı güçsüz, küçük bir lamba aydınlatıyordu. Her tarafa serilmiş döşeklerde it kılıklı karanlık simalar uzanmış yatıyordu. Kasetçalar eski bir Stones şarkısı çalıyordu: "Out of Time." Bir koridorda uzun saçlı ve omuzlarının yerinde birer et yığını olan iriyarı bir herif, tehditkar bir biçimde, üzerinde garson ceketi ve uzun külot olan, koyu tenli, ufak tefek bir adamın başına dikilmişti.

Uzun, "Macar'ı rahat bırak," diye emretti. Et yığını homurdana homurdana geri çekildi. Uzun, burada sözü geçenlerden biriydi belli ki. Nereye giderseniz gidin, bir merkezde sözü geçen bir çevre, bir de dış çeper vardı ve Macar gibiler her yerde son güçleriyle en dışa tutunmaya çalışanlar arasındaydı. Uzun, kapıyı iterek açtı, onu takip ettik.

Bodrumda kalorifer borularının geçtiği odalardan birinde olduğumuzdan, hava olağanüstü sıcaktı. İlk olarak, tamamen gazete kupürleriyle –sayısız türlü çeşit göğüs, baldır, göt, surat, çıplak kol, bacak, ayak, göbek, göbek deliği, ayak parmağı, dudak, burun, kulakla– kaplı bir duvar gördüm. Bunları, burada olduğu gibi, birbirine yapıştırdığınızda, onlara bir şekilde hayat veriyordunuz; çünkü duvar adeta bir kalp gibi çarpıyor, dalgalanıyor, titreşiyordu. Diğer duvarları inceleyince yutkundum. Odanın tamamı, resimli dergi etleriyle dekore edilmişti. Mümkün olabilecek en çıplak duvar gazetesiydi. Gözlüğümü temizledikten sonra, Uzun beni sanatçıyla tanıştırdı. Kovboy püskülleri olan bir süet ceket giyip, üzerinde kuş tüyü olan bir Tirol şapkası ve gözlerine kurbağamsı bir hava veren kalın camlı bir gözlük takmış, çelimsiz, sarışın bir oğlandı. Yüzü, birbiriyle uyumsuz farklı parçalardan biraraya getirilmiş gibiydi ve güldüğünde dişlerinin çoğunun eksik olduğunu görüyordunuz. Ona Fuzzi adını vermişlerdi; birisinin sokakta bulup getirdiği kanepeye oturmuş, okunmaktan yıpranmış dergilerin sayfalarını karıştırıp pis tırnaklarını törpüleyen bir çirkin ördek yavrusu olan sevgilisinin adıysa Trixi'ydi. Ekibin geri kalanı, dövmeli kaslardan, kaba sözlerden ve bira kokan ağızlardan oluşuyordu. Fritz'le ben arka planda kalmaya çalışıyorduk ama Fuzzi bizde ruh ikizlerini keşfettiğine inanıyordu. Hemen, mülteci kampından yetiştirme yurduna, oradan ıslahevine ve nihayet kendini evinde hissettiği bu bodruma –kolajlarının aksine– yalnızca kırılmalar, delikler ve beyaz lekelerden oluşan hayatını anlatmak zorunda hissediyordu kendini.

"İlk gerçek evim," diye açıkladı, "ve tamamen kendim döşedim." Gururla kanepeyi, koltukları, küçük kilimi, paslı buzdolabını, komodini gösterdi; "Buraya çocuk eşyalarını koyacağız, değil mi, Trixi?" ama Trixi bakışlarını kırılmış tırnağından ayırmadı, "ve buraya da kitap rafı, bir kitap rafına ihtiyacım var benim," yine çöplükten alınma olan kitaplıkta özenle dizilmiş Komiser-X kitapları, Jerry Cotton'lar, bin kişinin elinden geçmiş Edgar Wallace ve Mister Dynamit nüshaları, kısacası önde gelen kültür eleştirmenleri tarafından edebiyat çöplüğüne atılmış şeyler mevcuttu. Eh, toplum tarafından başından itibaren çöp ilan edilmiş insanların Marcel Proust'tan hoşlanmaları da pek beklenemezdi zaten.

"Bak moruk," dedi Fritz alçak sesle, "sana fazla bir şey mi vadetmişim? Dostoyevski'deki gibi." Ama Dostoyevski'deki gibi olmadığını ve buraya ait olmadığımızı biliyordum. Herhangi bir insan buraya ait olabilir miydi? Bira bitmişti.

Araba hırsızlığı yaşantısından hikayeler anlatan Uzun, "Bu sefer sen gidiyorsun Fuzzi," diye emretti. "Sonra da nihayet ben de Trixi'ye çakabilirim di mi Trixi? O da artık gerçek bir erkeğin ne olduğunu öğrensin diye."

Hiçbir şey duymamış gibi gözüken Trixi hariç herkes görev icabı güldü. Fuzzi çizmelerini giydi. Evde terlik giyiyordu. Ona eşlik etmeyi teklif ettim. Sıcaklık canıma okuyordu ve bir rock'çı, Fritz'e bisiklet zincirini en iyi nasıl kullanabileceğini gösteriyordu. Bodrumda el yordamıyla yolumuzu bulmaya çalışırken, bölmenin birinden sanki birisi öldürülüyormuş gibi bir inleme sesi geldi. Durup bekledim ama Fuzzi ceketimin kolundan tutup çekti.

"Sadece ceviz kırıyorlar," dedi.

Dışarıya ulaştığımızda, "Peki Trixi ne olacak?" diye sordum.

"Uzun'un boş laflarından başka bir şey değil," dedi Fuzzi.

"Ayrıca, öyle bile olsa, Trixi'nin fazla bir şey fark edeceğini sanmam. Sen ne dersin?"

Ne söylemem gerektiğini bilmiyordum. Senckenberg Parkı'nı geçtik. Karşımıza bütün gece açık olan bir benzinci çıktı.

Fuzzi, "Burada şu güzel sekizli Pilsen paketleri var," diye açıkladı.

"Ama ben meteliksizim," dedim.

Fuzzi, "Ben de," dedi, "ama önemli değil. Benzincinin seni görmemesine dikkat et."

Bir rafı doldurmakta olan benzincinin görüş menzilinin dışında kaldık.

Fuzzi, "Görüyor musun?" diye fısıldadı, "orada, girişin yanında duruyor sekizli paketler, az önce sevk edilmişler. Bir araba benzin almak için yanaşıp, benzinci dışarıya çıktığı anda, içeriye süzülüp kartonları kapacağım. Beni fark ederse, dikkatini başka bir yöne çekmelisin ki, birayı eve ulaştırabileyim. Birasız dönersek iyi olmaz."

"Dikkatini başka bir yere çekme işini nasıl yapacağım ki?"

"Aklına bir şeyler gelir artık. Sen de susadın, değil mi?"

Haklıydı. Uzun bir süre sonra bir araba, pahalı bir BMW, pompaya yanaştı. Benzinci dışarı çıktı, şoför de ona bir şey söylemek için arabasından indi.

Nefesleri soğuk ışıkta bir sis örtüsü oluşturuyordu. Fuzzi eğilerek, karanlığın içinde adamların arkasından sessizce süzüldü. Nefesimi tuttum. Kapıya varmıştı. İki sekizli paket kaptığını ve çaktırmadan Senckenberg Parkı'na doğru eğilerek ilerlediğini gördüm. Western'ler ve Vietnam filmleri, Fuzzi'nin hayatında da iz bırakmıştı. Ancak yola ulaşıp dik yürümeye başladığında, ben de koşmaya başladım. Elbette hemen dikkati çektim.

"Hey, orada ne yapıyorsun? Herif burada gizlice dolanıyor."

Fakat çoktan fazlasıyla uzaklaşmıştım. Geri döndüğümüzde, üzerinde garson ceketi olan Macar'a rastladık. O arada dayak yemişti. Yanakları kan içindeydi. Fuzzi'nin ona bir bira vermesini takdir etmek gerekiyordu; çünkü alkol ikmali olmadığından, odasında keyifler sıfırın altında seyrediyordu. On beş dakika sonra on beş şişe de bitmişti. Bir süre sonra yatağa girdiğimde, Bernadette'in bu gece başka bir yerde uyuduğunu fark etmek için tam bir dakikaya ihtiyaç duydum.

33

Odamda yere uzanmış, zamanında Bärbel'den yürüttüğümden beri, yine dolu olmayan eski bir Röhm gaz tabancasıyla beraber yanımda taşıdığım tabancayla oynuyordum. Bernadette'in silahları şimdiye kadar keşfetmemiş olması iyiydi. Kolayca mermi alıp, karna sıkmalı ve *Nachtausgabe*'de manşet olacak – "Şimdi de birbirlerine ateş ediyorlar – İşgal evleri patlamaya hazır bomba gibi!" – bir kıskançlık dramı sahneleyebilecek çaptaydı. Çeyrek Korsikalı olduğundan, bunu yapmakta haklı olduğunu bile hissedebilirdi. Gerçekten de bir ilişkim vardı. Club Voltaire'den, bana adeta taparcasına aşık olan on yedi yaşında bir kız. Ufaklık gerçekten tatlıydı. Ona benim de bir erkek olduğumu göstermek için doğru fırsatı bekliyordum.

Kapı açıldı, silahı yatağın altına sakladım. Üst katlardan iki herifti. Suratlarındaki asık ifadeden, meslekten men cezaları hakkında ne düşündüğümü sormak istedikleri anlaşılıyordu. Kampanya kısa bir süre önce başlamıştı. Bir dünya fazla mesai daha. Ama ilk açtıkları konu, bu önemli ziyaretin tek nedeni olamazdı. O konuda söyleyecek fazla bir şey yoktu.

Delegasyona, "Bu konu hakkında konuşmayı reddediyorum," diye açıkladım, "ve bu, bu kattaki herkes için de geçerli. Bu İtalyanlar belki proletaryanın gerçek öncüleri olabilir ama bizim için sadece ve sadece su katılmamış züppeler."

Bana "Evet ama gece gündüz politik çalışma yapıyorlar," diye cevap verdiler, "peki siz ne yapıyorsunuz?"

"Biz de gece gündüz politik çalışma yapıyoruz," diye temin ettim onları, "sadece çalışmamız biraz farklı. Bilindiği üzere, devrimin birçok babası var ve birçok babası varsa, o zaman elbette birçok da çocuğu var. Molti bambini, capito?"*

"Bu birçok babalı söz kimin?"

Tipik üniversiteliler, yalnızca alıntılar biçiminde düşünüyorlardı.

"Elbette Troçki'nin, kiminle birlikte yaşadığımı sanıyorsunuz ki?"

"Bernadette'le aranız nasıl?"

"Bakunin'in hoşuna gideceğinden daha iyi ama bundan size ne ki?"

"Şey, artık şu kadın grubuna katıldı ya."

"Benim için hiç sorun değil," diye yalan söyledim. "Ama esas gelme sebebiniz nedir?"

Nihayet dilleri çözülmüştü. Konu, komşum olan Komünist Öğrenci Birliği üyesi sarışındı. Pezevenk Fred'le ilişkisi –ancak misafirlerim, pezevenk kelimesini başka, dolambaçlı ifadeler ile anlatmışlardı– Cermen sertliğinin çiçek açmasına yol açsa da, yoldaşlar bunu öylece kabullenmeye hazır değillerdi – KSV'lu ve aşüfte, böylesi kabul edilemezdi. Herifle kişisel bir dertleri olduğundan değildi –sonuçta paraya kıyıyordu, bir süre şampanya su gibi akmıştı–, sistem ile kurbanlarını birbirinden ayırmayı biliyorlardı ama buradaki mesele başkaydı: Herif kasa hırsızı olsa tamamdı, mesele değildi. Ama aşüftelik? Hem de şimdi, tam da kadınlar politik mücadelede böyle bir rol oynarken. Kadın grupları manalı manalı öksürmüşlerdi, zaten üyelerini elinden kaçırmakta olan KSV yönetimi de kazan kaldırmıştı ve burada, evdeki hava da artık taze aşk saadetine kesinlikle karşıydı. Ya bir gün kaldırımda işe çıkmaya başlar da, basın da bundan haberdar olursa! Sonuçlarını hayal etmek bile zordu.

"Evet de, ben ne yapayım?"

"Onunla konuşmak zorundasın. Seni dinler."

---
* (İt.) Birçok çocuk, anladınız mı? (ç.n.)

"Beni mi? Çıldırmışsınız siz. Sadece müziğin sesini kıssın diye kapısını yumrukladığımda dinler beni. Bazen de tam tersi." "Ama senin, nasıl söylesek, bu çevreyle belirli bir ilişkin var, sen de onlarla, nasıl desek, bir şekilde bağlantılısın..." "Ah, öyle diyorsunuz demek." Ayağa kalktım. Bu insanlarla ev işgal etmiş, gülmüş, içmiş ve kavga etmiştim, yani belki de belirli bir anlamda mücadele vermiştim; ve şimdi, sözde annebabalarının olduğu şey, yani düşürdükleriyle ilişki kurmaktan korktukları kadar hiçbir şeyden korkmayan ödlek küçük burjuvalar oldukları ortaya çıkıyordu. "Üzgünüm," dedim, "kendi pis işinizi kendiniz görmek zorundasınız." Yatağın altından tabancayı çıkardım. "Ondan sonra sıranın kısa bir süre içinde bana geleceğini tahmin ettiğimden, anarşistlerin hoşlarına giden bir yerden mücadele etmeden atılmayı kabul etmeyecekleri konusunda sizi şimdiden uyarayım." Silahı belime takıp, sanki sevdiğim ama ne yazık ki kirlenmiş bir nesneye veda edermişçesine odada etrafımı inceledim. "Tabii hâlâ burada oturmaya devam etmek, midemi de bulandırabilir."

Giderkenki bakışları, bunun yakında gerçekleşeceğini gösteriyordu – şu ya bu şekilde. Gertrud tabii ki taşınmadı. Onun yerine, şık spor arabası, pahalı giysileri ve küçük maymunuyla Fred'den ayrılmayı tercih etti. Artık onunla tek kelime bile konuşmuyordum ve müziğin sesini fazla açtığında, ben de Bernadette'in pikabının sesini daha da fazla açıyordum. Kısa bir süre sonra KSV'dan ayrıldı ve Bernadette'in kadın grubuna katıldı.

Susuzluğum gittikçe artıyordu. Haftada üç gece nöbetteydim, diğer dört günü çoğunlukla meyhanelerde geçiriyordum. Ama beni cezbeden aslen bira değildi. Bu tür meyhaneler benim için yeniydi. Bockenheim'ın, insanın gündüzleri yarı karanlıkta eski bira flamalarıyla futbol posterleri arasında emekliler, ev kadınları, yalnızca arada sırada çalışanlar, küçük orospular ve kötürümlerin arasında, bira, Korn, sidik, dana sosisi, hardal ve sigara kokularından oluşan buğuda oturup, akşamları işçiler ve esnaflar süslenip püslenmiş karılarıyla birlikte içmeye gelip, üniversite öğrencileri ve şürekalarının kolay kolay yer bulamadığı ucuz meyhaneleri. En iyisi, Bockenheimer Warte'de tramvay deposunun karşısındaki, her kesimden içkicilerin her akşam bira köpüğünde sınıfsız toplumunun ruhunu keşfettiği ve kapanma saatinde orada unuttuğu Orospuların Louis'nin yeriydi.

Günlerce oturup izleyebilir, laflayabilir ve sigara içebilirdim, yıllarca junky'lerin bitmek bilmeyen monoton nakaratlarını, iğnenin Nirvana'sının dünyadaki yegane anlam olduğunu ilan eden zırlamalarını dinlemiştim. Şimdi de asilerin devrimini, kendini dünyevi bir şey olarak sunsa ve bunu milyonlarca ölüyle belgeleyebilse de, yine bir Nirvana'yı dinliyordum. Ama artık ölüm ilgimi çekmiyordu, bira ve gülmek istiyordum ama en çok da kızları istiyordum. Onların ilgisini çekmek için hiç bu barlarda, batakhanelerde, büfelerde ve öğrenci meyhanelerinde olduğu kadar uğraşmamıştım. Gözlerinin çevresi fantastik bir siyahla çekilmiş Bilka satıcıları, siyah sigaralara ve oral sekse düşkün yorgun kütüphaneciler, Güney Pasifik'te tatil hayali kuran ve üç çocuk büyüten, tırnakları mavi ojeli teknik ressamlar. Yalnızca nadiren biri beni yatağına alıyordu; ama var olduklarını, milyonlarcası gibi, iki şeker attıklarını ve dana sosisinin suyu bulaşmış parmaklarını yaladıklarını görmek, bilmek, beni büyük bir tatmin ve şiddetli bir beklenti haline sokmaya yetiyordu. Beni sarhoş ediyorlardı. Nihayet mesele aşk değildi, bir sarhoşlukta, çılgın, şeytani bir numarayla aşktan da kurtulmuştum, bilinçten de. Üç, dört kadın arzuladığınızda, elde ediyordunuz da, aşk sadece rahatsız ediyordu, tıpkı aptalca tarihin anlamını arayış gibi. Bir anlam yoktu, yalnızca cinayet, katliam, iniş ve çıkışlar vardı. Kadınlar da yukarıda olabilirdi; önemli olan, altlarında benim olmamdı. Üşütmüştüm, nihayet labirentten çıkma yolunu bulduğuma inanıyor ve artık yazma konusuna da kafa yormuyordum.

Yalnızca Anita'yla işim daha zordu. Belki iki yaş daha büyük gösteriyordu ama aslında ancak on yedisindeydi ve Kaufhof'taki çıraklığının ilk yılındaydı. Işıldayan kestane rengi uzun saçlar, koyu gözler, dikkat çekici bir burun, hep hafif açık, dolgun dudaklar. Dar kazağının altından şekilli, iri göğüsleri kendini gösteriyordu. Dar siyah pantolonun altında ne olduğunu, uzaktan bile sezebiliyordunuz. Sezmek beni zayıf düşürse de, şimdilik daha fazlası olanaklı değildi. En azından ağzı şimdilik öyle söylüyordu. Ellerinin bir şey söylemesi bayağı zaman aldı ve o zaman da ben ne demek istediklerini anlamadım. Muhtemelen kendileri de bilmiyordu. Yatağıma yatmış öpüşüyorduk. Öpüşmemiz neredeyse yarım saat sürmüştü ve Bernadette'in her an üniversiteden, kadın grubundan, tarihin merkez komitesinden ve ihraç edilmemi öneren başvurunun görüşüldüğü aşkın politbürosundan geri dönmesi lazımdı. Ellerim nihayet Anita'nın kazağının altındaydı. İpeğimsi bir şey vardı orada ve daha yukarılarda iki tümsek, bir sütyenin sımsıkı sardığı kudret helvası. Göğüs uçlarını hissettiğime inanıyordum. Başlamakta olan çılgınlık anları. Ardından Anita gözlerini kapattı, kalınca maskara çekilmiş kirpik perdesini indirdi ve aynı anda dilimi ağzının içine alarak emdi, hâlâ her şeyin başladığı ve devam ettiği, tramvaylar raydan çıkıp, rüzgar kara bayrağı düzerken devam ettiği o mağaranın daha derinlerine doğru, gittikçe daha sıkıca. Ellerim çoktan Anita'nın pantolonunu açmakla meşgul, başım reklamın vadettiği kadar güzel kokan saçlarının arasında bir yerlerdeyken, birden dişlerini boynumda hissettim ve havasız kaldım, haykırdım ama Anita'nın birden durması bu yüzden değildi. Yatakta dizlerimizin üstünde birbirimize sarılmıştık ve o gözlerini kapıya dikmiş bakıyordu. Dudakları seğirdi. Neyse, diye düşündüm, buraya kadarmış, şimdi tasfiye edildiğimi, dışarı atıldığımı ilan edecekler, hâlâ beni duvara dayayıp kurşuna dizmemiş olmaları bir şans, hani duvarları olmadığından da değil.

Fritz'in, "Devam edin siz, sadece bira içmeye gideriz diye düşünmüştüm," dediğini duydum. "Az önce kiliseye kabul ayini kıyafetimi okuttum da."

"Oh evet, bir bira iyi giderdi şimdi," dedi Anita, tatlı bir biçimde gülümsedi ve boynumdaki ısırık yarasına bir öpücük kondurdu.

Fritz Grüneburgpark'ın karşısındaki kısmen döşeli bir çatı katı odasında kalıyordu. Üç aydır kirasını ödemediğinden, ev sahibesi ortak kullanılan banyonun anahtarını elinden almıştı. Ama şaşırtıcı bir biçimde Speedy'nin yandaki odayı kiralamasına izin vermişti. Speedy, alkoliklerin tedavi edildiği bir sanatoryumda sonuçlanmış bir evliliğin ürünüydü ve Höchst, Rockenberg ve Butzbach'da* uzun molalarla alışılageldik bir "kamulaştırma" kariyerine sahipti. 1969-70'de Baader-Meinhof lümpen proletaryanın kafasında toplumsal devrim ateşini tutuşturmaya karar verdiğinde, Andreas Baader ona bir defasında bir bira ısmarlamıştı ve o gün bu gündür Speedy yeraltından gelecek işareti bekliyordu: "Bana ihtiyaç duyduklarında hazır olacağım." O zamana kadar düzenli bir işte çalışmaya değmeyeceğinden –iş bulamayacağı zaten tecrübeyle sabit olduğundan–, siyasi gruplardan gelen ekmek kırıntılarından, yürüttüğü yumurtalardan ve gelecek hafta kredi alacağı umudundan besleniyordu.

Zarfa pul yapıştırırken, "İşte," dedi, "bu şimdi Essen'e doğru yola çıkacak, yepyeni bir şey: 'Eve teslim tedarik.' Kurye on binle geliyor."

"Ne tedarik etmek istiyorsun, Speedy?"

"Evet, orospu çocukları tabii mutfak dolabı alacağımı sanıyor. Evlenmek istediğimden diye yazdım onlara. Ama parayla uzi alacağım, İsrail malı hafif makinalılardan, piyasadakilerin en iyisi. Bağlantılarım var."

"Uzilere neden ihtiyaç duyuyorsun ki?"

---

* Üçü de cezaevi. (ç.n.)

"Ay, Harry, şamata çıkıp da Andreas bana haber saldığında, elimde tırnak makasıyla ortaya çıkamam ya!"

Dünyadan bu kadar bihaber olmama şaşırmış halde kafasını bir o yöne, bir bu yöne sallayarak, üstüne vura vura iyice yapıştırdığı zarfı bir kez daha baştan sona gözden geçirdi. Eserinden memnun gözüküyordu. Bir günü daha anlamlı bir faaliyetle geçirmişti.

Speedy'nin hikayelerinden artık gına gelen Fritz, "Gerçekten sana 10 bin mark'ı öylece getirip vereceklerine inanıyor musun?" diye sordu. "Lan Speedy, güvence gösterecek en ufak bir şeyin yok!"

"Sen öyle san. Devrimden sonra kuruşu kuruşuna alacaklar paralarını, hem de faiziyle. Tabii o zaman para tamamen tadavülden kalkmış olmazsa ama o durumda da paraya ihtiyaçları kalmaz zaten."

Speedy bu kredi kuruluşundan da cevap alamadığından odasını bırakıp, ev sahibesinin haberi olmaksızın Fritz'in yanına taşınmak zorunda kaldı.

"Sadece Andreas beni çağırana kadar."

Ama Andreas işi ağırdan alıyordu ve ikili en azından her akşam yeterince bira alabilecek kadar para bulmakta gittikçe daha çok zorlanıyordu. Dominikan manastırındaki sosyal yardım kurumunda, alabilmek için yalanları makinalı tüfek gibi sıralamak gereken yemek kuponları vardı; ama süpermarketler kupon karşılığında alkol vermeme hususunda kesin talimat almışlardı ve insan, evhamlı Türkler ile onlardan da evhamlı üniversitelilere yarı fiyatına ringa mezesi ve geleneksel sosis konservesi okutana kadar, geceleri öğrenci yurdundaki buzdolaplarını da yağmalayabilirdi. Halkın gelecekteki eğitmen, yönetici ve asalaklarının Lambrusco'dan bu kadar hoşlanması iyiye alamet değildi. Bu arada o kadar yorgun düşmüştüm ki, bekçiliği iki geceye indirmek zorunda kalmıştım ama o iki gecenin bile güçlükle üstesinden geliyordum.

Fritz ile Speedy'ye, "Ama bu iyi bir iş," dedim, "en azından kesinlikle sosyal yardım kurumunun kuponlarını okutmaya çalışmaktan daha iyidir."

Fritz, "Ölürüm daha iyi," dese de; Speedy hemen koşa koşa gitti. Romantikler olmadan hayat nasıl olurdu? İki saat sonra geri döndüğünde kendinden geçercesine küfrediyordu. Hegel onu polis çağırmakla bile tehdit etmişti.

"Neyi yanlış yaptın ki acaba, Speedy? Normalde herkesi alıyorlar."

"Hiçbir şeyi yanlış yapmadım ben! Hıyar herifler! Hatta mesaiye kalmayı seviyorum ve gidip elinizdeki en tehlikeli şeylere, IG Farben'a, Amerikalılara, atom zımbırtılarına, her şeye bekçilik yaparım da dedim! Buraya kadar da iyi gitti zaten, tecilli cezam olduğunu onlara çaktırmadım tabii ama sonra herif bana şu üniformayı ve el fenerini verdi, ben de, işte, dedim ki, bir de silah verseniz, uzim olmadan gidip elektrik santralinizi koruyamam ki!"

Arada sırada hâlâ Bernadette'le mum ışığında bir akşam geçiriyorduk; kırmızı şarap, Janis Joplin, şimdi artık çoğunlukla bir eşarbın altına gizlediği siyah saçları yeniden açılmış.

"Neyin var, Chéri? Kendini neden böyle bırakıyorsun?"

"Kendimi bıraktığım falan yok. Sadece yeni şeyler deneyimliyorum."

"Ama başka deneyimler de yapabilirsin."

"İnsan buna her zaman kendisi karar veremez."

"Bilakis, Chéri, insan buna kendisi karar verebilir, sonuçta bir bilincin var."

Yine başlıyordu.

"Nedir bu bilinç, bilmiyorum."

"En azından bu binayı işgal ettiğinde kesinlikle bir politik bilincin vardı."

"Öyle mi? Belki de sadece beleşe oturmak istemişimdir. Belki de sadece senin için buraya taşınmışımdır. Belki aklıma yapacak daha iyi bir şey gelmemiştir."

"Kendini olduğundan daha kötü gösteriyorsun, Chéri."

"Neden tersini değil de bunu yaptığımızdan emin olmadığımı söylemekle neden kendimi olduğumdan daha kötü gösteriyor olayım ki?"

"Marksizm..."

"Marksizme sıçayım, Bernadette. Neden birlikte buralardan gitmiyoruz ki, benim tekrar yazabileceğim ve hayatın ne olduğunu keşfetmeye zamanımızın olacağı herhangi bir yere, mesela Fransa'ya?"

"Diyelim ki bana sandığın gibi sahip olabilirsin, nasıl geçineceğiz peki?"

"Ah, insan hep bir şeylerden geçinir. Gece bekçilerine her yerde ihtiyaç var. Hem ileride bir gün yazarlıktan geçinebilirim."

"Biliyor musun, Chéri, seni hâlâ seviyorum. Ama kendini böyle akıntıya bırakan, ayakları yere basmayan, bilgiye ulaşmak yerine, sorumluluk sahibi olmadan öylece yaşamak isteyen birisiyle birlikte yaşayamam. Onu kavramak ve şekillendirmek istemediğinde, yaşam anlamsız ve aptalcadır."

Hepsi aynıydı, komünistler, Naziler, ebeveynler, kilise, edebiyat eleştirisi, kültür-sanat sayfaları, başyazı, devrimci mücadele, RAF, das Kapital, televizyon, Club Voltaire, pasifizm, gerilla, Mao, Troçki, Kızıl Hücre – Hukuk, underground ve Germania Bekçilik ve Güvenlik. Hepsi de aynı konseptin parçasıydılar, ne yapılması gerektiğini biliyor, bilincin, aşkın, insanlığın mutluluğunun tapusunun kendilerinde olduğunu iddia ediyorlardı.

"Peki karşınızda kimin olduğunu biliyor musunuz? Sadece ve sadece Orospuların Louis."

Bernadette, "Evet," dedi, "Orospuların Louis ile benim aramda bir seçim yapmak zorundasın."

O gece ikisinden birini seçtim ama ikisine birden sahip olamamamızın ne kadar da üzücü olduğunu düşündüm. Bunun Janis Joplin de farkındaydı: "Oh, Lord, won't you buy me a Mercedes Benz?"*

---

* (İng). Tanrım, bana bir Mercedes Benz almayacak mısın? (e.n.)

34

Beethovenplatz'taki öğrenci yurdunda her cumartesi akşamı dans partisi oluyordu. Yurda şehri yeniden inşa eden büyükşehir belediye başkanı Kolb'un adı verilmişti ve solucanlar ona binanın cephesinde ve koridorlarında şimdi hangi sloganların göze çarptığını fısıldadığında, yaşlı sosyalist muhtemelen mezarında sürekli ters dönüyordu. Bodrumdaki bu cumartesi akşamlarını bir grup yurt kaposu* organize ediyordu; plaklar, bira, gazoz, Schnaps, bunlar dışında bir organizasyon göze çarpmıyordu. Bir cadı kazanıydı.

Gece yarısına doğru, cumhuriyetin müstakbel entelektüel eliti, başkaldırı havasının peşindekiler ve sokağa düşmek üzere olanlarla öyle sıkış tıkış dururdu ki, aşağıya inebilmek için yolunuzu adeta yumruklarınızla açmanız gerekirdi. Sol sosyeteden hanımlar geceyi geçirecek bir serseri bulmak için gelir; gündüzleri üstlerinde cüppe ya da balıksırtı desenli takım elbiseyle bir türlü doymak bilmemeleriyle sisteme karşı mücadele veren kocalarıysa cumartesi geceleri Kolb Yurdu'nda etkileyici sesleriyle Mao'nun namlulardan gelen iktidar vecizesini desteklerken, şehvetli bakışlarıyla Filistinliler, Vietnamlı kadınlar ve ıslahevinden kaçmış gençleri baştan çıkararak adrenalin ihiyaçlarını giderirdi. Herkes için *action*. Her şey mümkün. Sıva dökülene kadar art arda dokuz defa "I can't get no satisfaction", mideye indirilen iki Asbach-kola. Sarı kıvırcık saçları, şaşkın gözleriyle, pantolonuna şimdiden yarım şişe bira dökmüş Speedy de –kaçınılmaz sap-

---

* Kapo: Toplama kamplarında idare için çalıştığından ayrıcalıklı muamele gören tutsaklara verilen ad. (ç.n.)

tamasıyla: "Andreas beni nerede bulacağını bilir"– muhakkak orada olurdu.

Dans edenler loş ışıkta spastikler gibi titrerdi. Bir çember oluştururlar, çemberin etrafındaysa izleyenler, sıkıcılar, içkiciler, çekingenler, kas yığınları, ironi düşkünleri, dansa kaldırılmayacak kadar silik kadınlar, saldırganlar, retçiler, münzeviler ve otuzbircilerden meydana gelen dans etmeyenler duvarı giderek sıkılaşırdı. Biraz sonra ilk kan akardı, tamamen dostça yaklaşınca, buna hak vermek zorundasın, bana yavşadı ibne domuz, bu sosyal faşist, hem biramı devirdi hem de şikayet ediyor, salyası manitamın üstüne akıyor, hem burada kadın da ne demek? Kendini bizden üstün mü sanıyorsun? Uzimiz, keleşimiz olana kadar bekle, hepinizi katledeceğiz. Herkes için *action*. Her şey mümkün. Art arda dokuz defa "Jumpin' Jack Flash", kim olduğunu hâlâ biliyorsan, o zaman *out of time*'sın, çünkü bu saatte kimse bilmiyor kim olduğunu. Bazen sabahın yedisinde hâlâ silahlı mücadele, gerillanın metropollerdeki stratejisi, eylemli propaganda, Fidel Castro, babalar, kızkardeşler, eksik olan her şey hakkında tartışılırdı. Son yudum, son cigara içilip, son şişe duvara atılarak paramparça edildi, son sözler kusuldu mu, umursamaz gökkubbenin altında, akıcı trafikte, dalları yağmuru içine çeken ağaçların altında eve dönülürdü.

Bir öğlen pis mutfakta durmuş, yenebilecek bir şeyler bulmaya çalışıyordum ki, Dimitri çıkageldi. Onu uzun zamandır görmemiştim. Beyaz saçları oldukça artmış ve yüzündeki kırışıklar daha da derinleşmişti. Üzerinde yegane takım elbisesi, beyaz bir gömlek, maaşıyla aldığı palto vardı.

"Yolculuğa mı çıkıyorsun, Dimitri?"

Elime bir plastik torba tutuşturdu.

"İçinde biraz ekmek ve peynir var. Ben gidiyorum."

Torbayı indirdim. "Ne demek gidiyorsun?"

"Berlin'e gidiyorum. Galiba bir film laboratuvarında iş buldum. Burada işim bitti, gitti, sona erdi."

Ne demem gerektiğini bilemediğimden, şöyle dedim:

"Film laboratuvarı işi kesin mi?"

Güldü. "Kesin? Ne kesin ki? Kesin olan tek şey, burada işimin bittiği."

"Peki ya iş olmazsa?"

"Karım yazdı. O zaman belki Yunanistan'a dönerim. Bir süreliğine hapse girerim, ne olacağına bakarız. Düşünüyorum da, belki de Yunanistan'da hapiste olmak burada olmaktan iyidir."

Bir an için konuşmadan öylece durduk. Arkadan İtalyanların coşkulu sesleri geliyordu.

"Bunu bana niye daha önceden söylemedin, Dimitri?" dedim sonunda. "Belki ben de Berlin'e gelirdim."

"Ah, yapma. Berlin'de ne yapacaksın ki? Dikkat et de, burası seni tüketmesin. Çok fazla içiyorsun. Hâlâ yazıyor musun?"

"Bana adresini gönder. O zaman sana yazarım."

Güldü ama gözlerinin içi gülmüyordu. Elini sıktım, sonra eliyle omzuma vurdu. Dimitri gittikten çok sonra bile, hâlâ elimde torbayla orada dikiliyordum. İtalyanların sesi çıldırmışlar gibi geliyordu. Belki de çoktan hepimiz çıldırmıştık ve bunun farkına sadece Dimitri varmıştı. Nihayet kendime peynirli bir sandviç yaptım. Torbada birkaç da soğan vardı.

Tabancayı rock'çılar ve pezevenklerle aramızda aracılık yapan Alf'e göstermiştim. Bir gün içinde mermi olan bir kutu getirdi.

"Uyacaklarını düşünüyor musun?"

"Bi' bok düşünmüyorum" dedi Alf, "ama bir deneyeceğim bakalım. 22 kalibre gibi duruyor."

Mermiler tam uymuyordu ama Alf dikkatlice oralarını buralarını eğeledikten sonra nihayet altıpatların topundaydılar.

"Peki şimdi bunu nerede deneyeceğiz?"

"Griesheim Atık Su Arıtma Tesisi'nin orada uygun bir yer biliyorum..."

"Aşağıda, Main'ın kıyısında mı? Çok uzak. Hemen şimdi burada deneyelim."

Alf bana şüpheyle baktı. "Burada mı?"

"Tabii," dedim, "Gertrud'un yanındaki oda şu anda boş, orada istediğimiz gibi patlatabiliriz."

"Evet, canım ama bu alet pek su tabancası sayılmaz."

"İtalyanlar şu anda burada değil, diğerleriyse en fazla Bernadette'le kavga ettiğimi düşünür. İstediklerini düşünsünler."

Eski bir vazo bulduk ve kapıyı arkamızdan kapattık.

"İlk kim ateş edecek?"

"Şey, Alf..."

"Tamam, ben yaparım."

Kulaklarımı kapadım. Patlama gerçekten çok gürültülüydü ama Alf'in eli hâlâ sağlamdı. Az farkla ıskalamıştı. İki dakika içinde vazoyu kırmıştık.

Alf, "Aleti bir de bir uzmana göstermem lazım," dedi, "çok fazla geri tepiyor."

Tabii tabancayı bir daha asla görmedim. Ama evde atış talimleri düzenlediğim bir şekilde kulaktan kulağa yayıldı. Yavaş yavaş suyum ısınıyordu. Fritz halüsinasyonlar görerek odasında yatarken, Speedy çakılı olmayan her şeyi paraya çeviriyordu. Baader'den hâlâ hiçbir haber çıkmamıştı ve kredi kuruluşlarından da ümidi kesmişti.

Fritz'e gitmek istediğinizde, ev sahibesi musallat olmasın diye merdivenleri mümkün olduğunca sessiz bir biçimde çıkmanız ve yukarıda kapıya vurarak belirli bir sinyal vermeniz gerekiyordu, yoksa kapıyı açmıyorlardı. Speedy üzerinde çiçekli donuyla kapıyı açtı ve ben daha odaya tam giremeden, çoktan tekrar poliüretan şiltenin üzerindeki uyku tulumunun içinde yatıp burnunu bir polisiyenin içine sokmuştu. Etraf o kadar karanlıktı ki, ışığı açmışlardı. İçerisi giderek erkek yurdu gibi kokuyordu. Fritz açılır kapanır yatağında yorganların altına gömülmüş horluyordu. Odada neredeyse hiç mobilya kalmamıştı ama polisiye ve ucuz roman yığını gittikçe büyümeyi sürdürüyordu.

"Bu horlamaya nasıl katlanıyorsun, Speedy?"

"Horlama o kadar kötü değil, moruk. Ninesiyle konuşmasını duydun mu hiç? Pfalz lehçesinde? Gecenin bir yarısında? Ya da su borusunda bir yaylı çalgılar dörtlüsünün çaldığına inandığında? Horlaması hiç sorun değil. Sorun olan yalnızca huyalar. Üç gün bira içmediği zaman korku filmi gibi oluyor."

Huya, halüsinasyon anlamına geliyordu ve bir dipsomanın anlatıldığı bir Avustralya polisiyesinin çevirmeninin yaratıcı bir biçimde türettiği bir sözcüktü. Kitap, Speedy ile Fritz için bir külttü.

"Hadi uyandırıver. 50 mark ödünç aldım, şimdi Orospuların Louis'ye gidip fıçıdan taze taze çekilmiş 50'liklerden birkaç tane içmek istiyorum."

"İyi, peki. Sen nasıl istersen."

"Ne demek iyi, peki? Ne zamandan beri taze bir biraya sadece iyi, peki deniyor?"

"Ah, sadece kırk, elli sayfam kalmıştı... ama o zaman onu da geceye bırakırım, en azından yapacak bir şeyim olmuş olur."

Speedy gerçek bir kitap kurduydu. Birden, bir gün benim kitaplarımı da okumak istemesini arzuladım. O zaman bir kankası ya da bir kız bir birayla ya da Fransız öpücüğüyle geldiğinde, Speedy şöyle diyecekti: Ama bu sayfayı bitirmek zorundayım. O giyinip, Fritz'i bu defa huya olmadığına ikna ederken, pencereden ağaçların üzerindeki sisi izliyordum. Sis bana Göttingen'i hatırlatıyordu. Bir adam ile bir kadın el ele parkın yanından geçiyorlardı. Ben de Sarah'yla böyle yürürdüm. Sonra birbirimize sımsıkı sarılmış halde çatı katındaki odamıza çıkardık. Bir çay koyup tekrar manuskrinin başına otururdum. *Stamboul Blues.* Just Amca'da lahana sarma. Postaneye uzun yürüyüşler. Sayın bayanlar ve baylar! Ekte... Sonra yeniden İstanbul treni, daracık Balkan vadilerinde duman bulutları. Sis gittikçe yoğunlaşıyordu. Belki bunların hepsi de bir huyadan ibaretti.

Meyhaneye girdiğimizde ilk gördüğümüz Fuzzi oldu. Yanağında taze bir yara vardı, gözü morarmıştı ve gözlüğü medikal bantla onarılmıştı. Başta anlatmak istemese de, sonuçta Uzun'un Fuzzi'nin bodrum dairesini işgal ettiğini öğrendik.

Fuzzi, "Aslında benim umrumda olmazdı ya, yalnızca Trixi yüzünden," diye kekeledi. "Anlayışı biraz kıt ve Uzun onu kesin pataklıyor, sonra da diğerlerini üstüne salıyor."

"Onu da alıp kaç buralardan."

"Evimiz burada, nereye gidebiliriz ki?"

"Fuzzi, bina nasıl olsa yakında yıkılacak."

Ama bu konu hakkında tek kelime bile duymak istemiyordu, meskeni oradaydı ve evi işgal altında olduğu sürece, diğerleriyle birlikte kömürlükte kalıp Trixi'nin çığlık atmaya başlayıp başlamadığına dikkat ediyordu. Çığlık duyduğunda gözünü karartıp araya giriyordu, o zaman onu durdurmak için bıçaklamak zorundaydılar, Trixi'den sorumlu olduğunu bir kere kafasına koymuştu.

Fritz, Fuzzi'nin yarasına bakarak, "Peki şimdiye kadar hiç çığlık attı mı?" diye sordu.

Fuzzi çekingence, "Hayır," dedi, "bu, orada kaldırım ressamı olarak tanınmama rağmen, polis beni Zeil'dan kovalarken oldu."

Fritz, "Bir de şöyle düşün," dedi, "karıların çoğu böyle şeylerden hoşlanır. Fazla kafana takma, geçer gider."

Fuzzi, "Kafayı yemişsin sen," dedi ve bizi iteleyerek dışarı çıktı.

Fritz'e, "Dostoyevski'deki gibi," dedim. O anda kendisinden pek hoşlanmıyordum.

Fritz, "Ah, aslında hepimiz orospu çocuğuyuz, dedi. "İçeriye bakalım mı?"

"Benim zaten randevum var," dedi Speedy.

Böylece içeriye girdik.

Club Voltaire'de ortam gittikçe düşmanca bir hal alıyordu.

Rock'çılar gemi azıya almışlardı. Onlara kur yapılmış, kullanılmışlar, ajite edilmişler, sonra kargaşa çıkacağı vaat edilmiş ama hiçbir şey olmamıştı. Yine kandırılmışlardı kısacası, şimdi oturup kafaları çekiyor ve hesap istendiği zaman vahşice şiddet uygulamakla tehdit ediyorlardı. Eski tüfek solcular hep söylememişler miydi? Bu asla iyi gidemezdi, lümpenler daima lümpen kalırdı, yeni SA'ydı bu, şimdi sıra yağmurlukların yakasını kaldırıp ilerici güçlerin dayanışmacı birliğini gösterme zamanıydı. Hepsinden, vidalı montlulardan da, boğazlı kazaklılardan da, berikinin ağzından çıkan saçmalıklardan da, ötekinin görüşlerinden de, Sodom'la Gomora'dan da, Marksizm-Leninizm'den de bıkmıştım, al birini vur ötekine; ama herkes gözlerini dikip nereye oturacağıma baktığında, yapı tasarrufu sözleşmesi, parti kongresi vekaleti ve politik ilüzyonlar yerine, kaybedecek yalnızca azı dişleri kalmış olanların yanına oturmayı tercih ettim.

Yanımda tırnakları mavi ojeli teknik ressam kadın oturuyordu ve kargaşa çıkıp bardaklar ve muhtemelen kafalar kırılmadan önce sıvışmakta ısrar ettim. Sıvıştık. Frankfurt'ta bir cumartesi gecesi daha. Çiseleyen yağmurda neon şehir. Onkel Max'ın önünde acil doktor aracı. Ellerinde *Nachtausgabe*'nin son sayısıyla Pakistanlılar, fildişi biblolarıyla bir meyhaneden ötekine dolaşan Afrikalılar ve köpek öldürenli berduşlarla, Berlin Ruhu* vurmuş hippilerle, belirsiz yüz ifadeleri ve telsizleriyle polislerle dolu merkez karakol. Mankenlerinin tuhaf çıkıklıkları ve Fransız iç çamaşırlarıyla bu saatte artık sadece teşhircileri, röntgencileri, otuzbircileri cezbettiği alışveriş saraylarının vitrinlerinin önünden geçerek Zeil'ı baştan başa katettik. Yavaşça çöken bira köpüklerinin üstünden bir kez daha hayatlarındaki, hepsi de anlaşılmaz bir biçimde sosis mangalının, bira fıçısının musluğunun ve bikinili güzellerin basılı olduğu reklam takviminin başında geçen saatler

---

* Berliner Tinke: Eroinin yaygınlaşmasının öncesinde Almanya'da yaygın olarak kullanılan bir opiat. (ç.n.)

hariç hiçbir şeyinden nasiplenmedikleri bu hızlı para bulvarına ve Stalingrad'a uzanan çok sayıdaki zaferi anlatan kareli paltolu adamlarla dolu büfeler: "Up, up and away." Sinemaların, dans kulüplerinin, inşaat çukurlarının ve kerhanelerin yanından geçerek, Friedberg Parkı'ndaki büfe gösterişli caddenin bitişini işaret edene dek, Zeil'ın birden daralıp yoksullaşarak, antikacılar, jeans mağazaları, fırsat dükkanları ve halıcılara çok daha az ışık sunmakla yetindiği son metrelerine kadar ilerledik. Yüz metre ileride tekrar bira ve Schnaps olmasına rağmen, büfe ulusal bir anıt ya da bir ilk yardım servisi gibi kuşatılmıştı.

Hilde eski Nordend'de, Friedberger Landstraße yakınlarında bir dairede oturuyordu. Üç çocuk, kediler, taze boya ve içine sıçılmış bebek bezi kokuları, mumlar, yarım şişe daha Amselfelder, tereddütlü bir öpücük, kumumsu bir yumuşaklık ve bulanıklık hissi, çok şey görüp az şey ifade etmek içinmiş gibi duran bir yüzün üzerinde kahverengi kıvırcık saçlar, turkuaz taşlı bir küpe. Ardından çocuklardan biri yaygarayı bastı.

Hilde, "Sen yatağa yat, bu biraz sürer," diye fısıldadı ve yatağa uzandığım gibi uyuyakaldım, çok fazla bira. Sonra, belki çok sonra, beni uyandırdı. Neredeyse aynı anda onun, o yumuşacık dişi kürkün, bal, banyo köpüğü ve çocuk kokan o bereketli kucağın içine daldım. Olsa olsa altı cümle çıkmıştı ağzımızdan, daha önce hiç bu kadar az konuşan bir kadınla yatmamıştım, neredeyse ürkütücüydü – yanlış bir şey mi yapıyordum? Eski sevgilisinden bahsetmesi gerekmez miydi? Okuldaki sorunlardan, işinden, Costa Brava tatilinden, ilk aşkından, şirkette kendisine baba gibi davranan arkadaşından, burcunun ne olduğundan, kahvaltıda ne yemekten hoşlandığından ve Karayipler'den? Sorular! Ama hiçbir şey sormadı, orada öylece yatarken, mavi ojeli tırnakları beni arada bir oraya, bir buraya yönlendirdi, sonra gözlerinin karanlıkta ışıldadığını gördüm ve yeniden zamanı gelmişti ki, başka bir çocuk bağıra çağıra ağlamaya başladı. Bardağımdaki Amselfelder'i içemeden önce, vücudumdaki yara izlerinin nereden geldiğini ya da nerede yaşamak ve nasıl geçinmek isteyeceğimi anlatmadan tekrar uykuya daldım.

Öğlene doğru, Westend'e giden tramvaya bindim. Daha dört sigaram, 4 mark 40 pfennig param ve akşama vardiyam vardı. Part-time bekçi olarak çalışmaya ancak varlıklı insanların gücü yeterdi. Bunu aylardır yapıyordum ve her tarafa borcum vardı. Büyük meblağlar değilse de, damlaya damlaya göl olmuştu. Neredeyse yirmi sekiz yaşındaydım ve 500 markım bile yoktu. Federal Alman ekonomisi –şimdi artık Demokratik Almanya da– gece gündüz aralıksız harıl harıl işliyordu; Heinrich Böll'ün mütevazılığın sonunu ilan etmesinden bu yana, elbette her şeyden önce de kültür sektörü. Bense, güvercinler ya da kuğular gibi, kadın dostlarımın verdiği ekmek kırıntılarından geçiniyordum. Böyle devam edemezdi. Tüylerim de zaten hiç de beyaz değildi.

Bernadette, "Böyle devam edemez," diyerek, keskin bakışlarını bana dikti. Kadın grubuyla bile olsa, dışarıda olacağını ummuştum, ki depresyonumu uyuyarak geçirebileyim ama yıkanmış saçlarına sardığı sarığıyla, zarif ve tehlikeli, yarı toplanmış bavulların ortasında öylece durmuş, alt dudağı seğiriyordu.

"Az önce ben de aynısını düşünüyordum," dedim gergince. "Sanırım başka bir iş arayacağım. Haklıydın, gece bekçiliği gerçekten absürt, birbirimizi çok nadir görüyoruz..."

"Gece neredeydin?"

"Yolculuğa mı çıkıyorsun sen?"

"Sana bir şey sordum."

"Hemen bağırma, sağır değilim."

"Sarhoş da değilsin. Nereden geliyorsun peki?"

"Ha, bir eğlence vardı da, Club Voltaire'den bir herif, Sachsenhausen'de, öylece uyuyakalmışım. Diyorum ya, bu iş buna değmez, hem zaten ödedikleri de birkaç mark bir şey."

Bir sigara yaktım. Sahnedeymiş gibi ortada duruyorduk hâlâ. Pikabı çoktan bavula koymuş olduğunu fark ettim. Buraya

kadardı yani. Bazen adam, bazen de kadın giderdi, c'est la vie.*
Bernadette gözlerini dikmiş bana bakıyordu. Daima başarıya
ulaşmamı istemişti. Gerçek aşk belki de, meşum bilinci tavaf etmek ya da gecenin üçünde ansızın kendinden geçmek değil, tam
da buydu.

Bernadette, "Bana gerçeği söyleyecek cesaretin olmaması çok
yazık," dedi. Corneille ya da Racine'in mermerimsi cümlelerinden biri gibi söylemişti bunu. Kendimi birden çok kötü hissettim. "Başka bir kadınla yattın, je le sais.** Ona acıyorum."

"Ona mı? Neden bana değil de ona?"

Bernadette acı acı gülümsedi. İyi beceriyordu bunu. "İtiraf
ediyorsun yani, voilà. Erkeklere acımak mı? Asla, Chéri."

Sesimi biraz yükselterek, "Evet," dedim, "kadın gruplarınızın sonucu bu oluyor, orada bütün bunlardan vazgeçiyor ve
sonunda erkeklerinize nerede kaldığını soruyorsunuz. Ama önceden hâlâ arada bayrak sallayıp aşk şarkıları söylü..."

"Aşk mı?" Sesi gittikçe kulak tırmalayıcı bir hal alıyordu.
"Aşk şarkıları söyleyen kimdi? Bilakis, aklına başka bir şey gelmediğinde sendin, sonra da arkadaşlarının yanına gittin ve onlarla bira içip buna güldün, öyle değil mi? Ben asla aşktan bahsetmedim, aksine seninle düşünsel ve duygusal açıdan dayanışmaya dayanan bir birlikteliğe erişmeye çalıştım; ama bu senin
biracı kafana, o edebi, burjuva biracı kafana girmedi işte..."

Sarığı, uzun siyah eteği ve ince belini saran kıpkırmızı kemeriyle, Refah Komitesi'nde görülen bir mahkemede davacı olan
bir kadın gibi karşımda duruyordu. Delacroix'nın resimlerinden
biri gibiydi, elinde tuttuğu ekmek bıçağı da tabloya uyuyordu.

"Bu burjuva edebiyatı laflarından bıktım artık," dedim. "İlişkimizin yürümemesi senin olduğu kadar benim de canımı yakıyor ama suçu burjuva edebiyatına atma. Zira edebiyatta iyi

---
* (Fr.) Hayat böyle. (ç.n.)
** (Fr.) Bunu biliyorum. (ç.n.)

kitaplar ve kötü kitaplar vardır ve kötülerin bir sürüsü, senin şirketle sözleşmeli olan insanlar tarafından yazıldı."

Bıçağa ilk kez görüyormuşçasına baktıktan sonra, bavula koymak için diz çöktü. Buna değmezdim. Sonra bana baktı, gözleri dolmuştu. Boğazıma bir yumru çökmüştü. Bir adımlık mesafe, sadece heybet ile gülünçlük arasında değildi.

Bernadette, "Şimdi gitmeni istiyorum," dedi. "Bir saat içinde buradan ayrılmış olacağım. O zaman içki arkadaşlarını ve küçük kız arkadaşlarını davet edip bir parti düzenleyebilirsin ama şimdi gitmeni ve yolda karşılaşırsak beni tanımamanı istiyorum. Adieu,* sevgilim."

"Ama Bernadette ..."

"Adieu."

"Ama biz ..."

"Git!"

Gittim. Kapı kapanır kapanmaz, ekmek bıçağı gürültüyle kapıya çarptı. Sigarayı söndürdüm. Artık üç sigaram kalmıştı. Boğazımdaki yumruya karşı bir şeyler yapmaya karar verdim ve sonsuz yaz öğleden sonrasında şehir merkezine doğru yürüdüm. Club'de daima Schnaps ısmarlayacak birisi ya da haftasonu parasından bir şeyler arta kalmış bir kadın oturuyor olurdu. Kapıyı açtığımda, hoşsohbetlik yetkilileri imalı suratlarıyla karşıma dikilerek, meyhaneye girmemin, benim, ben gibilerin ve bir de insanlığın yarısının meyhaneye girmesinin yasaklandığını açıkladılar. Rock'çılar gece büyük kargaşa çıkararak, bütün telefon ve elektrik kablolarını söküp atmış ve oyun makinelerinin kasalarının kilitini kırmışlardı. Tekrar Bockenheim'a doğru yürürken, her zamanki gibi yarım kalmış, diye düşündüm, başlamışken neden bütün şehri yakmadınız ki? Ayaklarımı sürüye sürüye evimizin önünden geçtim. Kara bayrak uzun zamandır balkonda asılı değildi. Belki bodrumdakilerin hâlâ içecek bir

---

* (Fr.) Elveda. (ç.n.)

şeyleri olabilirdi. Hatta o geceden sonra kesindi. Merdivenlerde karşıma Fuzzi çıktı. Başında bana tanıdık gelen bir kasket vardı. Germania Bekçilik ve Güvenlik kasketi. Aşağıda bodrumda hayvan gibi bağıra çağıra şarkı söylüyorlardı. Birisinin elinde el feneri, diğerinin üzerinde üniformanın montu; düdükse Uzun'un boynunda asılıydı. Belki de hepsi Germania'da işe girmişti. Ne olursa olsun, yeterince içki vardı. Merhaba arkadaşlar. Fritz çoktan tamamen kendisinden geçmişti, ağzından salyası akıyor, gözleri alev alev, selamün aleyküm, Gorki. Aşçı yamağı bir köşede yatmış horluyordu ve plastik torbasında hâlâ tereyağlı ekmeği ve aylık bordrosu vardı. O gece Bernadette'i kesin unutacaktım.

35

Viyana Batı Garı'nda, üzerinde geleneksel bir manto olan yaşlıca bir kadın bana bir şeyler söyledi. Bana ucuz bir kalacak yer teklif ettiği kadarını anladım. Ucuz bir evi bir otel odasına yeğleyeceğim fikrine nereden kapıldığını anlamasam da –ceket, kravat ve ütülü bir gömlek giymiştim ve üzerimde birkaç yüz mark vardı–, meraktan ona eşlik ettim. Hem onun da paraya –belki de bir ameliyat için– şiddetle ihtiyacı varmış gibi görünüyordu; malum, Balkanlar Viyana'da başlar. Trenle uzunca bir yol gittikten sonra bir süre de yürümemiz gerekti. Ilık, güneşli bir Nisan günüydü. Güneş ağaçlarındaki taze filizlerin arasında altın gibi parıldıyordu. Demek Viyana buydu, Schönbrunn Sarayı buradaydı. Katalogdan seçilip ısmarlanmış mobilyalarıyla küf kokulu daireye girdiğimde, hanımefendinin neden bu kadar ucuza kiraladığını anlamıştım. Kamyonlar Schönbrunner Landstraße'den bir aşağı bir yukarı gümbür gümbür geçerken, pencereler titriyordu.

Şehir merkezine gidip bir kafeye oturdum. Demek Viyana'nın ünlü kafe ortamı buydu. Bira sadece şişede satılıyordu ve şişenin içinden çıkanın tadı da daha çok gazozu andırıyordu. Neyse, en azından Viyana'daydım. Yine yeni bir şehir. Sarah'yla randevulaşmıştım. Kışın ara sıra mektuplaşmıştık. Artık Aşağı Avusturya'da, Zwettl yakınlarında bir köyde yaşıyordu. Niye orada yaşadığı ve neyle geçindiği bir muammaydı ama anlaşılan doktorun birinin orada küçük bir evi vardı. Sarah köy yaşantısını methediyordu. Buna zaten her zaman düşkün olmuştu. "Saçlarımı kına kızılına boyadım ve yaşlı kadınlar cadı olduğuma inanıyorlar." Bunlar mutlaka garip kadınlar olmalıydı. Öte yandan, Sarah'nın mektupları, sözcüklerle çok şey söylermiş gibi gözükürken hiçbir söylenmeyebileceği şeklindeki eski hakikatin iyi birer örneğiydi. Neyse. Uzun zamandır köyde olmamıştım. Viyana'yı dolaştım ve ünlü Café Hawelka'yı buldum. Herkes Hawelka'dan söz ediyordu; hatta İstanbul'daki Viyanalılar bile, "Evet, geçenlerde Hawelka'da Pepi'ye rastladım," ya da "Viyana'ya gelirsen, beni Hawelka'da bulabilirsin," diyorlardı. Aha. Hawelka'da uluslararası hippi işgali, artı yerel bir motif olarak sanatçı tayfası vardı. İçerisi oldukça gürültülüydü, herkes kendini önemli görüyordu ve Berlin'den gelmiş olan garson artık tüm bunlardan usanmıştı. Bira kötüydü. Belki de Viyanalı sanatçılar biradan anlamıyordu. Bir Sliwowitz içtim. Sliwowitz de kötüydü ama kötü birayla birlikte neredeyse yine iyi hale geliyordu. Demek Viyana, memnun oldum, Joseph Roth. Fakat Roth Viyana'ya değil, Viyana fikrine, Viyana idealine, Habsburg idealine özel bir sevgi duymuştu. Fakat olaylar başka türlü gelişmişti. Politika insanın tüylerini diken diken eden bir çılgınlıktı; öte yandan vardı, yapılıyordu ve gerekliydi. İki insan birarada oldu mu, politika başlıyordu. Hippinin biri benden bir sigara otlandı. Bir Sliwowitz daha içtim. Sonuçta cebimde, *Stamboul Blues*'u sonbaharda yayınlamak isteyen bir yayıncının kesin taahhütü vardı. Buna Anatol Stern aracılık etmişti. Bavyera Ormanı'nda bir yerlerden tanınmayan bir yayıncı, daha çok matbaacılıktan gelen, anlaşılmaz nedenlerden artık yayıncılığa ilgi duymaya başlamış –hiç olmazsa bir kitap yayınlamıştı– genç bir adamdı. Ama eğer *Stamboul Blues* dış dünyanın göz kamaştırıcı ışıklarına gözlerini açacaksa, muhtemelen başka bir şansım yoktu. Ede de eserlerini muhallebicilerde sergilememiş miydi? Hem edebiyat dünyasında köklü bir küçük yayınevleri, *little mags*, büyük yayınevlerinin curcunasının ötesinde çığır açan yayınlar geleneği vardı. Kısacası, *Stamboul Blues* bu köklü edebiyat geleneğini sürdürecekti. Bu yüzden kendime bir Sliwowitz daha ısmarladım. Doğrusu, bu köklü edebiyat geleneğini sürdüren, o genç yayıncıydı. Ben, ulvi amaçlardan biraz uzak bir edebiyat geleneği olan dolgun avansı tercih ederdim. Eh, her şeye aynı anda sahip olamazdınız. Ama Viyana'da da her şeye sahip olamıyordunuz, Hawelka'da oturuyordunuz, tek başınızaydınız ama yazardınız, bira da kötüydü, Sliwowitz de, ikisi birarada iyiydiler. Kızıl saçlı bir kadın, sakallı kavalyesinin, kulağına fısıldadığı bir şey hakkında cırtlak bir sesle kahkahalar atıyordu. Hesabı ödedim.

Schönbrunn'da ucuz meyhaneler olan Beisl'lar vardı, oralarda kendimi daha iyi hissediyordum. Bira da daha iyiydi. İşçilerin karşısına o gazozumsu sidik ile çıkamazdınız. Öte yandan, işçilerin karşısına bundan başka her şeyle çıkılıyordu. En çok da dünyayı değiştirmek zorunda olduklarıyla. Yani kendilerinin dünyayı değiştirmeleri değil ama bunu hedefleyenleri katil ve mayın eşeği olarak desteklemeleri gerektiğiyle. Devrimcilerin yalanları, insanın kulağına gericilerin yalanlarından çok farklı gelse de, sonuçta onlar da yalandı. Devrimler birer sahtekarlıktı. Bir egemen sınıfın yerini bir diğeri alıyordu ve kültür aygıtı bunun için gereken makaleleri, düşünce, kültür-sanat, propaganda yazılarını, aforizmaları kusuyordu. Bir bira daha içip gulaş yedim. Farkına vardığında, insan yalanlara rağmen yaşayabiliyordu. Şu Frankfurt kışı ne biçim bir çılgınlıktı. Bazen yalnızca aranıza biraz mesafe koymanız, böbürlenmekten çok hoşlandığınız o eğilip bükülmelerin aslında ne kadar gülünç olduklarını görmeniz için yetiyor da artıyordu bile. Meyhane hoşuma gidiyordu. Biraz daha Sliwowitz içtikten sonra, yokuşu tırmanıp, katalogdan seçilmiş yatağıma yattım, kamyonların sesini dinledim ve yaşadığıma şaşırdım.

Sarah'nın saçlarında gerçekten de bir tutam kına vardı ama bu yüzden kendisini bir cadı olarak göremezdim. Buna karşılık, yüzü o Binbir-Gece-güzelliğini kaybetmiş, Ukrayna Yahudilerinin köylü mirası artık oldukça belirgin bir şekilde açığa çıkmıştı. Orada bir evleri varmış gibi duran arkadaşlarla Zwettl yönüne gittik. Bana daha ayrıntılı bilgi verilmedi, herhalde öylesi fazla Alman kabul ediliyordu. Her şey, tüm sözcüklerin kulağa bir inilti gibi gelmesine yol açan o genizden konuşma tarzında. Müzik de vardı, kasetten, Avusturya popu ama Alp türküleri değil de, gerçekten rock 'n roll tarzı. Sarah, Hofer'den söz ediyordu; Hofer'i tanıyor muydum? Ne, Hofer'i tanımıyor muydum? Ben yalnızca Andreas Hofer'i tanıyordum, adını duymuştum ama kastedilen o olamazdı herhalde. Hofer bir hit, bir şarkı, bir numaraydı; Hofer'i dinledim ama tek kelime anlamadım, bunu söyledim de. Sarah acayip kırılmıştı. İlkesel olarak karşı olduğuma inanıyordu. Değişen fazla bir şey olmamıştı. Ama Avusturya aksanıyla konuşuyordu. Bana bu da uyardı. Bana kalsa, Çin aksanıyla da konuşabilirdi. Onu hâlâ seviyordum ama o konuda yapacak bir şey kalmamıştı artık. Avusturya'nın içinde ilerliyorduk.

Zwettl'den dağlara yöneldik, ormanlarla kaplı dağlara. Oldukça karanlık bir şey. Dağların arkasında başka dağlar vardı, göz alabildiğine dağlar, ondan sonra da zaten Çekoslovakya geliyordu, daha fazla dağ. Çorak bir yöre. Neden çorak olsun, dediler, burada insanın ihtiyacı olan her şey yetişiyor, hatta şarap bile var. Sarah'nın yüzü güneşte bronz gibi parıldıyordu. Köy yaşantısının, tenine iyi geldiği kesindi. Köyün içinden geçtik, pek büyük değildi, ardından tarlaların arasından geçerek, iki evin, daha doğrusu taştan yapılma iki kulübenin bulunduğu yamaca ulaşan yolun son bölümünü arkamızda bıraktık. Artık bayağı kırsaldaydık; gelir gelmez herkese bir görev verildi, ben odun kıracaktım. Odun kırdıktan sonra, çay –bu çevrenin tamamının suyu çok ünlüydü– ve ev ekmeği vardı. Kesinlikle eskiden Sarah'nın pişirdiği ekmekler kadar sert değildi. Doktor orada değildi, Zwettl'de hastanedeydi ama sık sık ondan söz edildi. Büyük bir gezgindi, tüm dünyayı dolaşmıştı. Evet, bununla Sarah'yı etkileyebilirdiniz: içte ve dışta keşif gezileri. Bu konuda pek bir şey vadetmiyordum.

"Şişmanlamışsın," dedi Sarah.

"Eh, biradan."

"Senin de bir ara köyde yaşaman, en basit şeylerle uğraşman, ellerinde toprağı hissetmen, yetişmeyi ve göçüp gitmeyi..."

"Ah Sarah, yetişmek ve göçüp gitmek şehirde de olan şeyler, biliyor musun. Bir biran var mı acaba?"

Bira yoktu, çayları ve kaynak suları vardı. Açık orman manzarası da vardı. Sonra, dar, sert bir yatakta tek başımayken, soğuk vardı. Kendime Fuzzi, Fritz ve Uzun'un şimdi bodrumda ne yaptıklarını sordum. Bir şeye sahip oldukları kesindi: bira.

Orada birkaç gün kaldım. Köyde, sert bir şişe bira, iyi bir Schnaps ve kızarmış patatesle Schnitzel satılan, "Posta" adında bir meyhane vardı. Ayrıca köylüler, mezarlık bahçıvanı, mezarcı, ormancı, köyün delisi ve bir de burada evi olan, –kültür sektörünü oluşturan– avla uğraşan Viyanalılar vardı.

İçme konusunda hepsinin iyice hakkından geldikten sonra, gecenin içinde yalpalayarak uzaklaştım. Şu allahın belası ev neredeydi? Sarah neredeydi? Neden Adem'in Havva'yı tanımasından bu yana olması gerektiği gibi onun yatağında değildim? Zifiri karanlık. Ormandan gelen müphem sesler. Bu kadar uzaktayken, şu yıldızlar da bir şeye yaramıyordu. Viyana'dan akan bütün o para şu köylülerdeydi ama bir sokak lambasına yetmiyor, cimrilikleri önüne geçiyordu. Alplerin hamur köfteleri adını vermişti onlara Joseph Roth, hamur köftesi beyinliler. İleride ufacık bir ışık yanıyordu. Ona doğru sendeledim. Işık sıçrayarak uzaklaştı. Karacalar. Belki de yaban domuzları, ki bilindiği üzere ormanda tek başına dolananlara saldırırlardı. Dünyanın bu allahın belası köşesinde ne arıyordum? Hem de böyle tek başıma? Acil olarak bir arkadaşa ihtiyacım vardı. Bir ağaç da arkadaşınız olabilirdi. Bir ladine sarıldım. Beni çizse de, güzel kokuyordu. Ladine sürtündüm, başımdan geçmiş komik birkaç olayı anlattım, onu sıkı sıkı tuttum. Ladin beni avuttu. Hepimiz ölürüz, dedi ama geri döneriz, insan olarak, ladin olarak, solucan ya da gökkuşağı olarak. İyi, dedim, madem öyle, peki Sarah? Onu öylece burada mı bırakmalıyım, yoksa buraya gelip odun kırmalı, ekmek mi pişirmeliyim? Buna bu kadar keskin yaklaşma, dedi ladin, dünya her yerdedir ama ormanı yalnızca ağaçlar tanır.

36

Yönetmen bağırdı: "Kamera!"
"Kamera çalışıyor," diye yanıtladı kameraman.
Yönetmen yeniden bağırdı: "Motor!"
O anda junky'lerden biri kameranın başına dikilip, "Ha, seni tanıyorum ben, burada ne yapıyorsun ki?" dedi.
"Görüyorsun ya," dedim, "film çekiyoruz."
"Ah, siktir be, ben de, benim için bir vuruşun vardır diye düşünmüştüm."
Esrar Çayırı'nın yanındaki kumarhanedeki öteki junky'ler ile esrarkeşlerin de pek hoşuna gitmese de, çekincelerime rağmen Niko tam da burada çekim yapmakta diretmişti; filmin senaryosunu ben yazmış olsam da, yönetmen olan, komuta yetkisini elinde bulunduran adam oydu. Ayrıca, iddia ettiğine göre, filmcilikten gerçekten anlıyordu. Niko'yla zamanında Dimitri aracılığıyla tanışmıştım. Atinalıydı, benle yaşıttı ve kamerayı da ödünç almış olduğu Hessen Radyo-Televizyonu'nda kamera asistanı olarak çalışıyordu. Kamerayı, ışığı da üstlenen Yugoslav bir iş arkadaşı kullanıyordu. Sesi Niko'nun sevgilisi Anette üstlenecekti ama kumarhanede sessiz çekim yapmayı tercih ediyorduk. Kamera yeterince kötüyken, sahne için ihtiyacımız olan figüranlar bir de ses kaydıyla çalışmazlardı. Yarısı polis tarafından aranıyordu, diğer yarısının aranmama sebebiyse, yalnızca polisin onları nerede bulacağını zaten bilmesiydi. Pat. Ampüllerden biri patlamıştı. Önemi yok. Hessen Radyo-Televizyonu'nun elinde yeterince var. Junky bize engel olduğunu hâlâ idrak etmemişti. Kızıl saçları, mavi bir gözlüğü ve sıçan gibi bir gülüşü vardı.

"Ne ayak? Şimdi de film işindesin, öyle mi? Charles Bronson gibi, ha?"

"Hey, kameranın önünden çekil."

"Hadi bana bir kahve ısmarla. Sana hep temiz mal verdim, değil mi? Baksana, bitince nasıl bir şey olacak bu?"

İşletmeci kadına, "İki kahve," dedim. "Bol şekerli olsun. Evet, biliyor musun, sadece bir şeyi kotarmaya çalışıyoruz. Olursa, ardından uzun metrajlı bir film çekeceğiz."

"Demek öyle. Peki sen ne iş yapıyorsun? Kablo falan mı taşıyorsun?"

"Kitabı ben yazdım, biliyorsun, yazıyorum ben."

"Demek öyle, hiç bilmiyordum. Bir şey demeyeyim diyorum ama nedense şişmanlamış, iyice şişmişsin sen. Bırakmadın, değil mi?"

"Evet, bıraktım."

"Tabii, bunun da bir işe yaramadığı yine ortaya çıktı. Acayip hasta görünüyorsun. Baksana, benim için de bir iş var mıdır, ne dersin? Sana Berlin Ruhu da ayarlayabilirim, en kıyağından. Yeniden kendine gel diye, moruk..."

"Bıraktım o mereti diyorum, anlamıyor musun?"

Onu sıçan gülüşü ve Drakula dişleriyle orada öylece bıraktım. Haklarından gelen, vuruş bile değil, şekerdi. Şimdi birçok ampül birden söndü. Kısa devre. Yugoslav, yüzünü ekşitti. Bütün bunlar hiç hoşuna gitmiyordu ve eline olsa olsa bir Schnitzel'le bir bira geçecekti. Ama Niko'yla arkadaştı ve sonra, "Hessen'den Görünüm" için çektikleri köy halkevleri, otoyol güzergahı açılışları ve sarhoş yerel politikacılardan sonra belki onun için de bir değişiklik oluyordu.

Niko'ya, "Bu sahneden feragat edebileceğimizi düşünüyorum," dedim.

Sakalını sıvazlayarak, "Senin senaryon," dedi. "Biz uzun uzadıya anlatmak zorunda kalmadan, seyircinin, kahramanın hangi çevrede yaşadığını hemen görmesi önemli bence."

"Evet ama sen de görüyorsun, buradan bir şey olmaz. Bu herifler sadece asabımızı bozuyor. Bu sahnenin yerine başka bir şeyler düşünebilirim."

Niko düşünceli düşünceli, gür saçlarının ve büyük gözlerinin olduğu kafasını ellerinin arasına aldı.

"Profesyoneliz biz, kimse öyle kolay kolay asabımızı bozamaz. Ama başka türlü istiyorsan, sen bilirsin..."

"Baksana Niko," dedi Anette, "oyuncularımızın ikisi de bayağı gerildi."

İki "oyuncu"muz, Zero Zeitung'daki çalışanım Bramstein ve ondan da hırpani gözüken bir arkadaştı.

Niko sevgilisine, "Sen lütfen karışma," dedi, "oyuncudan ne anlarsın ki? Oyuncular hep gergin görünür, oynamak ve oynamadıkları zaman da çenelerini tutmak zorundalar. Hitchcock'un oyuncular hakkında ne dediğini bilmiyor musun? Yani lütfen, sahneyi bir kez daha tekrarlıyoruz. Kamera!"

Dikkat çekmeden arka planda kalmaya çalışıyordum ama junky'nin çoktan fısır fısır anlatmaya başladığını da biliyordum. Herifin birinin bu mereti geçici olarak bırakması görülmemiş şey değildi. Ama daha dün bir vuruşluk mal dilendiği yere dönüp film çekmesi, tuhaflıkta yeni bir aşamaydı.

Kısa filmimizin, Melville'in gangster filmlerine küçük bir saygı gösterisi, birbiriyle yalnızca gevşek bir biçimde bağlantılı sahnelerin baştan sona stilize edilmiş bir dizisi, ritüellerden oluşan bir kolaj –buluşma, teslim, esrarlı kadın, ölüm vuruşu–, ışık, gölge ve hayallerle masum bir oyun olacağına inanmıştım. Hoş bir eğlence. Yazmak hoşuma gitmişti. Zaten zor da olmamıştı. Bu ortamı tanıyordum, geri kalanının da Niko üstesinden gelecekti.

Ama Niko bir eylem fırtınası yaratıyordu, şimdi her şey "profesyonel" olmak zorundaydı. Onun, gerçek bir sinemacı olduğunu bilmek, televizyondaki tanıdıklarına ve şu Wenders'e, Wyborny'ye ve adları her neyse küçümsenen diğer genç Alman yönetmenlere göstermek istediğinden şüpheleniyordum. Hangi senaryo olduğunun bir önemi olmadığını hissediyordum, senaryo olmadan da çekerdi ve göründüğü kadarıyla, benim ince ince işlenmiş, anlam dolu diyaloglarımı da zaten dikkate almıyordu. Bütün bunlar hiçbir ücret alma umudu olmaksızın yapılıyordu. Bu insanların hepsinin ya bir işi vardı ya da üniversite okuyorlardı, bir ev ya da doktor ünvanı beklentileri vardı; sadece benim hiçbir şeyim, part-time bir işim bile yoktu. Germania'dan ayrılmıştım. İnsan 28 yaşında gecelerini ziyan edemezdi. *Stamboul Blues*'un sonbaharda edebiyat dünyasını ayağa kaldırmasını ise yayıncı bile beklemiyordu. 500 nüsha basmaya karar vermişti ve hem dizgiyi, hem de baskıyı kendisi yapmak istiyordu. Yeniden anne-babamın yanına taşınmıştım. Ortam gergindi. Okula gitmekten hiçbir zaman hoşlanmamıştım, yine de o zamanlar durum kesinlikle daha memnuniyet vericiydi.

Niko bağırdı: "Motor!" Bramstein'ın caddeye yerleştirdiğimiz sevgilisi, kollarını kaldırıp işaret verdi ve Bramstein'ın külüstürünün gümbürdeyerek çalıştığını duyduk. Ardından köşeyi dönüp bahçeye girdi ve aynı anda, yanda futbol oynayan gençler topu parmaklıkların üzerinden aşırdılar. Top arabanın önüne yuvarlandı ve Bramstein aniden frene bastı.

"Stop!" diye bağıran Niko, topu kaparak gençlere attı. Gülüyordu. Kesintisiz çekilmesi gereken bu sahneyi on beşinci çekişimizdi ama Niko elinde film olduğu sürece çekmeye devam ederdi.

Gangster kostümü –koyu renk şapka, koyu renk palto, koyu renk gözlük– içindeki Bramstein'a, "Virajı çok daha keskin almalısın," dedi ve nasıl yapacağını gösterdi. "Bak, kamera açısı böyle, bir metre açıktan alırsan görüntüden kayboluyorsun; ama kamerayı o tarafa çevirirsem, arka planda şu salak çocuk bahçesi oluyor, bu kabul edilemez..."

"İyi de neden?" Bramstein da kendini sinemacı olarak görmeye başlamıştı. "Tam da arka planda çocuk bahçesinin olması, sembolik açıdan bayağı anlamlı olur. Sahneye böylece yepyeni bir belirsizlik gelmez mi?"

Anette bana telaşla işaret etse de, Niko'yu durdurmak artık mümkün değildi. Yumruklarını sıktı.

"Konuştuğumuz gibi yapacak mısın? Nedir bu yaptığın? Yönetmenliği sen mi devralıyorsun, ha? Senaryoyu da sen yazdın, değil mi? Bu senin filmin, doğru mu?"

Her an Bramstein'ın üzerine atılacakmış gibi gözüküyordu ama Pfalz'lı olan Bramstein'ı sindirmek o kadar kolay değildi.

"Bu söz konusu bile olamaz, Niko," dedi, "ama bu tür bir filme herkesin fikirlerini katmasının mümkün olması gerek, demek istiyorum ki, burada gerçekten büyük bir yapımdaki gibi otoriter bir şov yapmak zorunda değilsin. Sonra Hitchcock veya Melville, sonuçta hepimiz arkadaşız, değil mi?"

"Arkadaşız demek?" Bu, Niko'nun hiç hoşuna gitmemişti. "Sana bir şey söylememe izin ver: Filmden zerre anlamıyorsun..."

"Niko, bırak artık," dedi Anette, "hadi devam edelim, birazdan yağmur başlayacak."

Niko, "Sen konuşmayacaksın!" diye gürledi. "Sinemacılıkta beş dakika mı, beş saat mi sürdüğünün hiçbir önemi yoktur. Orada bir isim yazar, o da yönetmeninkidir ve sorumluluk ondadır; bu da, filmin her saniyesinin nasıl olacağını onun belirleyeceği anlamına gelir, anlıyor musun, her santimi ona ve sadece ona aittir, kafana giriyor mu bu?"

"Ama Niko," dedi ancak Pfalz usulü dayanıklı salamın olabileceği kadar inatçı olan Bramstein, "Buñuel ve Dali..."

"Kafayı mı yedin? Buñuel'i ne karıştırıyorsun şimdi?" dedi artık yavaş yavaş kendinden geçmekte olan Niko. "Buñuel tanrıdır, ne diye tanrıyı karıştırıyorsun? N'apıyorsun? Sen kimsin de, bu ismi ağzına almaya hakkın oluyor? Burada bir rol oynuyorsun, oyuncu olarak buradasın, burada Buñuel'in adını ağzına alıp tartışmayacaksın, ya talimatlarıma uyacaksın ya da gidebilirsin!"

"Niko," dedim, "bunlara gerek yok. Böyle bir kavga çıkarmak gülünç; Buñuel, Dali, İsa; burada sadece amatör bir film çekiyoruz, şansımız yaver giderse, kısa film festivalinin birinde gece bir buçukta gösterilecek..."

"Öyle mi? Öyle düşünüyorsan, buyur filmi kendin çek." Niko bu sözleri ağzından bir tütün kırıntısıyla birlikte saçtı ve bizi sonsuza dek sinema sanatının kutsal salonlarından kovan bir bakış attı. Aslında ona hak veriyordum. Bramstein çenesini tutabilirdi. Şimdi bu iş de suya düşmüştü. Artık bu saçmalığa son verip bir iş bulmamın zamanı gelmişti. Belki de kültür sektöründe hâlâ içeri sızabileceğim bir delik vardı. Bir yerlerde üçüncü ya da dördüncü kanalda bir şeyler, 25 yıldır eyalet radyosunda, kilise radyosunda çalışan insanlar vardı, havuç hasatı ya da Melanezya'daki misyona başvuran kadınlar hakkında yeni birkaç şık cümle yazacak birisine ihtiyaçları olamaz mıydı? Niko şimdiden kamerayı söküyordu. Yugoslav "Hessen'den Görünüm"de görevdeydi, Vogelsberg'deki kilise çanlarıyla ilgili kısa bir belgesel. Aniden binanın arka kanadında bir pencere açıldı ve birisi bağırdı:

"Baader'i yakaladılar!"

37

Film yattı ama bir iş buldum. Havaalanı A.Ş.'nin acilen insanlara ihtiyacı vardı, bilgisayarla yönetilen yeni bagaj dağıtıcısı çökmüştü, yani eski usül kol gücüne gün doğmuştu: yardımcı işçilik. Ama artık üniversite öğrencisi kabul edilmediğimden, bagaj işçiliğine asıl iş olarak başvurmalıydım. On dört gün boyunca diğer kamu hizmeti adaylarıyla birlikte bir meslek eğitimi sınıfına gittim: çöpçülük fazla yorucu gelen duba gibi Portekizliler, Akdeniz kıyısında bir otel açmak için para biriktiren suskun Türkler, eski ücretlerinin yalnızca yarısını getirecek bir iş için söylene söylene eğitim alan kimya sektöründen akciğerinin yarısı gitmiş, yaşını almış kalifiye işçiler ve her sabah ellerinde varlarını yoklarını koydukları plastik torbayla gelen, siniri bozulan eğitim sorumlusu hesaplarına 200 mark avansı yatırana dek hareketsiz ve sessizce dersin bitmesini bekleyen gar ya da B-katı ortamlarından şüpheli tipler. Bu numaranın, Kiel'den Friedrichshafen'a kadar ülkede kamu hizmetine işçi alımı yapılan her yeri dolaşan kompetanları vardı. On dört günün sonunda geriye yalnızca içlerinden biri kalmıştı, ki o da ilk maaş yattıktan sonra ayrıldı. Dolabını açtıklarında, çöp konteynerlerinden çıkardığı düzinelerce öğle yemeği paketi etrafa saçıldı. Anlaşılan, B-katındaki berduşların daha ince bir yemek zevki vardı.

Kursun sonunda, hep iyi bir sayı ve kısaltma hafızam olmuş olduğundan –esas olarak, havaalanlarının uluslararası olarak kullanılan kısaltmaları söz konusuydu; LAX = Los Angeles– pek bir şey ifade etmese de birinci olduğum bir yazılı sınav yaptılar. Beni bununla kandıramazlardı. Benimki kadar yüksek bir puana üç yıldır rastlanmamıştı. İşe gireli daha bir hafta olmuştu ve keyifsizce, bagaj arabasını tutmaktan ellerimde oluşan nasırlara bakıyordum ki, bölüm şefinin beni beklediğini söylediler. Aldığım puana hâlâ inanamadığından soruları tekrarladı.

"BGK?"

"Bangkok."

"Hımm, görüyorum ki lise diplomanız var, burada bagaj görevlisi olmanız biraz alışılmışın dışında," dedi.

Bana baktı. Gözlüğümü düzelttim ve hiçbir şey söylemedim. Gri FAG bagaj görevlisi gömleğimin koltuk altları terden sırılsıklamdı.

"Eh, hepimiz bir yerlerde en aşağıdan başladık ve durumunuzu düzeltmek isterseniz, burada FAG'de dev yükselme fırsatları var."

"Nasıl mesela?"

"Şey," dedi, "bu bölümde kalmak isterseniz, tahmin ediyorum, bir yıl içinde kalifiye işçi sınavına girebilirsiniz, ardından ustabaşı olursunuz, bölüm yöneticisine kadar yükselme olanağınız var, bagaj sevkiyatı yenilikçilik açısından giderek önem kazanıyor. Ya da teknik bölümüne geçebilirsiniz, sizin de kesin bildiğiniz gibi, FAG hem yükleme rampasında, hem de öncesinde bagaj sevkiyatından sorumlu, bir de trafik kontrol hizmeti, orada da teknik gelişmeler ilginç tabii..."

"Ah," dedim, "sanırım şimdilik bagajda kalacağım."

"Doğru," dedi ve ayağa kalktı, "önce her şeye iyice bir vakıf olun, ondan sonra bakarız. Aklıma gelmişken; ÖTV'ya* üye misiniz?"

"Hayır."

"Bunu bir düşünün, Bay Gelb."

C hangarına geri dönüp, charter yolcularının bavullarını araçlara yükledim. Tenerife, Palma de Mallorca, Dubrovnik, Girit, Mombasa. Bagajlarda bu kadar az farklılık olması tuhaftı, kahverengi suni deri valizler ve gri Samsonite'lar, naylon sırt çantaları

---

* Öffentliche Dienste, Transport und Verkehr: Kamu Hizmetleri, Ulaşım ve Trafik Sendikası. (ç.n.)

ve bir de aşınmış domuz derisinden seyahat çantaları vardı, standart kozmetik kutuları ve arada bir metal bir şeyler vardı, şık erkeklerin takım elbiseleri için özel valizler ve yüklerken gümbürtü çıkaran, vidalanmış tekerleriyle büyük siyah bavullar vardı; ama bunların hepsi de tek tipti, böylece bir ordu gibi tek tip otellerine ve tek tip menülerine, tek tip plajlarındaki tek tip palmiyelerine dağılıyorlardı. Son derece sıkıcı bir dünya. Son aracı hazırlayıp bitirdikten sonra bir kola ve kitabımı elime aldım. Bu da yine insana okuyacak zaman bırakan bir işti.

Bir gün Niko'yla şehir merkezine inmişken, Kaufhof'tan çıkan Anita'ya rastladım. Eski yatağımdaki ateşli ama aniden kesintiye uğrayan denememizden bu yana sadece birkaç ay geçmiş olmasına rağmen, ikimiz de oldukça değişmiştik. Ben FAG'nin personel kantininde Schnitzel ve patates kızartmasıyla epey kilo almıştım, Anita'ysa epey güzelleşmişti. Gözleri yanıyordu, saçları alev alevdi, dudaklarının ateş kırmızısı yanmak için ruja ihtiyacı yoktu. Ne olduğunu görmek için insanın ona bir an bakması yeterliydi. Etrafındaki havanın kıvılcımlar saçmaması bir mucizeydi.

"Niko," dedim, "haftasonunu kesin Anette'te geçireceksin, değil mi?" Anladı ve yedek anahtarını bana verdi.

Niko, Dimitri'nin eski çatı katında oturuyordu. Yeniden orada, o tanıdık toz, havalandırılmamış yatak, fare pisliği kokusunu Niko'nun bir de siyah sigara ve fotoğraflarını banyo etmekte kullandığı siyah zımbırtıyla zenginleştirdiği çatının altında olmak garip bir histi. Eğik çatı penceresini yavaşça açtım ama dışarıdaki hava da boğucuydu. Yangınlardan futbol maçlarına, dans partilerinden kavgalara, sarhoşluktan cinayete her şeyiyle bunaltıcı bir cumartesi akşamı. Westend simalarında polis helikopterinin sesi yankılanıyordu.

Anita'nın bir açılışa, Pink Floyd'a, bir bardak rozeye, çubuk krakere, iltifatkar bakışlara, esprili sözlere ve duygusallığa, maskaralığa, sigaraya, tesadüfen dizine dokunan bir ele, saçlarına kondurulacak utangaç bir öpücüğe, hatıralara ihtiyacı yoktu. İhtiyacı olan yalnızca birkaç parça kıyafetini koyacak bir yer ve ısıracak bir omuzdu. Anita'nın sekse ihtiyacı vardı.

Bir süre sonra, nefes nefese, "Dinle," dedim, "yarın ilk vardiyadayım, beşte çıkmak zorundayım."

"Bu ne demek şimdi?"

"Şey, Anita, birkaç saat de uykuya ihtiyacım var."

Anita, "İşte de uyuyabilirsin," diye fısıldadı ve kollarını bedenime doladı.

Bu birkaç hafta böyle gittikten sonra, bende yoksunluk belirtileri baş gösterdi. Özellikle de 6'dan 14'e kadarki ilk vardiya benim için ciddi bir sorun teşkil ediyordu. Şişmiş gözlerle bantların arasında oturuyor ve bir sırt çantasını yerden kaldırmakta bile zorlanıyordum. Üstümü değiştirirken omuzlarımdaki ısırık izlerini keşfeden iş arkadaşlarım, daha ilk bagaj arabasında kova dolusu ter döktüğümde imalı sözlerini eksik etmiyorlardı. Özellikle de Türklerin beni, kendini bütünüyle şehvetin dervişlerine teslim etmiş, tam bir domuz olarak gördükleri yüzlerinden okunuyordu.

"Ne dedin, Anita?"

Traube'de oturmuş elma şarabı içiyor ve köfte yiyorduk, yani Anita sigara içiyor, ben de köfte yiyordum. Bu kalorilere ihtiyacım vardı. Traube, geceleri her zaman olduğu gibi, alkolikler, fahişeler, junky'ler, oto hırsızları, sanatçılar, şehvet düşkünleri ve tüm bunları olmanın yanısıra 13. aylık ve emeklilik hakkına da sahip olan kamu çalışanlarıyla dolup taşıyordu.

"Ne diyorsun hayatım?"

"Ne dedin, diyorum."

"Hiçbir şey demedim."

Doğruydu, yalnızca masanın altından bacağımı tekmelemişti. Tıpkı kuvvetli ısırıkları gibi, bu da Anita için bir sevgi gösterisiydi.

Ağzım dolu, "Acele ediyorum, tamam," dedim. "Ama buna gerçekten ihtiyacım var, son vardiya canımı çıkardı."

Ama Anita'yı kandıramazdım. On sekiz yaşındaki koyu gözleriyle bana baktığında, ruhumun ölü noktasında, geceyi meyhanede oturarak geçirmekten ve yazan bir bagaj görevlisi olarak çifte varoluşuyla, öğretmenlere ve Jusos şehir teşkilatı başkan yardımcılarına hava atmaktan çok hoşlanan ama yazdıklarını asla kimseye göstermeyen yorgun bir adam görüyordu.

Anita, "Aslında yazdığın şeyleri okumayı o kadar isterim ki," dedi ve sevgiyle şah damarımı çimdikledi.

"Ah, tüm bunlar saçmalık," dedim ve elini sımsıkı kavradım. "Muhtemelen bagaj sevkiyatında kariyer yapacağım, o zaman kültür sektörüne hiç ihtiyacım olmayacak."

Anita'nın gözleri ironiyle parladı. "Bagaj sevkiyatında nasıl bir kariyer yapılabilir ki, hayatım?"

Bir şişe daha elma şarabı ve bir rom-limon ısmarladım. Köfteler oldukça yağlıydı.

"Bak Anita, önce havaalanında ustabaşı olacağım ama bu sadece çekirdekten yetişmem için gerekli. Sonra Lufthansa'ya yer hizmetleri personeli olarak geçeceğim, şimdiden araştırdım, orada birinci sınıf bir eğitim alıyor insan, onu atlatmak gerekiyor ama deneyimli olduğumdan üstesinden gözüm kapalı gelirim. Bunu da başardım mı, yurtdışına atanmaya bakarım. Sence nasıl? Lufthansa'nın Bangkok bagaj sevkiyat müdürü, Kuala Lumpur bölüm şefi. Yoksa sonsuza dek Kaufhof'da mı kalmak istiyorsun?"

"Neden ben, bunun benimle ne ilgisi var ki?"

"Şey, birlikte kalırsak yani."

"Hımm, biz birlikte miyiz?"

"Alaycı olduğunda daha da güzelleşiyorsun, Anita."

Böylece kaval kemiğime bir tekmeyi daha hak etmiştim ama yine de bazen açıkça gözlerimin önünde beliriyordu: Beyaz takım elbise giymiş ve Panama şapkası takmış halde, Asya'nın balta girmemiş ormanlarının kıyısında bir yerlerdeki bir havaalanının sarmaşık kaplı büro kanadındaki sade ofisimde oturmuş, Pink Gin içtiğim çolak bir *Newsweek* muhabirine, yerel gerilla hareketinin yeniden canlanmasıyla ilgili rivayetlerde hiç doğruluk payı olmadığını anlatıyordum; tavan vantilatörü romatizmalıymışçasına gıcırdıyordu; terminalde Hannoversch Münden'li üç hippi hâlâ sırt çantalarının ortaya çıkacağına dair belli belirsiz bir umutla kamp yapıyordu; ve akşamları bitip tükenmiş halde cipimden indiğimde, Avrupalı mahallesinin yoksul kısmındaki bungalovda Anita, Şangay'dan alınmış ipek bir kimono içinde, elinde büyük bir bardak Campari ve *FAZ*'in sekiz gün öncesine ait edebiyat ekiyle bekliyor olurdu. O omuzlarıma masaj yaparken, mırıldanırdım: Bu akşam beni bekleme tatlım, biliyorsun ya, Frankfurt'tan gelen kargo uçağı, belki beklediğin mikser de gelir sonunda... ve bir ara sabahın ilk saatlerinde, kargo uçağının pilotu Anatol Stern'i oteline bıraktıktan sonra, şafak pembe gölgeleriyle cangılı okşarken, verandada oturmuş, eski Olympia Splend'ime vura vura, genç yaşta sinsi bir sıtmadan ölmemden çok sonra Alman gazetelerinin kültür sayfalarında sükse yapacak olan o işlenmemiş, ham, kederli cümlelerle dolu bir sayfa daha yazıyor olurdum.

"Ha, ne var?" Ürktüm. "Bir şey mi dedin?"

"Gözlerin açık rüya görüyorsun," dedi Anita. "Hadi, onun yerine bana bir şeyler anlat."

Onun yerine ona bir şeyler anlattım.

Anita, eskiden oturduğum Westend mahallesinde, anne-babasının yanında yaşıyordu. Onlar karavanlarıyla geziye çıktıklarında, bazen geceyi orada geçirirdim. Buzdolabında kutu bira ve sabahları aç karnına içmem gereken süt bile olurdu ve pazarları ilk vardiyada çalıştığımda, Anita bana sahanda jambonlu yumurta yapardı. Akşamları televizyonda bir polisiye, ardından biraz meyhane, sonra yeniden eve dönüş ve Anita'yla duşa;

kahve kreması kokan ve tadı tüm ateşli hayaller gibi olan bronzlaşmış kusursuz bedeni ve temiz çamaşır, deodorant, inciçiçeği kokan genç kız odasında temiz çarşaflar. Bütün bunlar hoştu, o genç işi tırmalama ve ısırmalar, öpücükler ve denemeler, tadına bakmalar, inlemeler, ay ışığında parlayan gözler ve ardından bir kutu bira daha. Bir ev hayatıydı bu. Sabahları uzun bir son öpücüğün ardından, esneyen fahişelerin, şaşkın ayyaşların, ülkemizle gurur duyabileceğimizi ilan eden seçim afişlerinin yanından geçerek gara, havaalanına doğru yürürken, belki de nihayet olması gereken budur diye düşünürdüm. Belki de gerçekten Anita'yla eve çıkmalı, üç oda, mutfak, banyo, yukarıda Nordend'de, rahat, bagaj sevkiyatı ve Kaufhof, belki bir çocuk, huzura ermeli, yaraların iyileşip kapanmasına izin vermeli, bahtına ne çıkarsa kabullenmelisin, ÖTV, Palma de Mallorca, neden olmasın, hâlâ yazabilirsin ve eğer olmazsa da kimin umrunda, neden yoksun kalacaksın, kim senden yoksun kalacak ki, iyi bir roman iyi bir kadının tırnağı bile olamaz, edebiyat da neymiş artık, iyi kitaplar zaten var, akşam televizyonda bir şey olmadığında, karın da tiyatroya gitmişse onları okuyuverirsin. Fakat aradığım ve eksikliğini çektiğim şeyin o ev hayatı değil, yeni bir çevre olduğunu biliyordum; çünkü çevre vatan demekti. Onu da, Dar Havlu'yu keşfettiğimde buldum.

38

Bornheim–Wiesenstraße'de mobilyalı bir oda tutmuştum. Bergerstraße sadece birkaç adımlık mesafedeydi. Sonbahar havasını, yerdeki nemli yapraklar, ıslak asfalt, lahana turşusu üstü taze kasap tabağı, bira, yeni beton üzerinde köpek sidiği, eski elma şaraphanelerinde şimdiden keyfini çıkardıkları, hâlâ fermente olmakta olan genç elma şarabı ve Ostpark'tan esen rüzgarın hoş karışımını içime çektim. Koku acıktırıyor, oldukça susatıyordu. Aynı zamanda hem terliyor, hem donuyordum. Hava bronşlarıma kötü geliyordu. Öksürüğüm kulağa hiç de iyi gelmiyordu. Şehir Ormanı'ndaki cereyanlı kargo hangarlarında çalıştığım düşünüldüğünde, bunda şaşılacak bir şey de yoktu. İnsanın bir büro işine, sıcaklığı iyi ayarlanmış bir merkezi kaloriferin yakınında, hava fazla kuru olmasın diye saksı bitkileri ve Frankfurt'a özgü muhabbetlerin sinir balzamı olan sekreter mırıltıları eşliğinde kolay bir işe sahip olmayı dilediği zamandı.

Bergerstraße'den Saalburgallee'ye sapıp aşağıya doğru biraz yürümüştüm. Hâlâ öğleden sonra, paydostan önceydi ama sokak lambalarının üzerinde hafif bir sis asılıydı ve tramvaylar çoktan ışıklarını yakmıştı. Postanenin önünden geçtim; lotoda üç doğru bilip en küçük ödülü kazananlar orada uzun bir sıra oluşturmuş ama 3,60 mark için yarım saat sıra beklemeye değer mi, insan bilmiyor. Ben de sıraya girdim. 3,60 mark, Dar Havlu'da tam üç bira ederdi.

Dar Havlu, postanenin çaprazında Wittelsbacher Allee'nin köşesindeydi. Evet, sarı Binding tabelası orada yanıyordu işte, adımlarımı hızlandırdım. Dikkatli olmakta fayda vardı; iddia edildiğine göre, içkiye aşırı susamış kimi ayyaşlar, gözlerini parlayan hedeflerine dikmiş tramvay raylarından karşıdan karşıya geçerken, sonbahar sisinde elektrikli tramvayın kurbanı olmuştu; evet, o zaman bir çelenk zorunlu hale gelmiş, Bornheim mezarlığında rahibin cenazeye gelenlere söyleyecek epey sözü olmuştu. Fakat bu benim başıma asla gelemezdi; bu tür şeyler, bilindiği üzere, hep başkalarının başına gelirdi. Çoktan karşı tarafa ulaşmış ve boynunu bükmüş son çiçeklerin solup gittiği küçük ön bahçeyi aşmıştım. İki çocuk sürme pencerenin önünde duruyor; Walter kır saçlı başını onlara doğru eğmiş, pasaklı oğlanlara gözlerinde sevgiyle bakıyordu: Eee, 25 pfennig'e karşılık ne istiyorsunuz bakalım – bonbon, meyankökü, jelibon? Kapıyı açtım ve gürültü, sıcak ve bira buharı son bir çılgınlık anı için boğazımı düğümledi. Evimdeydim.

Bar taburelerinin hepsi doluydu. Bu saatte, iki oyun makinesini pfennig ve demir mark'larla besleyen emekliler, özellikle de, Bornheim birahane ve ayakta içilen bira büfesi kültürünün emektarı olan Karle ile Maria nöbette olurdu: Her gün meyhanede, her gün kafalar güzel, her gün beş parasız ama emekli maaşı zamanında yatardı; yani sonuçta, fermuarı açık pantolonları, salya olmuş paltoları ve mütemadiyen bira bardağına düşen AOK takma dişleriyle sağlam müşterilerdi. Karle az önce yine büyük diziyi kaçırmıştı ve meyhanenin ön tarafında toplanan, şüpheli sosis çeşitleri ile şaka ürünleri satarak Hessen'deki halk şenliklerini dolaşan satıcılardan biri, vişne likörlü kahvesini yüzünde bir iğrenme ifadesiyle tezgaha bırakarak, Erich'e meyhanenin gittikçe daha da sefilleştiğini ima edene dek, gutlu elleriyle makineyi yumrukladı. Erich, Walter'in ikiz kardeşiydi ve müdavimlerin dahi iki meyhaneciyi birbirinden ayırmayı beceremediği oluyordu. Durup, boşta olan makineye iki bozukluk attım. Başkalarının Marx Kardeşler filmlerine ihtiyaç duyduğu gibi, benim de bu diyaloglara ihtiyacım vardı.

Satıcı, üzerinde papağan resimleri olan bir karış uzunluğundaki kravatını düzelterek, "Hesabımı kes, Walter," dedi, "burası artık benim için fazla gürültülü. Artık kendi söylediğimi bile anlamıyorum."

"Ben Walter değilim," dedi Erich, "Erich'im. Ne içmiştiniz?"

"Fark etmez," dedi satıcı.

"Ne içtiğiniz fark etmez olur mu?"

"Yani, Walter mi Erich mi olduğun fark etmez."

"Öyle mi diyorsunuz? O zaman bir de Walter'e sorun bakalım, o çoktan kalp krizini atlattı. Ne içmiştiniz?"

Karle aniden, "Walter," diye gürledi, "benim 50'lik nerede kaldı?"

Walter kayıtsızca çocuklarla pazarlığa devam ediyordu, konu lolipop oldu mu meyhaneyi unuturdu.

Erich havlarcasına, "Bekle geliyor," diye bağırdı, "bu kadar yüksek sesle bağırma, çocuk bahçesinde değiliz burada!"

Satıcı, "Yani Walter'siniz işte," diye güldü şimdi, "eh, ikiniz de televizyonda Kuli'nin programına çıkıp, Kessler ikizleriyle step dansı yapabilirsiniz, ha!"

Erich kayıtsızca, "Walter değilim," dedi, "Erich'im ben. Kardeşimden ne aldığınızı bilemeyecek kadar sarhoş olduysanız da, bardak altlığınızı* gösterin bakalım, delikanlı."

Elli yaş civarında olan satıcının yüzü kızardı, tek çıkış yolu belliydi: "Neyse, bana bir şişe daha Beck's verin, Bay Woite, bugün de nasıl olsa geçti sayılır."

Erich, "Evet, eminim bunu yapabilirsiniz," diyerek, 50'liği Karle'nin, bira midesine inene dek titremeyi sürdüren kemikli eline sıkıştırıverdi. Arka tarafa doğru sıvıştım. İki metelik boşa gitmemişti.

Arka tarafta, pencerenin önünde yuvarlak masalı bir oturma grubu ve duvarın oldukça yukarısına kurulmuş renkli televiz-

---

* Alman meyhanelerinde her içki için bardak altlığına bir çentik atılır. (ç.n.)

yonun dışında, bira ve belki Woite'ler ya da Bayan Bergmann'ın tuvaletin yanındaki, sağlık dairesi, ticari işletmeler polisi, yapı denetim dairesinin ve başka her kim sorumluysa asla onay vermediği ve yıllardır yapılması gereken mekân keşfinde derhal kapatacak olduğu mutfak bölmesinde pişirdiği sıcak sosis ya da patates kızartmasıyla pirzola koymaya yarayan birkaç yüksek masa ile tabure vardı. Woite Kardeşler yetmişlerini geçmişlerdi ve bu tür mümkün, ancak muhtemel olmayan gelişmelere sükunetle yaklaşarak, yalnızca duvardaki, gotik harflerle *"Unutma seni doğuran memleketini, / Unuttu mu memleketin seni, / Kalırsın yapayalnız!"* yazan cam kaplı levhanın her gün tozunu almakla yetiniyorlardı. Woite'ler Silezyalıydı ve mekânlarında her gün tozu alınan yegane şey bu levhaydı.

Doktor daha gelmemişti; ama çatı ustası Heinz, *Rundschau*'da dizgici olarak çalışan Horch ve bira göbeklerinin arasında biraz boşluk olan yerde, onlardan bir baş daha uzun olan zayıf Yunan Archimedes tezgahın yukarı kaldırılarak açılan kapağının önünde duruyorlardı. Görünüşe göre bugün hepsi işi asmıştı, yine tembeller kulübü toplantısı var, diye düşündüm. Ama Archimedes'in içmek için haklı bir nedeni vardı. Çalıştığı kuaför kapanmıştı.

"Adam her şeyi kumarda kaybetti," dedi, "acayip – atlar, rulet, piyango, poker ama size diyeyim, manyak gibi. Bir keresinde beni at yarışları için para dolu bir çantayla Londra'ya gönderdi, sonra bir ortağı gelip çantanın içinde ne varsa kaybetti, tüyo doğru değilmiş, acayip, çok acayip."

"Peki şimdi iş meselesi ne olacak?"

"Ah, bir şeyler bulunur, hep bir şeyler bulunur, kuaförlere daima ihtiyaç var. Öncelikle bir hafta tatil yapacağım, biliyor musun, Selanik'e gidip güzel yemekler yiyeceğim, burada güzel yemek yenmiyor, hep bu pirzola, Erich, bu pirzolayı nereden alıyorsun? Hadi, dört Schnaps ver bakalım."

Hep böyle başlardı, sigara almak, gazete almak, başka bir yerde bulamayacağınız birisine bir şey söylemek için kısa süreliğine içeri girerdiniz; ve her seferinde birinin ıslatacak nedeni olurdu: yeni ya da kaybedilen bir iş, nihai bir ayrılık ya da yeni başlamış bir şeyler, emekli maaşına zam yapılması, yılın ilk çiğdemi, kilise şenliği, FSV'nun üst lige çıkması, mobilya takımı ya da karısının nihayet her şeyi alıp gitmiş olması, el koyulan ehliyet, yeni bir protez, ufak bir miras, tekrar bulunan külüstür, hem de tam koyduğum yerde, ve bugün çalışmamı kimse beklemesin, ya da yılın ilk karı, ah, hatırlıyor musun, biz küçükken her şey bambaşkaydı. Aslında, içeride on beş kişi olduğunda Dar Havlu dolmuş olurdu ama bazen hepimiz aynı anda içmeye gereksinim duyardık ve o zaman hepimize yer olurdu.

Binding şişemizden içtik; bu, bizim gözümüzde, bazen içinde Vim tadı olan fıçı biradan daha güvenliydi, daha ucuz ve soğuktu ayrıca, Schnaps'ı içtik, istesiniz de istemeseniz de içmek zorunda olduğunuz günler vardı. Çatı ustası Heinz böyle günlerin uzmanıydı. İri ter damlaları balıksırtı desenli şapkasının altında boncuk boncuk beliriyor, pembe Hessen'li bebek yüzünden aşağı süzülüyordu.

Erich'e, "Hoop, Walter", dedi, "dört bira daha ayarla ve kaloriferi aç, bizi hasta mı etmek istiyorsun?"

"Zaten hasta ayağı yapmıyor musun?" dedim.

"Ben mi? Hasta mı? Saçmalama. Sadece bu sabah beni almadı şerefsizler. Ve sakın buna ses çıkarmayacağımı sanma. Ücretten kesinti de neymiş!"

"İtiraf et, zamanında uyanamadın. Dün akşam ne kadar sarhoş olduğunu düşününce şaşırtıcı da değil zaten."

"Ben mi sarhoştum? Kafayı yemişsin sen. En son aynasızlar ehliyetime el koyduğunda sarhoştum, onun da üstünden zaten bir yıl geçti, o zaman da sadece 2,4 promil çıkmıştı. O kadarı, bizim orada, Frankenberg'de içmemiş sayılır."

Horch, "Bakın, Doktor geliyor," diye bağırdı.

"Eh, sonunda," dedim.

Dr. Müller-Salzmann 1,95'lik bedenini Dar Havlu'da, ayağının altına dolananlara aldırmaksızın hareket ettirerek bizim olduğumuz yere ulaştı. Elleri titriyor, sigarasının külünü etrafa saçıyordu. Gözleri hiçbir yere bakmıyordu. Dr. Müller-Salzmann'ın sipariş vermesine gerek yoktu. Erich çoktan birayı eline tutuşturmuş ve Korn'unu hazır etmişti. Doktor'u içerken görmek, insanın aklını başına getiren bir deneyimdi. Ardından bizi kontrolden geçirmeye başladı. Gördükleri onu pek etkilemiyor gibiydi – ancak kendisi için de çoktan düzenlenmiş olan tek bir reçete yazılabileceği aşikar dört hasta: bırakmak.

"Evet beyler, yeni kırık çıkık var mı? Bu omurilikle kırk beşinizi göremezsiniz, delikanlı; ama dert etmeyin, hayat kırk beşinden sonra zaten hiçbir şekilde meşrulaştırılamayacak bir domuzluktan başka bir şey değil."

Erich'in kendisine getirdiği üç Korn'un ikincisini devirdi. Şimdi harekete geçmem gerektiğini biliyordum.

"Doktor Bey," dedim, "benim bu öksürüğüm hiç düzelmiyor ve havaalanında çalışıtığım işle bu pek mümkün de değil..."

Bana üstünkörü bakmakla yetindi. "Allah aşkına öksürün işte."

Neredeyse nefessiz kalana dek öksürdüm. Archimedes sırtıma vurarak bana rom-limon içirdi. Horch alay edercesine yüzüme bir duman bulutu üfledi.

Dr. Müller-Salzmann, "Yarın muayenehaneye," diye emrederek, FSV'ya sinirlenen çatı ustasına döndü. Dr. Müller-Salzmann aynı zamanda takım doktoru olarak da görev yapıyordu, fakat sadece gittikçe seyrekleşen ayıklık dönemlerinde. Yine de spor sakatlıkları alanında uzmandı, zorlu kırıkları tedavi yöntemleri uluslararası üne sahipti.

Heinz hiddetle, "Takım dişli değil, mahalli lig topçuları, doping yapmalı bunlara Doktor Bey, artık başka türlüsü mümkün değil!" diye köpürdü.

Doktor, "Seni de tekrar muayenehanede bir görmek istiyorum," dedi. "Boynun hoşuma gitmedi."

"Boynum mu?"

Doktor, "Tamamen yamuk duruyor, tekrar düzeltmem lazım," dedikten sonra üçüncü Korn'u da mideye indirdi.

Heinz, kıpkırmızı olmuş bir yüzle, "Peki ama o zaman bana bir haftalık rapor vermeniz gerek," dedi, "buna ruhsal açıdan hazırlanmak zorundayım, Doktor Bey, geçen sefer şoku atlatmak üç günümü aldı."

"Yarın muayenehaneye," diye emredip, üç defa sertçe masayı tıklattıktan sonra, Dr. Müller-Salzmann, uçar adımlarla ve ayaklarının altındaki zemin hariç hiçbir şeye dokunmadan Dar Havlu'yu terk etti.

İnsanın Dar Havlu hariç herhangi bir yerde olmayı dileyeceği ama aynı zamanda inatla tezgah kapağının başında dikilip, pirzolayla kızarmış patatesi de ayakta süpürdükten sonra birayla cilaladığı, bunların hepsini, bu lokmaları, bu varoluşu Korn'la ekşitip erittiği günlerden biriydi. Beş-altı saat sonra her şey denizanasımsılaşır, felsefi bir mübalağaya, varoluşun köpüğüne dönüşürken; hepimiz –çatı ustaları, dizgiciler, kuaförler, bagaj görevlileri, emekli komiserler, bölüm şefleri, berduşlar, üniversite öğrencileri, emekliler, part-time garsonlar, yankesiciler, denizciler, fahişeler, oğlanlar, hokkabazlar, çoban köpekleri ve elinde son kızarmış patates tabağıyla Bayan Bergmann– orada ayakta veya oturur halde gözlerimizi televizyona dikmiş, Egon Bahr'ı Dar Havlu'dan ışık yılı uzaklıkta, öyle doğaüstü bir tezahür olarak deneyimliyorduk ki, en dik kafalı CDU seçmeni dahi, "Eh, Bayan Bergmann, tam sizin zevkinize göre bir adam, değil mi?" demekten kendini alamıyordu. Bunun üzerine Bayan Bergmann ürkerek hayallerinden uyanıyor, göğüs cebinden bir Ernte çıkarıp yakıyor ve filenin altındaki beyaz saçlarına dokunarak sakince gülümsüyordu: "Evet, sizden daha ciddi bir intiba bıraktığı kesin."

Birden bir başka görüntü görür gibi oldum. Bir elimde bardak, diğer elimde şişeyle orada durmuş, yarım kulakla bana *Rundschau*'nun karmaşık iç dedikodularını anlatan Horch'u dinliyordum ki, Ede'nin dört yıl önce son gördüğümdeki gibi, darmadağınık saçlar, bakımsız bir sakal, solgun bir yüz, parıldayan gözlerle kapıdan içeri girdiğini gördüm. Sadece boya lekeli bir t-shirt yerine koyun kürkü bir mont giyiyordu. Bu tür halüsinasyonlar ne garip, hem de sadece bira ve rom-limonla diye düşündüm, çeşit çeşit. Muhtemelen ateşim olmalıydı, neyse, yarın muayenehaneye gidecektim, bu en az sekiz gün yatak istirahati demekti, ihtiyacım da vardı zaten, umarım zatürre değildi, orta çaplı krizlere hazırdı insan ama büyük darbelerle karşılaşmak istemiyordu.

Yakınlarımda biri Suebya aksanıyla, "N'aber Harry, bak izini buldum," dedi. Başımı kaldırıp baktım. Gerçekten de Ede'ydi. Her şey birden sessizleşiverdi. Televizyondaki futbol maçı bile neredeyse hiç anlaşılmıyordu. Ede biraz daha yaklaştı.

Ede'ye, "Görüşmeyeli uzun zaman oldu," Horch'a ise "Bir arkadaşım," ve sonra yine Ede'ye, "Bira ister misin?" dedim.

Ede, "Hiç zamanım yok, seninle konuşmam gerek, dışarı gelsene, arkadaşlar beni bekliyor," dedi.

Bu vakitte, akşamın erken saatlerinde hep olduğu gibi Speed çekmiş ve şimdi bir şeyler bulmak için kendini sokağa vurmuştu ama buranın Tophane olduğu fikrine nasıl kapılmıştı? İnsanları ittire ittire dışarı çıktık. İnsanı ısıran bir soğuk vardı. Yolun kenarında motoru çalışır halde bir araba, arabanın içinde hortlak gibi suratlar.

"Beni nasıl buldun, Ede?"

Güldü. Gülüşü kulağa geçmiştekinden biraz daha kof geliyordu.

"Ah, junky'ler birbirini daima bulur."

"Ama ben artık junky değilim."

"Evet, bunu görüyorum Harry. Ama yine de bir bağlantın vardır, değil mi? İsveç'e giderken yolum düştü, biliyor musun, orada bir kadın, müthiş güzel, beni bekliyor ama basacak bir şeylere ihtiyacım var, derhal, yoksa yola devam edemeyeceğim."
Biranın geri kalanını dikkatlice bardağa döktüm. Köpüğü güzel gözüküyordu. Arabada birisi kornaya bastı.
"Artık kimseyi tanımıyorum, Ede," dedim. "Tamamen uzaklaştım. Ama bana bir gün zaman verirsen kesin bir şeyler bulunur..."
Fakat Ede'nin zamanı yoktu. Bir şeye ihtiyacınız olduğunda asla zamanınız olmazdı. Zaten hemen ortadan kayboldu ve orada, o küçük ön bahçede, sonradan bir müşteri gelip de beni hayallerimden uyandırana dek elimde boş şişe ve bira bardağıyla kalakaldım. O da bir şeylere daha ihtiyacı olan biriydi ama aradığı içeride, Dar Havlu'da mevcuttu ve şişeyle aldığınızda derhal elinizde oluyordu.

39

Mavi-siyahlılar neredeyse bir saat boyunca konuk takımı öne geçiren golün ardından koşturdular ve 81. dakikada eşitlik geldiğinde, FSV'nun oyuncuları da, son 500 fanatiği de çoktan gole yeterince sevinemeyecek kadar tükenmişti. Moraller epeydir Bornheimer Hang'daki pazar öğleden sonra havası kadar bozuktu. İnsanı donduran bir gökyüzü, bir Ölmüşler Pazarı ışığı.

Bir FSV'lu taç atışını yanlış kullanınca, Heinz alaycı bir ifadeyle, "Bak, bir tane daha yiyecekler," diye laf attı.

"Sen de en hasından iyimserlik saçıyorsun ama," dedim. "Aslında sadece Müller-Salzmann sana daha uzun rapor vermedi diye bozuksun."

"Kamuda çalışıyor olsam, çalışmaktan bahsedilirken ağzımı o kadar açmazdım. Bak işte, nasıl oynadıklarına!"

Bok gibi oynuyorlardı. Beş dakika daha. Hava gittikçe soğuyordu. Yakında Aralık gelecekti, o zaman altı aydır havaalanında çalışıyor olacaktım. Kendime, ne yapmam gerektiğini sordum. FSV'lu topçuların üst lige çıkma hayali kurmayı bıraktığı gibi, ben de Lufthansa'da yurtdışı görevi, balta girmemiş tropik ormanlarda bir iş hayali kurmayı çoktan bırakmıştım. Anita da benden ayrılmıştı; muhtemelen umutsuz vaka olarak görüp ümidi kesmişti benden. Ede de aynısını yapmıştı. Eski junky ve müstakbel koca olarak çok başarısızdım ama bunun yazar olarak önümü açacağını hissediyordum. Sorun yalnızca yazmaya oldukça az zaman ayırmamdan kaynaklanıyordu ve o sırada yaşıtlarım her yıl kitaplarını piyasaya sürüyorlardı; romanlar, şiirler, denemeler, anılar; üç yıl önce edebiyat güya ölüyken, şimdi yeniden çiçek açıyordu; neyse ki beraberinde ben de serpiliyordum, yaban otunun da serpilmesine izin vardı. *Stamboul Blues* gerçekten yayınlanmıştı, daktilo edilmiş metin hatadan geçilmiyordu. Adam yayıncılık konusunda da daktilo etmede olduğu kadar beceriksizse, kitabı unutabilirdiniz. Ama belki edebiyat alanı da futboldan farksızdı, favoriler sürekli alaşağı ediliyordu, hem de bir hafta boyunca spotların altında kalacak isimsizler tarafından. FSV'nun savunmacılarından biri 89. dakikada topu ceza sahasının önünde kaybetti; Fulda'lı Hiçkimseler'in santraforu körlemesine abandı, top üstdireğin iç tarafında patladı, minicik bir an için görünmez bir işaret değneğinin ucundaymışçasına orada asılı kaldıktan sonra, muzip bir dönüş yaparak rüzgarla birlikte ağları havalandırdı. Hakem santranın hemen ardından maçı bitiren düdüğü çaldı. Oyuncular sendeleye sendeleye sahayı terk ederken; kağıt bardaklar, sosisli sandviçler, dumanı tüten purolar, yakası açılmadık küfürler yağdı. Alaşağı edilen lig liderleri, dünün matadorları, bilet parasına değmeyen favoriler dünyanın her yanında arenalardan böyle kovuluyordu. Dikkatle izliyordum. Onuru kırılan oyunculardan biri, işaret parmağını kafasına götürerek, kendisine küfredenlerin kafayı yediğini işaret ettiğinde, kafasında bir kağıt bardak daha patladı. Kötü kaybedenler. Ama tükürmeyip yuttuğu nefretin, insanı kanser yaptığı söyleniyordu.

Dar Havlu, pazarları kapalıydı. İyi kardeşler yaşlıydı, bu işi nasıl olsa uzun süre sürdüremezlerdi; ama tutup da pazar günü tatil yapmaları, bu günü bir cezaya çeviriyordu. Müdavimlerin bir ikisini orada burada büfelerin önünde görseniz de; büfede içmek, seviyelerinin biraz altında ve kasımdan itibaren tehlikeliydi de; zira akşamları işin ayarını tutturamadığınızda haliniz duman oluyordu. Bornheim'da elbette bir dünya meyhane vardı, Eski Bornheim, Riederwald, Ostend, sonra şehir merkezine doğru giderken Sandweg vardı; Breitegaß'tan Vilbeler Straße'ye inerken farklı çevreler, işçi sınıfından suçlular sınıfına ve küçük burjuvaziden bohemlere yumuşak geçişler; ama eğer haftaiçi Dar Havlu'da oturuyorsanız, oralara ancak istemeye istemeye gidiyordunuz; tatilde pis bir sahilde, Casa Henninger'deki sidik gibi birayı içip, nihayet her zamanki meyhanenizde iyi bir 50'lik kafaya dikmeyi beklemeye benziyordu. Ayrıca Dar Havlu bir birahaneden, küçük bir bardan, o ünlü pop şarkısındaki meyhaneden fazlasıydı. Dar Havlu, kimi insanların vatanlarının ortasında ihtiyaç duydukları sığınak, hayallerini alıp satabilecekleri bir açık liman, yapı tasarrufu sözleşmesi ve kira kontratı, hava parası olmaksızın, mobilya takımı, nevresim ve küçük "kedicikleri" olmaksızın sahip olabilecekleri evleriydi. İhtiyaç duydukları, yalnızca sonsuz bir içkiye susamışlık ve yanlarında oturanın, kim olursa olsun ve nasıl görünürse görünsün, yanında yeterince susuzluk getirmişse bir akşamlığına arkadaşları olabileceği duygusuydu.

Bu kasideyi Bornheimer Fass için düzemiyordunuz. Fass'ta herkes –Eintracht taraftarlarıyla FSV taraftarları, küçük burjuvalarla küçük suçlular, müdavimlerle başka zamanlar Dar Havlu'da içen lavuklar– ayrı ayrı masalarda oturuyordu. Buna rağmen pazarları maçtan sonra Fass'a gidip, tadı yavan da olsa biranızı içerdiniz. Elbette.

İkinci 50'liği içerken Heinz, "Ne kadar paran kaldı?" diye sordu.

"20 mark."

"Ulan! Bütün pazar o kadarla mı idare edeceğiz?"

"Bütün pazar idare etmek istediğimizi bilmiyordum. Birazdan eve gitmek istiyordum."

"Evde ne yapacaksın ki?"

"Götü sereceğim, Heinz. Yarın zorlu bir gün olacak."

"Sana inanacak olsak, her gününüz zorlu geçiyor zaten. Peki ne kadar kazanıyorsun, eline ne kadar geçiyor?"

"Vardiyayla birlikte yaklaşık 900 mark."

"İşte Harry, osuruk gibi. Bize gel, bizde Ali bile sadece çimento küreyerek saatte 15 mark alıyor."

"Benim için fazla yorucu, Heinz. Ki kastettiğim iş değil, kafayı çekmek. Mütemadiyen sarhoşsunuz."

"Sarhoş mu? Neden sarhoş olacakmışız? Altı, sekiz bira olmadan iskeleye çıkılmayacağı açık. Bunun nesi sarhoşlukmuş? Zorunlu çalışma yönetmeliği bu, iş kazası sigortası da tamamen kabul ediyor. Ne zaman başlıyorsun?"

"Sağol, benim zaten bir işim var."

"Neyse, siktir et."

Kederle bardağının içine dikti gözlerini. Elbet benim iyiliğimi istiyordu ama nedenini anlayamıyordum. Ona bunu sormaya ise gerek görmüyordum. Bu insanların sempatisi beyinlerinde değil, biranın tekrar dışarı atılana dek içine aktığı midelerinde olur ve kimi zaman hafif peltek bir biçimde dile getirilse de, açık bir şekilde anlaşılırdı. Onlara nedenlerini sormak yerine, birada neden yulaf değil de şerbetçi otu olduğunu da sorabilirdiniz.

"O zaman bana gidelim mi?"

"Sende ne yapacağız ki?"

"Of, benim cüzdanımda da sadece on kağıt var. Sadece FSV kaybetti diye bize birayı beleşe vereceklerini mi sanıyorsun?"

İtirazın anlamsızlığını kabullendim. Bir şey Heinz'ın içini kemiriyordu ve ondan kurtulmak için ya sarhoş olmaya ya da birileriyle kavga etmeye ihtiyacı vardı. Tabii en iyisi iyi bir sikiş olurdu, diye düşündüm. Her şeyi unutmamızı sağlayacak bir kadınla bir gece, hepimize en iyi gelecek şey olurdu. Eh, şikayetçi olmaya hakkım yoktu. Benim öyle gecelerim olmuştu. Ayaklarımı yere vura vura Heinz'ın yanında yokuş aşağı inerken, ya her şey o birkaç geceden ibaretse, diye düşündüm.

Heinz askerden sonra, para kazanmak için şehre gelmişti. Şimdi yirmi beş yaşında, evli, bir çocukluydu ve mutfak dolapları, Gelsenkirchen stili barok yatak odası takımı, televizyon dolabı, çamaşır makinesi, müzik seti ve koltuk takımıyla Wittelsbacher Allee'de üç odalı bir dairede oturuyordu. Taksitler eve getirdiğinin neredeyse tamamını yiyip bitiriyordu; uzun bir haftada bu çoğunlukla iki bin demekti, eksi Dar Havlu'da bıraktığı para.

Heinz karısına, "Hadi misafirimize bir votka ver," dedi. Mutfaktaydık, masanın üzerinde hâlâ akraba ziyaretinden kalma kahve fincanları ve pastadan arta kalanlar duruyor, bebek ağlıyordu. Margit hakiki bir Frankfurtlu'ydu, dört kuşaktır Riederwaldlı, sert bakışlı ve ağzı bozuk. Kocasından birkaç yaş gençti ama sadece doğum kağıdında. "Duyduğun üzere ben çocukla ilgilenmek zorundayım," dedi ve bana küçümseyen bir bakış atarak devam etti: "Ama siz hiçbir şey duymuyormuş gibi görünüyorsunuz, afiyet olsun."

Kapıyı kapattı. Margit bir kapıyı kapattı mı, o kapı kapalı olurdu. Heinz iç çekip buzdolabından votkayı çıkardı. Şişede fazla kalmamıştı, kişi başı yarım su bardağı.

Heinz, "Gel çök," dedi. Kahve masasına oturduk. Kremalı vişneli pasta yemişlerdi ve kolunuza bulaşmamasına dikkat etmeniz gerekiyordu. "Evet, böyle işte," dedi Heinz, "önce aşk meşk, sonra karın ve veletle oturmuş, kendine gelecek ay taksiti denkleştirip denkleştiremeyeceğini soruyorsun."

"Her şeyin bir bedeli var," dedim. "Buna karşılık her akşam eve geldiğinde yatakta bir kadın var."

"Evet, hep aynı kadın."

"Aşk da şarap gibi yıllandıkça olgunlaşırmış."

"Şaraptan hiç anlamam, belki kadınlardan da anlamam ama bildiğim bir şey varsa, o da evlenmemenin daha iyi olduğu."

"Adamı adam yapan şey sorumluluktur."

"Düşünüyorum da, bir tür anarşistsin ve kitap falan da yazıyorsun ama Frankenberg'deki dedem gibi konuşuyorsun."

"Gördün mü, insan dedesi hakkında nasıl da yanılabilirmiş."

Bu, Heinz'ı güldürdü, ardından içkilerimizi bitirdik. Ama o oturmaya devam edip, Margit'in bebekle nasıl konuştuğunu dinlemeye başladı. Tombul, pembe yüzü bir gurur ifadesi takınmayı ne kadar da istiyordu ama o anda gücü ancak bir çaresizliğe yetiyordu.

"Aşırı içtiğim zaman Margit nasıl canıma okuyor, biliyor musun. Bununla birlikte, evlendiğimizden beri hiç çalışması gerekmedi, benimse çalışmaktan canım çıkıyor."

"Belki bunun eksikliğini hissediyordur."

"O mu? Bütün ailesi tembel bunun, babası oldum olası işsizlik parası alır, bunlar, alışkanlıktan, sosyal yardım dairesinden başka bir şeyden geçinmez, toplum düşmanları, bizim memlekette Alman olarak çingenelerden biraz üstteler. Onları gördüm mü, içim en hasından nefretle doluyor. Hemen CDU'ya oy veriyorum."

Buna nasıl cevap vermeliydim? Part-time'cı anarşistlerle kafayı çekeceğime, keşke Kızıl Hücre – Hukuk'ta ajitasyon-propaganda kursu yapsaymışım; ama sorun esasen, benim için her fikrin aynı değerde olmasından kaynaklanıyordu.

Cevap vermek yerine, "Gel, gidelim," dedim.

"Yok. Bir yerlerde bir viski olması lazım, önce onu içeceğiz."

Heinz viskiyi aramak için yatak odasında gözden kayboldu. Evli çiftin tartıştığını duyuyordum. Tartışma hızla büyüyordu. Margit böyle devam ederse, yakında tokatlar gelecekti. Açtım. Pasta fena gözükmüyordu. Bir dilim yiyerek, dilek kipinde düşünmeye başladım: FSV kazanmış olsaydı, Dar Havlu açık olurdu. Kadınlar erkeklerin olsaydı, kadınlar ihtiyaç duydukları erkeklere sahip olurdu. O anda ilk tokat patladı. Paltomun cebinden *Stamboul Blues*'un çoktan lekelenmiş bir nüshasını çıkarıp sayfalarını karıştırdım. Metin aslında tek bir uzun şiirdi, bir düzyazı-şiir. Belki de yeniden şiir yazmalıydım; kısa, net sözler, bir yudum votka gibi, bir tokat gibi itinayla ifade edilmiş.

40

Küçük dergiler, yayınevleri, karşı-kültür ve underground edebiyat alemi sürekli gelişme göstermişti ve tüm yollar Anatol Stern'e çıkıyordu. Toplantılardan ve gruplaşmalardan uzak duruyordum. Marjinaller arasında da marjinal kalarak, Stern'in eline geçen broşürleri, Aldo Moll'un Bottrop'ta tutkalla birbirlerine yapıştırarak bilgilendirme broşürleri, sayıları, dağıtımcıları ve çoğaltıcılarıyla bu Alman işi ya da belki de Almanlara özgü değil de dünya çapında olan dernek düşkünlüğü –abonelik kartı ve bağlayıcı grup kararıyla insanlığın ta kendisi– haline getirdiği şeyleri sıkıntıyla gözden geçiriyordum. Ama Almanlar en azından böyle şeyleri büyük bir titizlikle yapıyorlardı ve böylece bizim de bir DKP, bir Müslüman fraksiyonumuz, Harekrişna bölümü de olan bir Şiva fraksiyonumuz, kendiliğindenci ve kendiliğindenliği kesinkes yasaklayan solcularımız vardı. Tabii, biyolojik tarım ile çoğunlukla Fransa'ya doğru uzanan batı illerine bağlı küçük kasabalarda yaşayan en sıkı öncüler, sadece hızlı makinelere binip *high* ve özgür olmak isteyenlerle uyuşmayan sebatlı Gitanes'cılar da çoktan mevcuttu. Ayrıca kadınlar da vardı. Bornheim'ın Amerika'da olduğuna cidden inanmasam da, cut-up birliği bu hengameye Amerika'da durduğu yerden bakıyordu. Fakat ben artık cut-up da yapmıyordum.

Bir keresinde Horch bana gelmiş ve ilk cümlede İskenderiye'de, ikincisinde belki Alphaville'de ve ilk paragrafın sonunda Alfa Centauri'de, yani fezada olduğunuz o metinlerden birine göz atmıştı. Arkadaşı Bramstein gibi, Horch da Pfalz'lıydı, sağlam biracı, dost canlısı bir insan, Asterix hayranı ve bilimkurgu erbabıydı.

"Dinle," demişti, "ne ki bu? Hiç İskenderiye'ye gitmedin ki sen."
"Sevgili Horch, bu yalnızca bir şifre. Bir bilimkurgu-sever olarak sen..."
"Burada şöyle yazıyor: 'Spitfire-Bar'da Danse macabre. İskenderiye'nin varoşlarından çiçek bozuğu suratlı Massai'ler, Dünya Kilise Meclisi'nin delegelerine sımsıkı sarılmış dans ediyorlar' vesaire. Bence bu saçmalık, Harry. Bir de şu uzay yolculuğu hayalleri, bırak bunları bilimkurgu yazarları yazsın, o işi onlar daha iyi beceriyor."
"Olabilir," demiştim, "ama burada söz konusu olan bilimkurgu değil, yeni bir edebiyat."
Horch, "Gel, Dar Havlu'ya gidelim," diyerek konuyu kapatmaya çalışmıştı ama konu öylece kapanmamıştı tabii; çünkü ilerleyen saatlerde, gece karmaşasının ortasında, Woite'ler meyhaneyi kapatmadan önce, Karle'nin kafası çoktan bira birikintisinin içindeyken, Archimedes Maria'yla sirtaki yaparken ve Heinz ağırlaşmış diliyle Brezilya'ya topuklamaktan söz ederken, Horch'la bir anlığına birbirimize bakmış ve aynı anda ikimiz de aynı şeyi düşünmüştük: Malzeme kapının önünde duruyorken, ne diye İskenderiye'de Danse macabre ettiresin ki?
Ama bunun için ilk önce cut-up uygulamasının –hızla çapraz ve ters okumanın, doğrusal cümleleri kesip parçalamanın –dağıttığı cümleleri yeniden biraraya getirmek gerekiyordu. Amerikalı Bukowski'nin ama en çok da, bana bir şey ifade eden birçok yazarla paylaştıkları bir etiketle, polisiye yazarı olarak, Alman kültür-sanat çevreleri tarafından neredeyse hiç fark edilmeyen yazarların cümleleri bunu yapıyordu. Ambler'ı, Ross Thomas ve Deighton'ı yutarcasına okuyordum, kahvaltıdan önce Hammett'in bir hikayesini, son birayla Chandler'dan bir bölümü ve tabii ki Graham Greene'i –son kitabının adı *Fahri Konsolos*'tu– okuyordum. Evet, bu anlatımdı, bizde bunu taklit eden kimse yoktu, buna kıyasla Alman romancılar can sıkıcı gevezelerdi ve hep kaçırılmış fırsatları tutku olarak sunuyorlardı.

Anatol Stern bu koşullar hakkında ağzını açıp gözünü yumuyordu. Amerika, diyordu, neden Amerika'da değiliz ki? Bu, karısını bazen sıkıyordu. O anlarda, "Amerikanız yetti artık," diye bağırıyordu. "Hep Amerika! Bir plak koyuyorsun: Tabii, sadece Amerika'da var! Bir kitap okuyorsun: Evet, tabii, bir Amerikalı, bir onlar becerir bu işi! Peki ya politika ne olacak? O konuda da her şeyi becerebiliyorlar mı? Vietnam? Kamboçya? Kissinger? Nixon? Watergate? Bunlar da o kadar muhteşem mi?"

Aralarında daha önce hiç Amerika'ya gitmemiş olan bir bendim. Ayrıca Amerika'ya o kadar da düşkün değildim. Okuduğum Amerikan kitaplarını ciddiye aldığımda, bu pek de mümkün değildi zaten. Ama önemli olan da bu değildi. Başımızı ağrıtan, şu Alman lapası, kültür ürünleriyle birlikte servis ettikleri şu yapış yapış sostu; ve o sosun tadı, politik hastalıkların tortularından, yüzyılın köhne doktrinlerinden hazırlanıp, sezonun moda politik terimleriyle zenginleştirildiği için o kadar kötüydü. Bu, midemizi kaldırıyor; hâlâ ölü teoriler ve estetiklerle dolu kaselerin altında bel veren masaların başındaki harisliğin, ağızdan akan salyalar eşliğindeki yalakalıkların ve saçmalamaların görüntüsü ve ardından kültür-sanat sayfalarında kusmalar ve özel güvenlikli koğuşlara kadar uzanan kan izleri zaman zaman cesaretimizi kırıyordu. Anatol Stern bütün bunları karısına anlatmaya çalışıyordu. Onun için konuşması kolaydı; ben aşağıda havaalanında kan ter içinde taşıma bantlarından bavulları yüklenir ve ardından içki arkadaşım Horch'un acımasız edebiyat yorumlarına göğüs gerirken, onun yalnızca üniformasını giyip havadan Amerika'ya, Afrika'ya, Asya'ya doğru süzülmesi gerekiyordu. Bildiğim tek bir şey vardı: Ya yazmaya devam edeceksin, ki o zaman bunlara, bütün bu pisliğe katlanmak zorundasın ya da nihai olarak bırakacaksın, ki o zaman da, sokağa düşmeden önce en fazla bir sene daha burjuva bir meslek bulma şansın var.

Beni arabayla eve bırakan Lou Schneider, "Çelik gibi dayanacaksın," dedi. Yeni dergi projemizi konuşmak için Mannheim'dan gelmişti. "Birkaç sene daha buna dayanman lazım. Amerika'da ellerine bir şans geçene kadar nasıl boka bata çıka ilerlemeleri gerekiyor, bir bilsen. East Village'daki bazı tipleri düşününce; İsa aşkına, buradaki ortam şaka gibi! Ginsberg'in *Uluma*'yı adadığı Carl Solomon şimdi altmışına yaklaştı, kafasında saç kalmadı, dişi kalmadı, kasık bağı, romatizma çorapları, lavmanlar ve protezlerle yaşıyor, 500 elektroşoka katlandı ve hâlâ edebiyata sarsılmaz biçimde inanarak şiirini mükemmelleştiriyor. Duruş diye buna derim!"

"Lou, bana cesaret veriyorsun. Köşede bırakabilirsin."

"Olur," dedi Lou. "Ayrıca şiir yazmanın iyi bir fikir olduğunu düşünüyorum. Uğraşmaya devam ve biraz etlenip butlanmasına bak, sakın yağsız diyete kalkışma."

"Öyle mi gözüküyorum, Lou?"

İkimiz de güldük ve Lou beni Wittelsbacher'in köşesinde bıraktı. Dar Havlu oldukça boştu, ay sonu yaklaşıyordu. Finli kadın hemen girişe kurulmuştu. Finli kozmetikçi olarak çalışıyordu ve 80 kiloluk vücudu, Mosel şarabını birkaç kadeh fazla kaçırıp, paranoyakça bir kıskançlığın yiyip bitirdiği kocasının gazabıyla karşılaşmadığı sürece daima bakımlıydı. Adamın kıskançlık için haklı nedenleri yok değildi. Paranoyaklar daima haklıdır. O akşam Finli de neredeyse ayıktı ve düşüncelere dalmıştı. Yanında yer olmasında şaşılacak bir şey yoktu. Yanına oturup bir şişe Beck's ısmarladım.

"Ah, beyefendinin hâlâ Beck's alacak parası var," dedi Nellie.

"Bu akşam neredeyse her şeyi alabilirim."

"Lotoyu mu tutturdun, tatlım?"

"Hayır, az önce, kasık bağı, protez, dişeti çekilmesi, romatizma çorapları, bira ısıtıcısı, siyatik ve lavmanla yaklaşık otuz yıl daha dayanmam gerektiğini, ondan sonra geberirken elime kültür dairesi müdüründen bir çelenk ve kültür sanat haberlerinde beş satırlık bir haber geçeceğini öğrendim."

"O da bir şeydir," dedi Nellie. Bir süre konuşmadan içtik ve ölümü düşündük. Radyo'da radyo-televizyon orkestrası Gershwin'den hüzünlü bir şeyler çalıyordu. Dar Havlu'da moraller bozuk olduğunda, bazen meleklerin kanatlarını fırçaladıklarını duyabilirdiniz.

Finli, "Bu kadar mutsuz olmak için bir nedenin yok, Harry," dedi. "Bak, hâlâ Beck's alıp burada rahatça oturabilecek paran var; ve şu anda dışarıda milyonlarca insan nereye gideceğini bilemeden dolanıp duruyor, bırak birayı, bir evleri bile yok. Peki senin sorunun ne? hâlâ şair olarak keşfedilmemiş olman mı? Güleyim bari."

"Sorunum o değil, Nellie," dedim. "Sorunum, bunun neye yarayacağını bilmemem."

"Neye yaraması gerekiyor ki? Senin de diğer herkes gibi hayat hakkında kendini kandırmandan başka."

"Eh ama insanın yazarak kendini çok az kandırabileceğini düşünüyorum."

"Öyle mi? Kitaplara baktığımda, nadiren kandırılmadığım ya da yazarın kendini kandırdığını fark etmediğim bir tanesiyle karşılaşıyorum. Bugün ne oldu, biliyor musun, hayatım?"

"Yine mi dövdü seni?"

"Ah, hayır. Beni terk etti."

"Bu da ilk defa olmuyor ve şimdiye kadar hep geri döndü."

"İyi bir teselli etme tarzın var, Harry."

Bu konuda haklı olabilirdi. Kadın ruhunun gizli titreşimleri konusunda pek hassas değildim. Benimle eve gitmek isteyip istemediğini düşündüm, kocasıyla sorun yaşadığında sağı solu hiç belli olmazdı; ama sonra sormaktan vazgeçtim. Kasık bağıyla Carl Solomon ve Lou Schneider'in söyledikleri bir şekilde aklımdan çıkmıyordu. *Biraz etlenip butlanmasına bak.* Son zamanlarda, çoğunlukla geceleri, AFN'deki DJ'ler kafadan kontak laflar eder ve çalışma masasının üzerindeki boş bira kutuları parmaklarımın daktiloya vurduğu ritmle dans etmeye başlarken yazdığım şiirlerden birkaçını okumuştu. Parmaklarımın nasıl kaşınmaya başladığını hissediyordum. Bir dakika sonra, serpiştiren yağmurda eve doğru yürürken, sadece bir şiir üzerinde daha çalışmak için yarım şişe Beck's ve yalnız bir kadını meyhanede bırakman sık rastlanan bir durum değil, diye düşünüyordum. Bu alışkanlığa dönüşürse, yakında elinde bir kitap olur. Bir kitap daha. Lou Schneider tamamıyla haklıydı. Çelik gibi dayanmalıydı insan.

41

Kamera asistanı Niko, yeni sevgilisiyle birlikte Wittelsbacher Allee'deki bir evde oturuyordu; sevgilisinin çıktığı çatı katını ise içindeki ıvır zıvırla birlikte ben devralmıştım. Tuvalet holdeydi, kalorifer, hatta soba bile yoktu ama buna karşılık biri arka bahçeye, diğeri tramvayların geçtiği caddeye bakan iki odası vardı. Banyom ya da duşum da yoktu ama umrumda değildi ve yukarıdaki yegane diğer kiracı, bir kanaryayla birlikte yaşayan ve sık sık evden günlerce çıkmayan ve sonra sanki bir harem edinmişçesine yüksek sesler çıkaran, alenen deli bir adamdı. Belki bir tımarhanenin açık koğuşunun hastasıydı. Belki de hepimiz gibi tamamen sıradan bir kaçıktı. Etrafınıza baktığınızda, insanlığın geri kalanı televizyonda reklamları izler ve lotoda altı tutturmayı ya da Rus istilasını beklerken, ruh sağlığı yerinde olanların hepsinin muhtemelen akıl hastanesinde oturup Austerlitz muharebesi, Picasso'nun kübist dönemi ya da post-nükleer dünya hakkında sohbet ettiklerini zaten seziyordunuz.

Burada ev sahibi kirayı almak için hâlâ bizzat geliyordu. Evde değilseniz, başka bir gün tekrar geliyordu, çok acelesi yoktu. Niederrad'da, hipodromun yakınlarında oturuyordu ve kendisinin de koşturduğu birkaç atı vardı. Kirayı denkleştiremediğimde, "Bay Niebergall, geçen pazar beygirinizin nesi vardı?" dedim.

O zaman, "Ah, siz de mi dışarıdaydınız?" diye sordu.

"Evet, tabii, Bay Niebergall, Vanity Fair ancak sekizinci olunca şaşkına döndüm, ata yatırdığım kiramdı, kazanacağına elli, ilk üçe elli, hepsi yattı!"

Ev sahibi, "Ah, üzgünüm, Bay Gelb," dedi. "O zaman bu ayın kirasını gelecek ayınkiyle birlikte ödersiniz. Ama size bir tavsiyede bulunmama izin verirseniz, benim atlarıma oynamayın, bu yıl daha o kadar iyi değiller!"

"Ben de bahis oynamamamı tavsiye edeceğinizi sanmıştım."

Gülerek, kapıdan girerken daima çıkardığı şapkasını taktı. "Sevgili Bay Gelb, o zaman ilkönce kendi evimin önünü süpürmem gerekirdi," dedi.

Havaalanına elveda demiş ama işsizlik parasına da başvurmamıştım. Bütün bu geçici ve part-time çalışma saçmalığını bırakmak istiyordum, kültür sektörü neden vardı ki? Sonuçta yıllardır radyo için, kadın radyosu için yazıyordum, yarım saatlik denemenin uzmanıydım, kadın radyosunun yöneticisi ünlü kadınların hayatları ve eserleri üzerine hazırladığım duyarlı programları sürekli övüyordu. Belki kanlı canlı olduklarında ve duygularıyla ilgilenmem gerektiğinde pek duyarlı değildim ama bu ünlü şahıslardan birini Hessen Radyosu'nun dinleyicilerine tanıtmam gerektiğinde benden duyarlısı yoktu. Clara Zetkin, Colette, Angela Davis ya da Lasker-Schüler'in bir parçası haline geliyordum, kim olduğu benim için fark etmiyordu, profesyonelce ödenen profesyonel bir işti. Nasıl yapıldığını bir kere öğrendikten sonra, kendiliğinden halloluyordu: buraya ufak bir nükte, şuraya dışavurumcu bir dolayım, ardından ironik, mesafeli bir eleştiriyle tuzlamalı ve son olarak da biraz kültür-sanat deodorantı; ücretimi lütfen yine kasada nakit olarak rica edeyim.

Bunu geliştirebilirdim; okul radyosu, belgeseller, ama başkalarına yazdırmak daha iyi olur, sonuçta daha önce de yazı işleri müdürüydün, diye düşündüm; Desert Boots'lar masanın üstünde telefonu eline alıp, Evet, Bay Enzensberger, yine süper olmuş ama sanırım sondan bir önceki paragraf çıkınca, metin daha da hız kazanır, değil mi? Burada Adsız Alkolikler ile ilgili üç bölümlük yazı dizisi, şurada Würzburg'dan Hanau'ya Main hakkında şiirsel bir radyo röportajı ya da ortaokullar için Freiherr von Trenck'in anıları, manuskrilerle kapı kapı dolaşmaktansa, yazı masasının bu tarafında oturmak, bana daha üstün bir iş gibi geliyordu. Böylece staj için başvurdum; doktor ünvanım olmasa ve yarım kalmış üniversite öğrenimiyle hiçbir personel bölümünü etkileyemeyecek olsam da, sonuçta alaylıydım, daha doğrusu, sinirlerim alaylı olmaya yetecek kadar sağlamdı.

Başvurmam, varoluşumu belgelemem, etkilemem gerekiyordu, bilmediğim yalnızca nasıl bir etki bırakmam gerektiğiydi. Trevira pantolonumu fırçaladım, Desert Boots'ları temizledim, kuaföre gittim, saçlarım zaten uzun değildi ama yine de çok kısa kestirdim. Evyenin üstündeki aynaya baktım. Gerçekten de nasıl görünüyordum? Belki de belediyeye başvurman daha iyi olur, diye düşündüm ve çenemdeki bir kesiğin üzerindeki kurumuş kanı kazıdım, onların da bir kültür bölümü var; fakat sendika ya da parti kimliğin olmadan orada da hiçbir şansın olmayacağı kesin. Kesin radyodakilerin de, personel gezilerinde şaklabanlık yapacak birisine ihtiyacı vardır, gizli şairimiz Harry Gelb, hatta bir zamanlar anarşistmiş, şimdi köy radyosunu hazırlıyor. Bir rafadan yumurta yedim. Yumurtanın sarısı kravatıma damladı. Önce silerek lekeyi çıkarmaya çalıştım, sonra kravatı iğrenerek çıkarıp bir kenara attım. Eğer beni istiyorlarsa, kravatsız da işe alırlardı. Beni istemiyorlardı.

Merkez Bankası, Miquelallee'deki bir gökdelene taşınmıştı. Tomruk gibi dümdüz olan bina, in cin top oynayan bu çevrede bir kale gibi yükseliyordu. Hemen içim sıkıldı. İçeride hava o kadar steril ve o kadar sıcaktı ki, nefes almakta zorlanıyordum. Kravat, ümüğümü sıkıyordu. Burada artık kesinlikle kartoteks kutularına, elle tutulan listelere, çiçekliklerin arasında poker oynamaya yer yoktu. Personel müdürü beni hatırlamıyor gibiydi.

"Geçmişte de bizde çalıştığınızı söylüyorsunuz, öyle mi?"

"Evet, dosyalarda olması lazım... iki buçuk yıl önce ve bir buçuk yıl önce..."

"Daha bilgisayara geçirilmedi," dedi ve gözlüğünün üstünden bana baktı. "Peki şimdi ne istiyorsunuz?"

"O zaman part-time çalışan olarak..." dedim. Öksürmek zorunda kaldım. Daha önce böyle bir beyhudelik hissine hiç, en azından bir iş söz konusu olduğunda hiç kapılmamıştım. "Ve düşündüm ki, şimdi – daha doğrusu, tamamen kararlıyım..."

"Ah, sizsiniz," diyerek gözlüğünü çıkardı. Geçen kısa sürede on yıl yaşlanmıştı. Bense yirmi. "Bay Gelb, evet, hatırlıyorum. Fakat o zaman işi ihbarsız bırakmıştınız, değil mi? Yanılmıyorsam sanat kariyeriydi? Ve şimdi tekrar geri dönmek istiyorsunuz, öyle mi? Peki, bakayım ne yapabiliriz. Çıkışı kendiniz bulabilirsiniz sanırım."

Buldum. Merkez Bankası'ndan hiçbir haber gelmedi.

Sabah dokuzda mizah dergisinin yayıncısının karşısında otururken; iş bulamıyorsan, bunun tek sebebi bu insanların bu kadar erken ayakta olmaları, diye düşündüm. İnsan sabahın dokuzunda nasıl bu kadar canlı olabilirdi? Ben gece insanıydım, zorunda kalmadıkça, asla on birden önce kalkmazdım, öğleden sonra yavaş yavaş form tutar, beşinci biradan sonra dünyayla başa çıkacak hale gelir, gece ikide ağaçları söküp atabilirdim. Mizah dergisinin yayıncısı, o sabah rafadan yumurtadan önce aklına iki parlak fikir gelmiş ve zeka fışkıran bir editoryal kaleme almış gibi gözüküyordu. Muhtemelen yirmi şınav çekmiş ve beş kere çalışma masasının etrafında koşmuştu.

"Şimdiye kadar neler yaptınız, Bay Gelb?"

"Şey, zamanında *Zero Zeitung*'u çıkardım, sonradan siyasi sebeplerden kapanması gerekse de, kesin duymuşsunuzdur..."

"Hımm, hiç duymadım."

"Garip. Neyse, yazıyorum işte ama tabii insan kitaplardan geçinemiyor. Son zamanlarda havaalanında çalıştım ama o iş de sağlık açısından..."

"Havaalanında mı? Ne kadar ilginç. Ne işle meşguldünüz?"
"Ah, esas olarak bavul yükledim, bagaj işçisi..."
Kahve fincanını masaya bıraktı.
"Bu harika! Wallraff gibi, çalışma hayatını mercek altına aldınız, öyle mi? Neden bizim için bu konuda eleştirel-mizahi bir röportaj hazırlamıyorsunuz. Bu tam aradığımız şey olur. *Rhein-Main'da Bavul Hamalıydım*, fevkalade..."
"Ah, hayır," diye geçiştirdim, "hiç öyle değildi. Tamamen normal bir işti, biliyor musunuz, kamuda gün ışığına çıkarılacak hiçbir şey yok..."
"Normal bir iş? Yok öyle bir şey. Sizce normal bir iş nedir, Bay Gelb?"
"Şey, bilmiyorum, insanın kirayı ödemek için, bütün diğer zımbırtılar için yaptığı işte."
"Bu, ilgimi çekmiyor," dedi mizah dergisinin yayıncısı. "Yaratıcı bir insansınız, öyle değil mi? Normal bir işte ne arıyorsunuz?"
"Şey, mizah yazmak, bilemiyorum... Bu işin pratik kısmını keşfetmeyi yeğlerim, o işten zaten biraz anlıyorum, dediğim gibi, geçmişte genel yayın yönetmeniydim..."
Konuşma, yayıncıyı sıkmaya başlıyordu. O, gündüzleri editörlük öğrenen, akşamlarıysa evde oturup muhtemelen roman yazan birisini değil, bir Wallraff istiyordu. O türden yeterince vardı. Onun ihtiyaç duyduğu şey ifşaydı.
"Dediğim gibi, bizde normal iş yok. Bir de Bay Cloppenburg'u arayın, küçük bir postayla satış şirketimiz var, orada bir paketçiye gereksinim duyuyor olabilirler. Tabii sizin için yeterince normal ise. Çıkışı kendi başınıza bulursunuz herhalde."

Daha önce midemle hiç sorun yaşamamıştım, şimdiyse artık isyan etmeye başlıyordu. Ona bu yüzden gücendiğimi söyleyemem. Bir hiç uğruna bu sabah koşuşturmacaları; ardından öğlenleri, yavaş yavaş sefil bir hal almaya başlayan mutfakta biraz oturup iş ilanlarını inceliyordum. İlanlar çoktandır, iki-üç sene önceki kadar bereketli değildi. Akşamları Havlu'da zahmetli bir kafayı çekiş ve ardından midem yedide çalar saatin gürültüsüyle pırpır etmeye başlıyordu. Neden bu kadar çok adamın daha sabahtan bir biraya ya da belki doğrudan bir Schnaps'a ihtiyaç duyduğunu şimdi anlıyordum. İki löp yumurtayı zorla mideye indirip bir fincan da poşet çay içtim ama bu da günün dehşetinin azalmasını sağlamadı.

Horch, *Rundschau*'nun arşiv için bir çalışma arkadaşı aradığını haber vermişti. Çalışma arkadaşı, bu da yeni moda bir terimdi. Herkes çalışma arkadaşı arıyordu, depo için çalışma arkadaşı, evrak kalemi için çalışma arkadaşı, ürün stoğu için çalışma arkadaşı, temizlik için, arşiv için çalışma arkadaşı. Yani yeniden kravat, ceket, Trevira pantolon. Önceki akşam Yunan'ın yerinde sağlam içmiştim. Daha kapıdan içeri girmeden, ter bütün gözeneklerimden boşalmaya başlamıştı. Bir arşiv yöneticisi beni karşıladı. Bana nasıl kuşkuyla baktığını doğrudan hissedebiliyordum. Ertesi gün terle birlikte gözeneklerden dışarı atılmaları, anasonlu Schnaps'ların özelliğiydi. Adam bana arşivi gösterdi. Gazete, gazete kupürü, toz dolu raflar. Kağıt, naftalin, tutkal ve cila mumu kokusu. Diğer çalışma arkadaşlarının bakışları beni sessizce inceliyordu. Bu kabirde oturup gazeteleri deşip parçalamanın düşüncesi bile dehşetli bir korkuya kapılmama yetti.

Merkez karakolun önünde, löp yumurtaların ağzıma geldiğini fark ettim. Son anda tramvaydan inip bir çöp sepetine ulaşmayı başardım. Yumurta sarısı, yumurta beyazı, daha hiçbir şey sindirilmemişti. Arkasından bir parça da mide asidi geldi.

Kadının biri kocasına, "Adama bak," dedi, "sabahın bu saatinde sarhoş."

Adam, "Gel, bakma, Erna," diyerek kadını çekti. Belki o da bu durumu kendinden biliyordu.

Telefonbau und Normalzeit firması, Mainzer Landstraße üzerindeydi. Yolun son kısmını, temiz hava almak için yürüyerek gittim. Hava egzoz, benzin, duman koksa da, havaydı yine de. Yağmur başladı. Paltomu yanıma almamıştım. Personel bölümüne ulaştığımda sırılsıklamdım. Sekreter bana oturmam için bir sandalye göstermedi.

"Belgelerinizi bana bir verin bakalım." Vergi kartıma kısaca göz attıktan sonra, "Şu anda nerede çalışıyorsunuz?" dedi.

"Şey, durum şu ki," dedim, "şu anda serbest çalışıyorum, son işverenim Havaalanı AŞ'ydi..."

"Tamam, Bay Kaiser'le bir konuşayım."

Formunu kaybedip kilo almış bir ağır siklet boksörü gibi gözüken Bay Kaiser sigara dumanı saçıyordu.

"Depo işçiliği deneyiminiz var mı, Bay Gelb?"

"Her tür tecrübeye sahibim, Bay Kaiser."

"Görüyorum, delikanlı. Tamam, o zaman bizden haber bekleyin."

Yağmur gittikçe şiddetleniyordu. Bu defa bir sonraki durakta tramvaya bindim. 12 numaralı hat, Wittelsbacher ile Saalburgallee'nin kesiştiği yerde durdu. Dar Havlu'ya yalnızca birkaç adım uzaklıktaydı.

Walter, "İş arıyorsan, bizim yardıma ihtiyacımız var," dedi. "Rudi sürekli sarhoş. Ben de artık bu kalple bütün gün çalışamıyorum."

"Peki ne kadar ödersiniz?"

"Eh, acemisin ama bu iş çabuk öğrenilir. Rudi haftada 400 alıyordu ama garsonluk onun asıl mesleği. Yani becerebilirsen sen de 400 alırsın."

"Ya çalışma saatleri?"

"Onu zaten biliyorsun. Altıda açıyoruz ve akşam onda kapatıyoruz."

"On altı saat eder bu!"

"Öğlenleri dört saat mola alabilirsin."

Boş şişemi önüne koydum.

"Walter, sanırım tezgahın bu tarafında kalmayı tercih ederim. Burada zaman çok daha hızlı geçiyor."

Postayla satış şirketi, küçük zanaatkarların, marangozhanelerin, sıhhi tesisatçıların, cenaze işletmelerinin işlerinin hâlâ iyi gittiği Nordend'deki bir arka avludaydı. Eski bisikletler, pencerelerde sardunyalar, çocuk sesleri. Sosis, briket kömürü, parkalarındaki rozetlerde feminist sloganlarla üniversite öğrencisi kızlar. Bu atölyelerden, geçmişte belki bir kunduracının ayakkabıların başında oturduğu bir tanesine girdim. Şimdi bir paketleme masası, plaklardan çizgi romanlara ve kitaplara, gönderilecek ürünlerin dizili olduğu raflarla birlikte neredeyse odanın tamamını kaplıyordu. Paketleme masasının başında çalışan ihtiyar adamla iki kadın, çalışmaya ara vermeden beni keskin bakışlarla incelediler. Paket ipiyle birkaç el hareketi, pıt pıt hemencecik bir paket daha tamamdı. Ardından, ısmarlama takım elbisesiyle sportif bir iş adamı olan Bay Cloppenburg belirdi. Gözleriyse daha az sportif bir izlenim, en çok rakam görmekten hoşlandıkları izlenimi uyandırıyordu.

"Evet, demek siz yeni adamımızsınız, pek iyi! Yarım gündü, değil mi? O zaman sizi hemen tanıştırayım..."

"Ama önce söylemem gerekiyor ki, paketleme konusunda hiç tecrübem yok..."

"Ah, duydunuz mu, Bayan Schmittinger? Bay Gelb tecrübesizmiş! Evet, ne dersiniz, Bay Gelb'in paketleme hakkında bilinmesi gereken her şeyi öğrenmesi kaç gününüzü alacak?"

Bayan Schmittinger birkaç plağı bir kargo kartonuna yerleştirdi. Bana tekrar bakmasına gerek yoktu. Kararı kesindi.

"Şimdiye kadar çalışan öğrencinin eli yatkındı. Ama bu zorlanacak."

"Tamam, Bayan Schmittinger, iyi ama o öğrenci artık burada değil ve bence o zaten bir istisnaydı. O kadar sigara içmesi de pek hoşunuza gitmedi, değil mi Bayan Schmittinger? Sigara içiyor musunuz, Bay Gelb?

"Arada sırada, Bay Cloppenburg."

"Arada sırada, çok iyi, bizim Bay Gelb epey diplomatmış. Bayan Schmittinger, Bay Gelb'i de şirketin temel direği haline gelecek şekilde yetiştireceğiz. Çocuk oyuncağı bu! Evet, paltonuzu portmantoya asıp çevreye alışın bir, Bay Gelb, biz burada gerçek bir aile gibiyiz ve ciromuz böyle büyümeye devam ederse bir gün bayağı büyük bir aile olacağız. Sizi tanıştırabilir miyim? Bu ortağım Bay Anders, program sorumlumuz ve bu da Bay Gelb, yeni çalışma arkadaşımız, değil mi?"

Bay Anders'in de elini sıktım. Cloppenburg'un yanında, gözlüğünü nereye koyduğunu hiçbir zaman bilmeyen, dalgın bir ortaokul öğretmeni gibi duruyordu. Gerçek bir başarı çifti, biri kültürle, diğeri hesap cetveliyle, her ikisi de kendi çöplüklerinde. En azından saatte 7,50 mark ödüyorlardı, dört saat çalışınca, elime ayda 600 mark geçecekti, ki bu da geçinmeme yeterdi. Paketlemeye başladım.

Bayan Schmittinger, bir süre iple nasıl mücadele ettiğimi izledikten sonra, "Böyle olmaz ama," dedi. "Daha önce hiçbir Noel paketi yapmadınız mı?"

"Hayır."

"Bayan Heppel, ona bir kez daha gösterin, bu acayip zaman kaybetmemize yol açıyor."

Bayan Heppel bana nasıl yapacağımı gösterdi. Emekli adam konuşmadan sigara içiyordu ve iki kadının gevezeliği fazla laubali bir hal aldığında gür kaşlarını yarım santim kaldırıp, tam bir dakika boyunca yukarıda tuttu. "Afiyet olsun," ya da "Seloteypi bana verebilir misiniz lütfen, Bay Gelb," hariç hiçbir şey söylemedi.

Artık nasıl paket yapılacağını bilsem de, kotam yine de oldukça mütevazı olmayı sürdürüyordu. Bayan Schmittinger bir saatte otuz ve Bayan Heppel ile Emekli olsa olsa iki tane daha az paket yaparken, ben ancak on tane yapmayı becerebiliyordum. Plak siparişleri yine görece kolaydı, karton kutuya koy, üzerine seloteyp çek, tamam, fakat ne yazık ki karışık siparişler yoğunlaşıyordu, plaklar ile kitaplar ya da yok pahasına sattıkları solcu kiç rozetler, tişörtler, posterler canımı çıkarıyordu. Bernadette'i düşündüm, ona ne demiştim? Ben ve kitap paketlemek mi? Asla! Şimdi bu depoda durmuş, Alman taşrasının dibine gönderilmek üzere kitap ve ilerici çerçöp paketliyordum; 6411 Kohlhaus'a bir adet Çin Üzerinde Kızıl Yıldız, ayrı faturalarla 7321 Wäschenbeuren'e Komün I'in El Kitabı ve bir de 8581 Oberwarmensteinach'a bir adet Suhrkamp el kitapları seti, artık orada yıl boyunca yetecek Eleştirel Teorileri olacaktı. Arada bir Cloppenburg kapıdan kafasını uzatıp ilan ediyordu: "Şubat ayında 7,957 ciro artışı! Büyüyoruz millet!" Emekli, kaşlarını kaldırıyordu.

Dördüncü gün gitmeyi bıraktım. Telefon açtım.
"Bay Cloppenburg, ben bu iş için doğru insan değilim."
"Evet, siz öyle diyorsanız, Bay Gelb."
"Çekimi postayla gönderin lütfen."
"Eh, siz bilirsiniz."
"Biliyorum."

İş ve İşçi Bulma Kurumu'nun koridorlarında gideceğim yeri bulmaya çalışıyordum. Eskisinden daha çok insan iş arıyor gibi görünüyordu ve hepsinin de becerdiği bir şeyler vardı, E sınıfı ehliyetleri vardı ve temizlikçilik, waffel pişirme ya da dondurma makinesi temizleme konusunda deneyim sahibiydiler. Güvenlik personeli bölümünün önünden geçtim. Büyük bir izdiham vardı. Aklıma Hegel geldi, Hegel ve Germania Bekçilik ve Güvenlik, Doğu Limanı'nda ve yukarıda, Taunus'taki elektrik santralinde geçen uzun saatler; aslında ilginç bir zaman geçirmiştim. Kapıyı açtım. Bir adam kartoteks kutularından kafasını kaldırdı.
"Birine mi bakmıştınız?"
"Evet, iş arıyorum."
"Eh, başka bir şey değilse sorun yok."
İçeri girip kapıyı kapattım.
"Oturun. Nasıl bir iş arıyorsunuz acaba?"

"Evet, güvenlik sektöründe belirli tecrübelerim oldu. O yüzden düşündüm ki, tekrar deneyebilirim."
"Denemekle neyi kastediyorsunuz?"
"Şey, düzenli bir iş yani."
"En son nerede çalıştınız?"
Vergi kartımı uzattım. Karta göz attıktan sonra bana biraz daha dikkatlice baktı.
"Peki ocak ayından bu yana ne yaptınız?"
"Freelance gazeteci olarak çalıştım. Seyahatteydim."
"Aha. Peki, bir bakalım o zaman." Kartoteks kutularını karıştırdı. "Gazeteci olarak kesin olağandışı işlerle ilgileniyorsunuzdur."
"Olağandışı derken ne kastediyorsunuz?"
"İşte, size göre bir şey var elimde. Gar mahallesini bilir misiniz? Kaiserstraße, Elbestraße, Weserstraße? Tabii, siz freelance gazetecisiniz zaten. İşte, Kokett Bar bir kapı görevlisi arıyor, bu olmaz mı?"
"Şey, aslında benim aklımda daha düzgün bir şeyler vardı..."
"Ah, bu tam size göre, zaten bir şeyler denemek istemiyor muydunuz? Orada size güzel bir üniforma verecekler ve gazetecilik faaliyetiniz için izlenimler edinme olanağınız var ve tabii bir de bahşişleri düşünün."
"Evet, ama..."
Bana bir kart uzattı. "Yoksa işsizlik parasına mı başvurmak istiyorsunuz? Hadi bakalım, düşün yola."

Kokett Bar, gar mahallesinin sefil bir köşesindeki sefil bir kerhaneydi. Kızların fotoğraflarının olduğu küçük vitrinin camı, hayal kırıklığına uğramış bir müşteri tarafından kırılmıştı. Ki, fotoğrafların en azından on yıllık olduğu düşünülecek olursa, bunda şaşılacak bir şey yoktu. O zamanlar arı kovanı saçlar modaydı, ben lise ikiye gidiyordum ve şiir yazmaya başlamıştım. Bara bir göz attım. Kızlar pek değişmemişlerdi.

"Birini mi arıyorsun, ufaklık?"
"Ben anlamamak."
"Siktir git, karakafa."

Bir sonraki köşede, istisnaen çalışan bir telefon kulübesi vardı. Germania'da seni bir daha işe almazlar, diye düşündüm. Kesin almazlar. Evet, o zaman geriye sadece fabrika ile inşaat sektörü kalıyor, Ali'yle birlikte beton küremek ve her öğleden sonra sarhoş halde sendeleyerek Havlu'ya gitmek. Deliğe iki on pfennig'lik attım. Numarayı hâlâ hatırlıyordum.

"Germania Bekçilik ve Güvenlik."

"Gelb. Bir yıl öncesine kadar sizde part-time çalışıyordum ve şimdi yine bir şeyler arıyorum..."

"Gelb? Evet, hatırlıyorum," dedi Hegel. "Ama part-time çalışacak kimseye ihtiyacımız yok şu anda."

"Benim de aklımda düzenli bir iş vardı zaten."

"Düzenli bir iş? Evet, bir düşüneyim bakalım, üniversite öğrencisiydiniz siz, değil mi? Evet, sanırım size uygun bir şey var elimizde, Bay Gelb. Uygun bir tesis, gerekli duyarlılığa sahip birisini arıyoruz; nasıl olduğunu bilirsiniz, mesela ağzı kokan bir personeli de ecza marketine koyamayız, değil mi?"

"Benim için ne var elinizde?"

"Üniversite, Bay Gelb."

42

Dört kişiydik: bir Türk – Mustafa, anahtarları karıştırıp duran, part-time çalışan Schlappner, on beş yıldır bu işte olan Bay Kleinschmidt ve ben. Sekize doğru son Nobel Ödülü adayları ile çömezleri ana binayı terk ediyordu. Sekizde kapılar kilitleniyordu; o zaman hâlâ ders çalışmak isteyen olursa, bir bekçinin kapıyı açmasını beklemek zorundaydı.

Kleinschmidt'e, "Bugün birinci turu ben yapmak istiyorum," dedim, "Mustafa, Schlappner'le birlikte ikinciyi yapabilir. Birlikte becerebilirsiniz, değil mi Mustafa?"

"Zorundayız, Harry. Bana bir sigara versene."

Bu bir tamamdı yani. Birinci tur en uzun olandı –iki çarpı iki saat– ama Myliusstraße'ye kadar bölgenin tamamını içeriyordu ve gece güzel olduğunda en iyi tur oydu. Bu gece de güzel olacağını vadediyordu. Mayıs başıydı. Mustafa birinci turun uzmanıydı, tamamen bildiği yegane tur oydu, her bir adımı yarı uykuda atabiliyordu, bu işi yıllardır yapıyordu zaten. Her ay 860 ya da 890 mark'ının yarısını Konya'daki ailesine gönderiyordu. Altı kişilik bir yatak odasında bir yatağı, çöpçü olarak çalışan bir hemşerisiyle paylaşıyor, ekmek, beyaz peynir, konserve lahana sarma ve sigarayla besleniyordu. Otuz altı yaşındaydı ve elli üç yaşındaymış gibi gözüküyordu; Germania'da bir dahaki kart basma noktasına birlikte gitmenin ötesinde güven duyduğum yegane insandı.

Ona doğru ilk turumu attım, on ikide geri döndüm ve güvenlik defterine şöyle yazdım: "Olağandışı vakalar: Senckenberg Parkı'nda 48'deki bodrum penceresinin camı kırılmış."

"Son haftalarda ikinci kez oluyor bu," diye belirtti Kleinschmidt. "Pencerenin önüne ızgara takılması gerektiğini bina görevlisine kaç kere söyledim ama bizi dinleyen kim. Şirket yönetiminin üniversite hakkında ne düşündüğünü ise siz de biliyorsunuz."

Oturup bir sigara yaktım. Schlappner ile Mustafa ikinci turu yapmaktaydılar.

"Niye, ne düşünüyorlar ki?"

"Kurtulmak istiyorlar."

"Böyle prestijli bir tesisten mi?"

Kleinschmidt masanın üzerinden öne doğru eğildi. Belirli şeyleri yalnızca fısıldayarak söylerdi. Tesis ya da vardiya sorumlusu rütbesini taşımaktan zevk alacak, titizce kusursuzluk düşkünü, ihtiyar bir beydi. Fakat öyle bir rütbe yoktu. Kontrolör olmak için ise fazlasıyla yaşlı ve ürkekti ve başında evde tekerlekli sandalyede oturan ve bacaklarından yukarıya doğru ölmekte olan bir kadın vardı.

"Bize hiçbir şey söylemiyorlar," diye fısıldadı, "ama yine de, atış talimlerine katıldığımda bazen kulağıma bir şeyler geliyor. Üniversiteden kurtulmak istiyorlar, çünkü sigorta artık iştirak etmek istemiyor. Çok fazla şiddet vakası oluyor, anlıyor musunuz? Bir gün her şeyi havaya uçuracaklar. Risk çok büyük. Zamanı geldiğinde, aklınıza sözlerim gelsin."

"Sağlammış," diyerek gözlerimi ona diktim. "Hiç öyle düşünmemiştim ama mantıklı. Terör, ha?"

"Bizi de burada harcıyorlar. Pencereler daha başlangıç. Fizikte neler oluyor sanıyorsunuz. Her gün kırılan camlar, dökülen asitler, yakında insanın gaz maskesine ihtiyacı olacak. Bir şey söylediğimde de, ah, Bay Kleinschmidt, diyorlar, üniversite öğrencileri, böyle bir şeye kim sinirlenir ki. Dikkat edin, Bay Gelb, hep kırılan camlarla başlar."

"1933'te olduğu gibi mi demek istiyorsunuz?"

Fakat Kleinschmidt bu konudan titizlikle kaçındı. Yaşamı iki döneme ayrılıyordu, 1951'den önce ve 1951'den sonra.

1951'de Rus tutsaklığından geri dönmüştü, o zamana kadar olan her şey tabuydu. 1951 sonrası da iki alt döneme ayrılıyordu, Germania'dan önce ve Germania'dan sonra. Ki onun da iki alt dönemi vardı, karısının hastalanmasından önce ve karısının hastalanmasından sonra. Bay Kleinschmidt'in yaşamının bahsetmekten hoşlandığı yegane dönemi, ikinci ana dönemin birinci alt dönemiydi, Germania'da işe girmeden öncesi. Hoechst'te çalışmış ve kendine bir Volkswagen almıştı, ev için para biriktirmiş ve Adenauer'e inanmıştı. Şimdi artık yalnızca kendisi hâlâ yaşarken dünyanın sonunun geleceğine inanıyordu. Ayrıca en azından evi kaybetmemek için arabadan vazgeçmek zorunda kalmıştı. İşe gelmesi iki, eve dönmesi yine iki saat sürüyordu, haftada sadece bir gün tatilimiz vardı ve bir vardiya on saat sürüyordu, haftasonları on iki saat. Kendime Kleinschmidt'in Germania'da çalışmak için ne gibi bir nedeni olduğunu soruyordum ama bu soruyu ona hiç yöneltmedim. Bu tür şeyler tabuydu. Aslında cevabı da açıktı. Hepimizin gizleyecek bir şeyleri vardı. Biz başarısızlar burada oturmuş, başkalarının mülkiyetini koruyorduk, en azsa kendimizi koruyabiliyorduk.

Mustafa ile Schlappner ikinci turdan döndüler. Schlappner'in yüzü şimdiden yemyeşildi. Kimyanın havası alkoliklere göre değildi. Heyecanla içinde elma şarabı olan poşetine uzandı. Kleinschmidt bunu görmekten hoşlanmıyordu.

"Görev başında alkol," dedi, "kontrolör sizi yakalarsa derhal işten atılırsınız, Bay Schlappner."

Schlappner şişeyi yarı yarıya boşalttıktan sonra torbayı tekrar dolaba koyup oturdu.

"Siz çenenizi tuttuğunuz sürece, arada bir bir yuduma ihtiyaç duyduğumdan kimsenin haberi olmayacak. Ayrıca elma şarabı, alkol değil ki."

"Muhtemelen içine Schnaps da katıyorsunuzdur siz."
"Denemek ister misiniz, Kleinschmidt?"
"Gelin, bir el 51 oynayalım," dedim.

Halinin düzeldiği görülen Schlappner, "Benim işim var," dedi ve katlanmış bir gazete çıkardı. Gazeteyi açtı. Bir at yarışı bülteniydi. Tüm parasını bahis bayilerinde bırakıyordu.

"Alkol ve at yarışı bahisleri," dedi Kleinschmidt. "Böyle bir adam bir de üniversitede görevlendiriliyor."

"Siz de üniversite sanki kendinizinmiş gibi davranıyorsunuz."

"Sonuçta neredeyse on beş yıldır burada çalışıyorum."

Schlappner, kafasını gazetesinden kaldırarak, "İtiraf etmek zorundasınız ki, Kleinschmidt, on beş yıldır bu şirkette olan birisi için pek yükselememişsiniz."

Kleinschmidt bir an için Schlappner'in üstüne atılacakmış gibi oldu. Schlappner birkaç yaş genç olsa da, Kleinschmidt'e karşı şansı yoktu. Mustafa ise yanlarında oturmuş, kayıtsızca sosuna ekmek bandığı bir lahana sarmayı kaşıklıyor ve tek kelime anlamıyormuş gibi yapıyordu.

"Umarım ikinciyi artık öğrenmişsindir, Schlappner, her seferinde yanına birisini veremeyiz," dedim birden.

Kleinschmidt soğuk bir sırıtışla, "Doğru," dedi. "Son turu tek başınıza atmanızı ve Mustafa'nın üçüncü turda bana eşlik etmesini öneriyorum. Sonuçta, nihayet bir turu becerip beceremediğinizi test etmek zorundayız. Olmazsa merkez sizi başka bir yerde görevlendirmek zorunda."

Radyosuna uzanıp "İkiye Kadar Burada"yı, geceyarısından sonra Hessen Radyosu dans orkestrasının Willy Berking yönetiminde çaldığı müzik programını açtı. Onları, yavaşça ve yoğunlaşarak yemeğini yiyen Türk'ü, yarış gazetesinde büyük para getirecek atı arıyormuş gibi yaparken, bu işi de kaybetme korkusuyla titreyen ayyaşı ve bu tınılar anlamsız bir yaşamın ikinci ana döneminin ikinci alt döneminden dünyanın yaklaşmakta olan sonuna her şeyi unutturarak kendisini avutuyormuşçasına, gözleri kapalı dans müziği dinleyen çuvallamış tesis sorumlusunu orada oturur halde bıraktım. Uzun koridorun sonundaki amfilerin önünde bir kahve makinesi vardı. İki bardak içtim, ardından el fenerimin ışığını söndürüp cam kapıların ardından Gräfstraße'yi izledim. İki öğrenci afiş asarken biri gözcülük yapıyordu. Konunun ne olduğunu karanlıkta göremesem de, kesin tüm katılımcıların vicdanını rahatlatacak bir eylemdi.

Üçe doğru ikinci kez turumu attım. Gece, akşamın verdiği sözü tutuyordu. Hava yumuşaktı. Gökyüzünde uydular parıldıyor, birkaç yıldız da kendilerini gösteriyordu. Işıkların çoğu sönmüştü artık, bir çift aşık, yalpalayan son bir içkici. Bockenheimer Warte'deki bankta hâlâ ellerinde bir şişeyle muhabbet eden iki evsiz oturuyordu. Geldiğimi gördüklerinde huzursuzca sustular, sonuçta üstümde bir üniforma vardı. El salladım ama tekrar konuşmaya ancak onları arkamda bıraktığımda başladılar. Gece bekçileri de, devletin tehditkar iktidarını temsil ediyordu.

Yavaşça Senckenberg Parkı'nın kenarındaki, Kettenhofweg'deki, Beethovenplatz'taki enstitüleri geçtim. Başlangıçta hâlâ arada bir panolara, felsefecilerin ve sosyologların etkinliklerine, ilan tahtalarına, afişlere, söyleşi dizilerine göz atıyordum. Ama ilgimi çabuk kaybetmiştim. Öğrencilerin neyle meşgul olduğunu bilmek istiyorsanız, tuvaletleri ziyaret etmeniz yeterliydi. Komün I'den birisi, orgazm olmakta zorlandığım sürece Vietnam umrumda olmaz dediğindeki büyük tepkiyi hatırladım. Bu arada geriye Alman üniversite öğrencilerinin sahip çıkmadığı neredeyse hiçbir egzotik ülke kalmamıştı; ama onların cinsel sorunlarıyla karşılaştırıldığında, Komün I'in orgazm olmakta zorlanmasının çocuk oyuncağı olduğunu görmek için, pisuarlara göz atmak yeterliydi. Bir keresinde, ana binadaki bayan tuvaletlerini gösterdiğimde, Schlappner'in yüzü kızarmış ve bana sanki o domuzlukları bizzat yazmışım gibi bakmıştı. Zorunda kalmadıkça tuvaletlere girmiyordum; ama afişlerdeki coşkulu sloganları görüğümde, kimi zaman meselenin, sapkın cinsel saplantılarla da ilgili olabileceğini düşünüyordum.

Bockenheimer Landstraße'nin Siesmayerstraße'yle kesiştiği yerde sokak lambasının ışığında tanıdık bir simayla karşılaştım: Fritz. Onu, havaalanında çalıştığım önceki yazdan beri görmemiştim. Bir an için birbirimize baktık, ardından ikimiz de aynı anda sırıttık.

Fritz, "Burada ne yapıyorsun be?" diye sordu.

"Ben de tam sana aynısını soracaktım."

"Temiz havada yürüyüşe çıktım."

"Eh, ben de."

"Tekrar şu Germania'da değilsin, değil mi?"

"Hala o eski evinde oturmuyorsun, değil mi?"

"Hala orada oturuyorum."

"Gördün mü, Fritz, hiçbir şey değişmiyor işte."

Siesmayerstraße'den yukarı çıkarken, Fritz, "Hayır," dedi, "değişen bir şey var. Artık hiç içmiyorum. Bir damla bile."

"O zaman epey kötü olmuş olmalı."

Durdu. Yüzü biraz incelmiş ve sertleşmişti, aynı zamanda ağzının çevresinde, daha önceden orada olmayan öfkeli bir ifade vardı.

"Kötü mü?" dedi Fritz, "cehennem gibiydi, moruk. Durumun o kadar kötüleşmesine de ne yol açtı, biliyor musun?"

"Bilmem. Bekle, burada kısa bir içeri girip saat basmam lazım."

Döndüğümde Fritz, "O zaman bana şu kitabı tavsiye ettin," dedi. Sesi kulağa, sanki söyleyip kurtulması gereken bir şey varmışçasına sabırsız geliyordu. "Malcolm Lowry, *Yanardağın Altında*."

"İçmeyi seven bir insan için doğru eser."

"Doğru eser mi? Harry, kafayı yemişsin sen. Kitabı okuduktan sonra gerçekten içmeye başladım. Hayatımda daha önce hiç olmadığı kadar içiyordum. O konsolostum ben, anlıyor musun, huyalar görüyor, sesler duyuyordum. Bir de hemen bir ilişkiye girdim ki, kadın beni terk ettiğinde pislik içinde debelenebileyim."

"Biraz abarttığını düşünmüyor musun, Fritz?"

Aksine, Fritz hiç ama hiç abartmıyordu. Anlattığına göre, Dağ Vaazı pişmanlık içindeki bir günahkarı nasıl etkilerse, *Yanardağın Altında* da onu öyle etkilemişti. *Yanardağın Altında*, Fritz'in İncil'i; Meksika, vaadedilen topraklar olmuştu. Ama Fritz bir gün, insanın içmesi değil, yalnızca kitabı okuması gerektiğini keşfetmişti. O andan itibaren dönmüştü.

Sevinçle, "Artık bir damla bile içmiyorum, moruk," dedi, "Lowry de kitabı ayık kafayla yazdı. Ama ilk önce cehennemden geçmek zorunda kaldı."

"Senin için cehennemden geçtiğini mi söylemek istiyorsun?"

"Benim için mi?" Fritz bana, hâlâ hiçbir şey anlamamışım gibi baktı. "Sana bir şey söylemek istiyorum, moruk. Birkaç ay önce, Wiesbaden yakınlarındaki bir tarlada birden kendime geldim. Bir araba ödünç almıştım ve büyük bir sahne, sonsuza dek veda etmek için son bir defa o kadına gitmek istiyordum, anlıyor musun, sarhoş halde yoldan çıkıp tarlaya giriverdim, bumm, uzun süre sonra uyandım, arabayı orada öylece bıraktım, yalpalaya yalpalaya tarlalardan geçerek Frankfurt'a vardım, bak, yaralarım hâlâ taze, sana diyeyim, insanın başından sebepsiz geçecek deneyimler değil bunlar."

"Şey," dedim, "sana inanıyorum."

"Üç gün sonra, ne yapmam gerektiğini artık biliyordum. Dün biletimi de aldım."

"Bileti?"

"Meksika'ya uçuyorum, Harry."

Ne diyeceğimi bilemez halde, "Bu harika," diye mırıldandım.

"Meksika'ya uçacak, Lowry'nin o zaman gittiği her yere, Cuernavaca'ya, Oaxaca'ya gideceğim, yanardağlara tırmanacak, cantina'lara gideceğim."

"Ayık mı?"

"Son bir defa, önüme koydukları her şeyi içeceğim ve ondan sonra kesin olarak iyileşmiş olacağım."

Bana, sanki hemen oracıkta diz çöküp beni de beraberinde götürmesi için yalvarmamı bekliyormuşçasına baktı; fakat onun yerine Myliusstraße'ye saptım, bir enstitü de oradaydı. Sonuçta bir işim vardı. İçeride on beş dakikaya ihtiyaç duymuştum ve Fritz'in ortadan kaybolmuş olacağını düşünüyordum –belki de tüm bunlar bir huyaydı– ama enstitüden çıkıp kapıyı kilitlediğimde hâlâ oradaydı. Yavaşça üniversiteye doğru yürüyorduk. Anahtarlar şakırdıyordu.

"Eh, Fritz," dedim, "bir sürü yeni haber bunlar. Peki diğerlerine ne oldu? Speedy, Fuzzi, bodrumdaki ekip?"

"Bu da acayip," dedi Fritz, "altı ay ortalıklarda yoktum, şehir dışındaydım. Geri döndükten sonra da Uzun hariç hiçbirini bir daha görmedim. Onu da bir öğleden sonra Bockenheimer'deki büfeden sürükleyerek dışarı çıkardılar, kelepçelerle, kafasının her tarafı kan içinde."

"Ha siktir."

"Olacağı buydu."

"Eh, öyle de denebilir tabii."

Fritz, Senckenberg Parkı'nın köşesinde durdu.

"Buradan ayrılıyorum," diye ilan etti. "Ya sen ne olacaksın, Harry? hâlâ yazıyor musun, yoksa bıraktın mı?"

"Yazmak farklı," dedim. "Alkol ya da iğne gibi bırakamazsın. En fazla yazmak seni bırakabilir. Bende ise daha doğru düzgün başlamadı bile."

"Belki senin de bir Meksika'ya ihtiyacın vardır," dedi Fritz. "Benim gittiğim Meksika değil de, başka bir Meksika; ama hepimizin bir Meksika'ya ihtiyacı var."

Dedi ve beni öylece bıraktı. Hava yavaş yavaş aydınlanıyordu; daha uzun süre onun, bir roman tavsiye ettiğim için hayatı böyle değişen, kara giysiler içindeki o küçük adamın arkasından baktım. İster roman ya da at yarışı bülteni okuyun, ister kitap yazın ya da her gece turlarınızı atın, hayat aslında sürekli değişiyor ve yine de hep aynı kalıyordu. Senckenberg Parkı'ndan geçip, birinci tura dahil olan hukuk fakültesi binasına girdim. Yukarıda, çatıda bir kontrol noktası vardı. Asansörle yukarıya çıktım. Manzara etkileyiciydi. Gün doğumunda, kızıl ufkun ve Main'ın kıyısında tüten fabrika bacalarının önündeki gökdelenlerin ince uzun silüetleriyle şehir, birçok acı saati telafi eden bir manzaraydı. Güvercinler uysalca kuğuruyordu. Bütün çatıların altında ise yazılmayı bekleyen hikayeler yaşıyordu.

Kapıyı çaldığımda, Mustafa açtı. Demek Kleinschmidt yine de tek başına turluyordu. Schlappner tamamen dağılmış halde bir sandalyede oturmuş, gözlerinden yaşlar akıyordu, saçları havaya dikilmişti, hava elma şarabı kokuyordu.

"Ne oldu, Mustafa?"

Mustafa, "Schlappner bitti," dedikten sonra, oturup bir sigara sardı.

Schlappner sonunda zorlanarak, "Merdivenlerden düştüm," dedi, "asansörü kullanmamıza izin vermediklerinden oldu, tabii dizim sakatlandı, sonra biraz içtim, çünkü şoku atlatmak için ihtiyacım vardı, zira sakatlandım, tabii o zaman da kontrolör geldi, şimdi artık çıkışımı alabilirim." Masanın altına uzanıp şişeyi çıkardı, fakat şişe boştu. Çöp kovasına attı. Schlappner, "Elimde ancak tramvay parası var," diye iç geçirdi ve üniformasının ceket koluyla yüzünü sildi.

Mustafa, "Bugün sikişe gidiyorum," diyerek sigaradan zevkle bir nefes çekti. Ayda bir, iki yaşlı orospu yurdu turluyordu. Kelle başına yirmi mark. "Schlappner, sen sikiş? Elma şarabından iyi."

Schlappner, "Beni rahat bırak," diye ağladı. "Garanti kazandıracak iki beygir buldum ama şimdi de oynayamıyorum."

"Çıkışını alınca, paranı da verecekler."

"Evet ama ya hepsini kaybedersem? O zaman ilmiği boynuma geçirebilirim."

"Beygirler *garanti* kazandıracak sanıyordum."

Schlappner yüzünü ellerinin arasına koyarak sessizce ağlamayı sürdürdü. Mustafa sigara içiyor ve dalgınca gülümsüyordu. Ardından Kleinschmidt geldi ve Schlappner'in başına ne geldiğini duyduğunda o da gülümsedi. Fritz haklıydı: Hepimizin kendi Meksikamıza ihtiyacımız vardı. Ama oraya giden yol, Cuernavaca'ya gidenden daha uzundu ve kimse biletin nereden bulunacağını bilmiyordu.

43

Koblenz'de trenden indim. Alman Köşesi'nin üzerinde bulutsuz bir gökyüzü. Hasır şapkaları ve ağızlarında bira kokusuyla Federal Ordu'nun yedek askerleri. Evet, Ren ve buharlı gemiler ve Bonn yolundaki MS Vaterland, gemi orkestrası, Alman şarabı ve geziye çıkanlar. Fakat ben geziye çıkmamış, ilk okuma etkinliğime doğru yola düşmüştüm.

Kız beni bariyerde karşıladı. Fare kahverengisi saçlı, gözlüklü ve ince kollarını ve biraz daha ete ve kasa ihtiyacı olan vücudunu vurgulayan cart yeşil kazaklı, biraz çekingen bir varlıktı. Jeans. Ancak sesi hâlâ, birkaç gün önce öğle vakti beni uykumdan uyandıran ses kadar erotikti.

"*Stamboul Blues*'un yazarı Harry Gelb ile mi görüşüyorum?"

"Evet, dün gece hâlâ öyleydim. Konu nedir?"

"Telefon numaranı yayıncından aldım. Burada bizimle bir okuma etkinliği yapabileceğini söyledi."

"Orası neresi?"

"Şey, Montabaur, burada bir kulübümüz var, etkinlikler düzenliyoruz. Taşrada kültürel bir şeyler yapmak pek kolay değil ama şimdiye dek iyi yazarları konuk ettik..."

Birkaçını saydı, hepsi de Aldo Moll'un bilgi broşüründen tanıdığım isimlerdi; eh, muhtemelen beni de oradan biliyorlardı, Harry Gelb, *Buzluk* ve *Stamboul Blues*'un yazarı. Ses o kadar vaatkardı ki, hemen kabul etmiştim. Zaten bir serbest günüm daha vardı. Montabaur, yukarıda, Westerwald'da bir yerlerde, temiz hava ve emre amade kızlar, hem ayrıca bir gün halkın, kamuoyu sınavının karşısına çıkmak, yol masrafları ve söyleşi ücreti karşılığında şiirin ham kalbini vücudunuzdan söküp çıkarmalarını kabullenmek zorundaydınız.

Şimdi elinde *Stamboul Blues*'un bir nüshasıyla orada duruyordu işte; sesi hâlâ erotikti, adı Gerda'ydı ve Koblenz'de posta işletmesinde çalışıyordu.

Benden pek etkilenmemiş gözüken Gerda, "Şimdi otobüse binmemiz gerekiyor," dedi. Oysa üzerimde en kaliteli beyaz naylon gömleğim vardı, Trevira pantolonumu yeni ütülemiştim ve vardiyadan sonra da usluca eve gidip birkaç saat uyumuştum. Fakat Gerda muhtemelen, kendisine hemen bir joint uzatarak Amsterdam'daki Paradiso'yu öve öve bitiremeyen, darmadağınık saçlı, küpeli, tırnaklarının arası kir dolu ve kotunda yamalar olan bir hippi beklemişti.

"Önce bir bira içmek isterim," dedim.

Şüpheci bir bakış attı ama gar meydanından geçirerek Hertie'nin kafeteryasına da götürdü. O dondurmasını yalarken, ben de bir 50'lik içtim. Tabii hemen alnımı ter bastı ve gömleğimin göğüs kısmı ıslandı. Gerda daha şimdiden benden nasıl kurtulacağını düşünüyor gibiydi. Ona filtresiz bir Camel uzattım ama sigara da içmiyordu. Hesabı ödedim. Çıktık. Saat daha öğleden sonra dörttü. Okuma saat sekizdeydi.

Posta otobüsü ağzına kadar doluydu. Ev-iş arasında gidip gelenler, çiftçiler, pazarcılar, ev kadınları, askerler ve tam ortalarında, okuma etkinliğine doğru yolda olan bir bekçilik ve güvenlik personeli. Daha önce bu bölgeyi yeni yetmelik zamanımda yürüyerek gezmiştim ama o zamandan bu yana nüfusu oldukça artmıştı: mütevazı hazır bina tekniğiyle inşa edilmiş koca Wüstenrot siteleri, sonra yamaçlardaki bungalovlar, bağlantı yolları, otoyol hatları, Grosso marketleri, alışveriş merkezleri, büyük mobilya mağazaları; Federal Ordu da roket rampalarından dokuz pinli bowling pistine aklınıza gelebilecek her şeyiyle yayılmıştı. Bunları yarım saat boyunca izledikten sonra, nihayet

Gerda'ya okuma etkinliğini düzenleyenin nasıl bir kulüp olduğunu sordum.

"Ah, bir tür gençlik eğitim kulübüyüz," dedi, "farklı ilgi gruplarımız var, edebiyat, film, tiyatro, spor... Montabaur için bu oldukça ilerici."

"Peki arkasında kim var?"

Tekrar şüpheci bir bakış. "Arkasında kimse yok, hepsini kendimiz düzenliyoruz, son okuma etkinliğinde yüzden fazla insan vardı, yazar da harika okudu, onu tanıyor musun, o da senin yayınevinde?"

Kimi kastettiğini biliyordum. Süzme saçmalık. Öyle bir şey bile başarılı oluyorsa, bana belediye salonu küçük gelirdi.

"Evet," dedim, "Montabaur Katolik; bunu organize eden, kilise ya da CDU değil, değil mi?"

"Direkt olarak değil," dedi Gerda. "Yazarlıktan mı geçiniyorsun?"

Şiddetle biraya ihtiyacım vardı, bir biraya ve daha sert bir şeye. Genç Birlik'te* bir okuma etkinliği, buydu işte. Part-time'cı anarşistlikten Katolik cut-up'a. Montabaur'a yaklaşıyorduk. Kasaba da oldukça şüpheci gözüküyordu.

"Direkt olarak değil," dedim, "bir ekmek kapım daha var."

Bakışı ilk kez biraz meraklıydı. "Peki ne yapıyorsun?"

"Güvenlik sektöründe çalışıyorum," diye cevap verdim ve ardından bakışlarımı caddeye, yüksek binalara, sıra sıra evlere, Montabaur'un şehir merkezine yönelttim.

Sekize daha çok vardı. O zamana kadar bir meyhane turu atmak için –"Montabaur'u biraz görmek istiyorum," dedim– bir buluşma noktası önerdim ama Gerda bunu duymak bile istemiyordu. Beni bir an için gözünün önünden ayırdığı anda ilk otobüse bineceğimden şüpheleniyordu. Onun yerine, o meşhum gruptan başka insanların yanına gittik; çay ve ciğer sosisli

---

* Junge Union: Hıristiyan Demokrat Parti'nin gençlik kolu. (ç.n.)

sandviç vardı, plak çalıyordu, evet, Lou Reed'in junky sound'u Montabaur'da da popülerdi, ister Lexington Avenue'de olsun, ister Koblenzer Landstraße'de, her şey elektronik endüstrisinin kontrolündeydi. Oradaki gençlerin Genç Birlik'te ya da folklor derneğinde mi, yoksa ÖTV ya da Kızıl Hücre – Hukuk'ta mı aktif olduğu neyi değiştirirdi? Bir parçasıydılar. Ben de bir parçasıydım. Yeniden üretim çağı, kimsenin dışarı çıkmasına izin vermiyordu. Etkinlik mekânı, bir kilisenin yanındaki arazideydi. Evet, kilise kuzucuklarına bakıyordu, sinema salonundan pinpon masalarına, birahaneye kadar her şey mevcuttu, bira da vardı, şişesi 1 mark'a ama konuşma yapan sanatçılar bedava demlenebiliyordu. Hemen içmeye giriştim ve dinleyicilere, ilk okuma etkinliğimin dinleyicilerine baktım. Öncülümün yüz dinleyicisi olmuştu, benimkilerse daha azdı, daha Montabaur için bir sansasyon değildim. Ortalama on sekiz civarıydılar ve müstakil bir evde yetişmiş ve buna uygun olarak, babadan kalma ayrıcalıklarını arttırma perspektifine sahip, güçlü kuvvetli, güleç taşralı oğlanlar ağırlıktaydı. Müstakbel bölge zanaatkarlar dairesi başkanları, yedek kuvvetler binbaşıları, eyalet parlamentosu adayları, taşra spekülatörleri, CDU kadın kolları yöneticileri ve taşra kerhanesi mamalarının yağlı enseleri ve katmerli gerdanları şimdiden ortaya çıkmıştı; ama Montabaur'da da, başka şeylerin belirdiği yüzler, yakında kirişi kıracak olanların huzursuz gözleri vardı.

"Bay Gelb," dedi mavi boğazlı kazağının üstüne siyah bir örtü geçirmiş olan gençlik papazı, "lütfen önce kısaca iç meselelerimizi halletmemize izin verin, çocuklar, bir sessiz olun bakalım, bu akşam konuşmamız gereken ne var, film haftası, söz Horst'ta!"

İç meselelerini en ince ayrıntısına kadar gözden geçirmeleri kırk beş dakika sürdü. Dernekçilik gelişiyordu, Montabaur Katolik Gençlik Kulübü'nde de gelişiyordu, burada da somut koşulların dayatmaları, aykırı sesler, kasanın durumu, üye kaybı, halkla ilişkiler, işlerin teknik kısmı, gelecek görevlere ısınma, demokrasi, kilise ve devlet vardı. Üreme de aman unutulmasın, herifler yavaş yavaş düğün heyecanına kapılsın ve Rus geldiğinde karşısına dikilmeleri gerektiğini bilsin diye, kızların burada da sıkı sütyenler takıp, strech kotlar giymesine, sarışın bukleler ve kırmızı dudaklarla gezmesine izin vardı. Bu yüzden bu tür bir kültürel katkı hiç de kötü değildi; bu sayede, doğru yoldan ayrılanın sonunun ne olduğunu kendi gözleriyle görüyorlardı. Toplum dışı unsur, düşünmeye teşvik ediyor ve bocalayanların bazılarının, sürüyü terk edip eroinci bir yazar olmaktansa, Genç Birlik'in kültürel faaliyetlerine katılmasını sağlıyordu.

Nihayet tüm gündem maddelerini açıklığa kavuşturmuş ya da ertelemişlerdi. İşte okuyordum. Ancak epey bira içmiştim ve 50 mark ücret karşılığında –"Biliyor musunuz, Bay Gelb, biz de sonuçta yalnızca bir gençlik kulübüyüz," diye durumu açıklamıştı gençlik papazı– onlara iyi bir şov sunmalıydım. *Stamboul Blues*'dan bir bölümü, Tophane'yi, Haliç'teki sis borularını, afyon tekkelerini, kolun içinde kırılan iğneleri, müptelaları, paranoyayı ve ölüleri, Düstere Straße'den, Schmargendorf City'den cümleler okudum. Daha önce Montabaur'da hiçkimse böyle bir şey icra etmemişti ve yakın zamanda da kimse etmeyecekti, allah ne verdiyse okudum. Ardından kısa bir mola verip bir bira daha içtim. Naylon gömleğim terden sırılsıklamdı, buruşturulmuş selpaklar pantolonumun ceplerinde ıslak topaklara dönüşüyordu. Dinleyici kitlem şaşkın gözüküyordu; tıpkı zamanında bana, "Yayınlayabilecek durumda değil..." ve "gerçeklikten biraz uzak," yazan yayınevi editörleri gibi şaşkın. "Evet," dedim ve ağzımı sildim, "şimdi de birkaç şiir." Saate baktığımda, bir saatten uzun süredir okuyordum. Sayfaları katladım. "Sağolun," dedim, "bana yetti, umarım size de yetmiştir."

Birkaç kişi güldü. Fakat bu 50 mark kazanmama yetmemişti. Papaz tartışmayı açtı.

"Evet," dedi, "şimdiye kadarki edebiyat etkinliklerimizdekinden, örneğin Edebiyat Atölyesi'nden genç adamınkinden ya da kısa bir süre önceki mizah okumasındakinden biraz farklı şeyler işittik. Bu herhalde mizah değildi, öyle değil mi Bay Gelb?" Ona gülenlerin sayısı daha çoktu. "Eğer bunu bir yere yerleştirmek istiyorsak, kuşkusuz Amerika'da örnekler mevcut, mesela Jack Kerouac..."

Birama tutundum. Tartışmayı hesaba katmamıştım. Tartışmanın amacı, yazarı küçük düşürmekti. Okulda Almancası 2* olanların ağızlarını açıp dil eleştirisine giriştiği andı; evet, iyi bir Almanca mıydı ki bu, bu kesik kesik cümleler, okurdan buna eşlik etmesi beklenebilir miydi, hiç şiir olabilir miydi bunlar, daha çok düzyazı değiller miydi ama –demek istiyorum ki– daha çok düzyazı, fakat aynı şekilde gündelik dil de değildi, bu kadar ağdalı bir dil ve cinsellik, bu kadar abartılı bir biçimde dile getirilmek zorunda mıydı, neredeyse bir şekilde kadın düşmanıydı ve hem ayrıca bu metinlerde bir şekilde tüm toplumsal bağlantılar da eksikti. Bu, eğlence sektörü, diye düşündüm, bu edebiyat, 50 mark için diz çöküp, ben bir salağın, işe yaramazın tekiyim, toplum dışı bir kadın düşmanı, kamu düzeni için bir tehlikeyim, demek zorundaydınız. Kendi suçun, diye düşündüm, telefondaki her erotik sese kanarsan. İşte bu kadardı, kalbimi vücudumdan söküp çıkarmalarına izin verdim ama itaatkar kızların hepsi çoktan Genç Birlik kasaba yönetimine ve zeki kitapçı çıraklarına aitti ve taşradaki temiz hava da eskisi kadar iyi değildi.

Ardından beni tekrar Koblenz'den kalkan son trene geri bıraktılar, Gerda bir daha ortaya çıkmadı. Papaz eski bir Volkswagen sürüyordu; yanımızda bir de, uzun saçları ve eskimiş deri ceketleriyle iki sempatizanım vardı. Muhtemelen yerel uyuşturucu ticaretini ellerinde tutuyorlardı ama şimdi bana kendi ektikleri ottan biraz ikram etseler mi emin değillerdi,

---

* Alman not sisteminde en yüksek not 1, sayılar büyüdükçe notlar kötüleşiyor. (ç.n.)

muhtemelen şişedeki birayı biraz fazla adanmışça yudumladığımı düşünüyorlardı.

"Seni Frankfurt'ta nerede bulabiliriz?"

"Çoğunlukla Dar Havlu'da."

"Ah, demek ortam orada şimdi?"

"Evet, öyle denebilir."

Onlara Dar Havlu'nun yerini tarif ettim.

"Evet, oraya bir ara uğrayacağız."

"Gerçekten sağlam şeyler yazıyorsun," dedi diğeri, "ama artık öyle değilsin."

"İdare ediyorum," dedim.

Gençlik papazı, "Siz de edebiyatın toplumsal bir görevi de olduğunu düşünmüyor musunuz? Tam da, önceleri taşrada onyıllarca hiçbir şey değişmemişken, şimdi kısa süre içinde kopuşlar, değişimler yaşanırken?"

"Edebiyat öyle bir şey ki," dedim, "herkes neye yaradığını bildiğine inanıyor. Yazanınsa çoğunlukla bambaşka sorunları oluyor."

"Geçmişte ben de üretimde, Frankfurt'ta mobilya sektöründeydim," dedi papaz, "ardından sosyal hizmetlere geçtim, benim mesleğimde insanın toplumsal tecrübeye gereksinimi var. Edebiyatın, sanatın da toplumsal süreçlere daha fazla bağlanmak zorunda olduğuna inanıyorum."

Nihayet Koblenz Garı'na vardık.

"Geriye halletmemiz gereken ücretim kaldı," dedim.

"Ah evet," dedi gençlik papazı, "bunu unutsak tam olurdu. Yani diyorum ki, bu parayı ananızın ak sütü gibi hak ettiniz, değil mi?"

50 mark'ı ödedi. Vedalaştık. Daha yarım saat zamanım vardı ama etraftaki yegane meyhane bir Wienerwald'dı ve şimdi ona da katlanmak zorunda olmadığımı hissediyordum. Gar salonuna oturdum. Ortam oldukça hareketliydi, özellikle de erkekler tuvaletinin önü. Saçları yukarıya taranmış, platform ayakkabılı

ve timsah derisi el çantalı herifler; gar tuvaleti, Koblenz'li ibnelerin iş tutma mekânıydı. Tren geldiğinde, oğlanların birkaçı bindi. Wiesbaden'da işler, Frankfurt'ta işler. Zaten gece de yeni başlıyordu.

Frankfurt Tren Garı. Pencerede durmuş şehrin yeniden iç içe geçerek belirişini izliyordum. Taşrada geçen yarım gün ve şimdiden raylara, demiryolu kulelerine, kenara çekilmiş trenlerin üzerindeki Togal reklamlarına, ise, gürültüye, martılara, uğultuya, kitlenin kişisel itibarını kaybetmemek adına içinde saklanabileceği yüzüne özlem duyuyordum.

Peronda havayı iyice içime çektim, bana bu şehirdekinden daha fazla şey ifade eden bir koku bilmiyordum. Acıkmıştım, bir dana sosisini mideye indirdim. O da güzel kokuyordu. Yavaşça salonda ilerledim, sesleri içime çektim, enstantaneleri biriktirdim. Üniformalı zenciler transistörlü radyolarının müziğiyle dans ediyor, ihtiyar bir berduş gar polisleriyle tartışıyor, elektrikli arabalar posta çuvallarını trenlere götürüyordu, Yugoslavlar bira büfesinde bağıra çağıra son bir bardak daha talep ediyorlardı. Bir oğlanın etrafında dolanan züppe, yüksek topuklu ayakkabısıyla bileğini burkan fahişe, banka gişesinin önündeki yankesiciler, park yasağında duran adamların kolundaki şık kadınların soğuk yüz ifadeleri, çocuklardan ve valizlerini taşıyan hamallardan oluşan bir alayla Hintli aileler ve dışarıda siren seslerinin gökyüzünü kaplayan gürültüsüyle gece.

Saat yarıma geliyordu ve hâlâ içkiye susamış haldeydim; bu şekilde okumak, yazmaktan daha fazla susatıyordu. Dar Havlu bu saatte kimseyi içeri almazdı, Yunan'a, Traube'ye, Fass'a yetişebilirdim ama oralar da kısa süre içinde kapanacaktı; bu gece huzursuz olduğumu, eve erken dönersem, bira kutularını ya da kitapları camdan dışarı atacağımı hissediyordum. Zeil'a giden bir tramvaya binerek Hasengasse'ye ulaştım, köşedeki gece ruhsatlı birahaneler üçe kadar açıktı ve eğer ondan sonra da devam etmek zorundaysanız, Salzhaus uzak değildi ve ardından gar mahallesi, çöküş. İşte Töngesgasse'de karşıma bir tabela çıkmıştı bile, Fritz'i düşündüm, belki tam o anda o da meskal içmek için, ayıklıktan önceki, umarım hiç boşalmayacak o son bardağı içmek için bir cantina'ya doğru yola koyulmuştu.

Tezgahın başına oturup, "Bir bira, bir de duble Scotch," dedim. Fıçı musluğunun başındaki herif beni gözleriyle inceledi ama kalın, renkli camları ve loş ışığıyla nezih bir demlenme mekânı olan burada da hâlâ testi geçiyordum. Mutfak hâlâ açıktı, pirzola, köfte, sosis, lahana, neşeli masalar, müzik dolabında Satchmo* çalıyordu; ihtiyar Jambalaya, herkesin hoşlandığı türden zenci buydu. Duble Scotch ancak esaslı bir yudumdu.

"Bir duble Scotch daha," ısmarladım; yavaş yavaş tezgahın başındaki ve kıyıda köşedeki diğer müşterileri de fark ediyordum, daha bir Frankfurt'tu buralar; dışları cilalı, içleri çürümüş, fakat bana yaklaşan kadının güzel mavi gözleri ve son bardaklarını çoktan içmiş adamların da kafasını karıştırabilecek bir dekoltesi vardı. Harry, sen Scotch'a devam et, dedim kendime.

"Baksana, tanışmıyor muyuz?"

Sesi bana tanıdık geliyordu. Bira bardağını bırakıp, kadına daha dikkatli baktım. Sarı saçlar, mavi gözler, biraz erkeksi bir yüz, bu elmacık kemikleri... Birden sırıtmaya başladığımı fark ettim.

"KSV? İşgal evi?"

"Eh, sen de bayağı değişmişsin," dedi.

Demek hayat Gertrud'u da Maoculardan uzaklaştırmış, rahat yaşam kazanmıştı. Omzunun üzerinden heriflere baktım ama küçük maymunuyla Fred yanında değildi.

"Bunlar tanıdıklarım," dedi, "çarşambaları hep bowling'e gidiyoruz."

"Aha! Peki neler yapıyorsun? Yani demek istiyorum ki..."

---

* Louis Armstrong. (ç.n.)

"Sandweg'de, çoğunlukla çocuk kıyafetleri satılan bir butiğim var."

"İnanılmaz. Peki Fred, yani biliyorsun, yaşadığın tartışma yüzünden..."

"Ah, Fred," dedi hor görerek, "uzun süredir içeride. Boyunu aşan işlere bulaştı, ticaretten anlamıyordu."

"Peki ya siyaset? Haddim olmayan şeylere karışmak istemiyorum ama, eskiden bayağı aktiftin..."

Bir sigara yaktı. Hep içmişti zaten. Parmağında bir elmas parlıyordu. Büyük bir şey değil, insanın bowling'e giderken takabileceği türden işte.

"Niye ki," dedi sonra, "hala aktifim diyebiliriz ama işte Çinlilerden çok kendim için."

"Şu duble Scotch'lardan bir tane daha," dedim ve kadeh tokuşturduk. Şampanya içiyordu.

"Peki sen ne yapıyorsun?"

"Şey," dedim, "yazıyorum."

"Hmm, ne yazıyorsun?"

"Bir romanım yayınlandı, sonbaharda da bir şiir kitabım çıkacak."

"Peki bu işten geçinebiliyor musun?"

"Akmasa da damlıyor. Bir butik kesin daha fazla para getiriyordur. Fakat ben hep yazmak istiyordum. Yavaş yavaş işe hakim olmaya başlayınca da, insan neden yaptığını biliyor."

"Ah, öyle mi? Edebiyat demişken; geçenlerde şehirde alışveriş yaparken kime rastladım, biliyor musun? Bernadette."

"Alışverişte demek."

"Evet, kısa bir süreliğine Paris'ten gelmişti. Evlenmiş."

"Kimle, Sartre'la mı?"

"Hayır ama bir Goethe araştırmacısıyla, komik değil mi?"

"Evet, bence de komik."

Bir süre daha kaldı ama artık kulağım onda değildi, sonra yanındakilerle birlikte ortadan kayboldu ve ben gerçekten içmeye başladım, genel olarak hayatın ama özellikle de Goethe araştırmalarının, en çok da Fransa'daki Goethe araştırmalarının şerefine. Eh, ben de bir araştırmacıydım, en çok da, hesabı istediğimde para bulmak için araştırmam gerekti, bu gecenin bana yettiğine karar vermiştim.

"96 mark yapıyor, usta," dendiğini duydum, "ve sen buraya 60 mark ve biraz da bozukluk koymuşsun, ne diyeyim ben şimdi?"

"Böylece yazarların okuma etkinliklerine ne kadar az ücret verildiğini görüyor insan," dedim, "ama sorun değil, yarın uğrayıp geri kalanını öderim, sonuçta iyi bir işim var, Germania'dayım, tamam mı?"

"Seni bir daha burada görmek istemiyoruz," dedi birisi ve ardından koluma yapıştılar, yere düşmemeye dikkat et, diye düşündüm, gözlüğümü tuttum ve karnıma bir tekme yedim, ardından dışarıda yerde yatıyordum. Kaldırım buydu demek. Tadı başka birçok şeyden daha kötü değildi ama yine de alışmayı istemiyordum. Elimde olduğunu fark edene dek, gözlüğümü aradım. Taktım. Yakından bakıldığında bu kaldırım ilginç görünüyordu, hatta asfalt boyunca ilerleyen bir çatlak vardı ve çatlakta bir ot bitmişti. Madem öyle, diye düşündüm, sen de ayağa kalkabilirsin.

" Zaten içkiye susamak da sadece yaşamakla eşanlamlıydı."

Hammadde'de Harry Gelb

Hammadde ilk elime geçtiğinde ancak yirmi yaşındaydım, o zamandan bu yana bir düzineden fazla kez elime aldım ve her seferinde beni içine çekti. Neyin içine? Dünyanın içine ya da dünyadan dışarı. Eski güzel aleme.

Fauser'in yalnız kahramanları beni büyülüyordu: sürekli yolda, şurada bir şeyler yaz, burada çök, her şeyde kazık ye; evet, yetişkin olmayı öyle kuruyordum kafamda. Orada betimlediği, tüm o kaybedenler ve tam ortalarında hakikatin ta kendisiyle, görüntüdeki zarafetinin ardında şüpheli bir hayatın süregittiği büyüleyici bir alemdi. Genç bir insan, özellikle de genç bir adam olarak, şu düşünceye son derece yatkınsınızdır: Hayat sadece süzme salakların kazanmayı hedeflediği bir mücadeledir, akıllı olanlar bir şekilde zorluklardan sıyrılarak, kendi paylarına bir şeylerin düşmesine bakar ve dünyaya orta parmaklarını gösterirler, ki bu da insanın böyle beli bükükken onurlu bir biçimde becermesinin kolay olmadığı bir şeydir. Ve her yerde, sığınılan bütün o paralel evrenlerde aynı kandırmaca. İster bir parti olsun, ister tasarruf kulüpleri, bir ilişki, hatta aile, bir futbol kulübü, sendika, müzik grubu ya da çete olsun; insanın sefaleti betimlemek ve savunmak için bulduğu giysi, ödeme ve sözcükler duruma göre değişiklik gösterebilir, fakat gerisi aynı kalır.

Böylece Harry Gelb, hatta tek başına ismi bile, benim için ulaşmayı hedeflediğim bir durumun anti-kahramanını temsil ediyordu. Maceranın bir parçası olmak, götü kurtarmak, acımasız ve şüpheci olmak, umutsuzca romantik ve bir yerlerde tantana çıktı mı, daima zevkle katılmak, asla kök salmamak, her sistemin saçtığı pis kokuya son derece büyük bir şüpheyle yaklaşmak. Sonra yeniden bavulları, daha doğrusu sahip olduğun yegane bavulu toplamak. İnsanın neye ihtiyacı vardır ki, diye anlatır Fauser'in kahramanları, yeni bir şehir, yeni kadın isimleri, yeni bir delilik. Bunu bir noktada kavradıktan sonra, yürümez artık.

Junky'lik kolaydır, daima bir hedefiniz, yapmanız gereken bir şey vardır. İnsanın kendisini tahrip etmesi, bir defada iki katı canını çıkarsa da, hep bir an için –gerçekten de– bir anlam olduğunu hissettirir. Ne yapacağınızı bilirsiniz. Kendinizle, zamanla, parayla. Sürekli arayışta. Yaşam dışarıdan bir hızlanmaya maruz kalır; ve çakılıp, hatta yatıp kalırsınız ve umarım akşamdan kalmalığa izin verecek ve son hız cehenneme gitmemek için, yeniden ayağa kalkmanın olanaklılığını tekrar tekrar yoklayacak kadar zekisinizdir. Harry Gelb her defasında bir şekilde ayağa kalkmayı başarır, bir yerde saklanır, başka bir yerde hata yapar, bir dolu şeye cesaret eder ama kimseye yolun tamamı boyunca güvenmez ve asla olmadığı bir şey vardır: emin. Fauser'in ona her tür bağlanmaya alerjik tepki verdirmesi, onu tekrar tekrar başarısızlığa uğratması, yeniden başlatması ve her şeyi denettirmesi, dünyalar arasında dolandırması dokunaklı, acı ve son derece makuldür. Bir, junky'lerin kaldığı ucuz bir otelde, çevresinde paslı iğneler, yoldan çıkmış, resim çizen, kaçık bir iğneci ve ayak takımından her tür hilekarla, pislik ve borç içinde, sıfırı tüketmiş; sonra yeniden, sonsuza dek –ya da değil işte– sabit bir adresi, düzenli bir geliri, müdavimi olduğu bir meyhanesi ve bir kadını olan bir part-time işçi olarak. Ama her defasında kendisi de, biz okurlar da!, ayağa kalkacağına kesinlikle inanırız; hedef aşırı cüretkâr olduğunda, bir an için bile olsa insanın kendisinin inanması gerekir, yoksa bütün bu zahmetin ne anlamı vardır? Bir anda, "Hepimizin bir Meksika'ya ihtiyacı var," der. Ardından yeniden her şey ters gider ama kahramanımız asla hayata küsmez, sadece bir kez daha başına gelenlere karşı başka bir şekilde hazırlanır ve yoluna devam eder.

Bu arada da, tüm bunları kağıda dökme ve ardından satma çabaları – ama kime? Eline yüzüne bulaştırdığı tüm o denemelerin anlatımı etkileyicidir: bir defasında bir "underground dergi"nin yazı işleri müdürü, sonra gayri-ciddi küçük yayınevlerinde ricacı olarak, arada bir havayı rahatlatmak için daha büyük, "hakiki" yayınevlerinden anlayışsız red cevapları. Kimse onun yazdıklarını beklememektedir, ardından tekrar paketler, kaldırır atar, yeni bir postaneden, yeni bir köşeden, saklandığı yeni bir inden gönderir. Sonra bir gün *Stamboul Blues*, hata dolu ve kamuoyunun gözünden uzakta, yayınlanır, para da yoktur; ama en azından, kilise tarafından biraraya toplanmış CDU köy gençliğinin önünde ilk okuma etkinliği gelir, Gelb telefonda kulağa erotik gelen bir kadın sesi tarafından davet ve cezbedilmiştir, tabii kadının vaadin aksi olduğu açığa çıkar, okuma etkinliği tahmin edileceği üzere bir felakete dönüşür, Gelb öncesinde bir alışveriş merkezinin kafesinde aceleyle kafayı çekerken, kadın dondurma yer, Gelb hesabı öder, içmeye devam eder, 50 mark'lık ücret kısa sürede içkiye gitmiş, gömleği terden sırılsıklam olmuştur, ardından sevgili bok çukuruna, Frankfurt'a dönüş yolunda birkaç tavsiye dinlemek zorunda kalır. Gara varıp, birsonrakibirsonrakibirsonraki meyhaneye doğru yola koyulurken yanında olmak istersiniz. Bar, daha doğrusu meyhane, insanın başından her şeyin geçebileceği ve aslında hiçbir şeyin geçmeyeceği bir cennettir. İnsan bir şeylere bulaşır, aramak gereksizleşir, devamı kendiliğinden gelir; ve kahramanımız asla teslim olmaz. Betimlediği ve içinden geçip gittiği yük istasyonları, mahalle meyhaneleri, mezbahalar, altkültür cehennemleri, yaya yolları

– artık var olmayan bir Almanya, güya, hep öyle denir ya, çöküp gitmiş olan bir Federal Alman Cumhuriyeti; ama böyle bir saçmalığı güvenceli bir işi olan, korkularının döner koltuğuna zımbalanmış hıyar editörler öne sürebilir ancak, aslında bütün o kaybetme mahalleri ve sevimsizlikleriyle saçma bir şekilde çekici olan gri bölgeler tabii ki var olmayı sürdürüyor, yaşam adını verdiğimiz şey oralarda gerçekleşiyor, bunu görmek için yalnızca oralara bir uğramanız yeterli. Ya da Helge Schneider'in *Jazzclub*'unu izlemeniz. Daima gerçekçilik talep ederler ve sonra birisi gelir ve gerçeği tüm katılığı ve güzelliğiyle anlatır, ve ardından, ah şu aptal gündelik hayat, şu insanlar, derler. Harry Gelb ise: "Öğrencilerin neyle meşgul olduğunu bilmek istiyorsanız, tuvaletleri ziyaret etmeniz yeterliydi." Geçenlerde, parmakla gösterilecek aptallıkta bir edebiyat eleştirisinde, gerçekçiliğin bir reddi olarak şu inanılmaz derecede beyinsizce tespiti okudum: "Gündelik hayat bende de var" – ve ardından sürükleyici gerilim adı verilen şey ve hassasça gem vurulmuş aşk saçmalığı övülüyordu. Harry Gelb de, eserleri basılan, ilgi çeken Alman romancılara şöyle söver: "...ve hep kaçırılmış fırsatları tutku olarak sunuyorlardı."

Fauser'in *Hammadde*'si muhtemelen Almancada yazılmış en iyi uyuşturucu romanıdır. Bunların sayısı çok olsa da; junky'liğin gerek romantizmini gerekse katıksız donukluğunu, bağımlılıktaki bağımsızlığı, dünyaya sürekli kaçarak katlanmayı ve nihayet, hatalı, diğerlerinden daha hatalı olmadığının, yoldan sapmanın doğru yol olduğunun kesinlikle bilincinde olarak başarısızlığa uğramayı kağıda dökmeyi şimdiye dek Fauser kadar iyi becerebilen kimse olmadı. Fauser, bunu yaparken, edebi gelenekleri hiçe sayar; türler –polisiye, günlük, roman, masal– iç içe geçerek bir olur, muhteşem bir kitaba dönüşür.

Fauser'in yeniden tamamıyla ulaşılabilir kılınması ne güzel ve yayıncı Wewerka bu iş için biçilmiş kaftan. Geçenlerde baba olduğunda, hastanede çekilmiş bir fotoğrafı herkese gönderdi;

harika, yeni bir Troçkist kızımız aramıza katıldı, belki derdimize derman olur, insan umudunu asla kaybetmemeli, yazmaya, yayınlamaya, dans etmeye, okumaya, aramaya, meydana getirmeye, yıkmaya, bağırmaya, gülmeye devam etmek zorunda. Devam etmek. Fauser meselesi kanına işlemiş olan yayıncı da, bu müjdeli duyuruyu on numara bir Fauser kahramanı cümlesiyle kapatıyordu: "...ve şimdi bir bira içmeye gidiyorum." Ya da, Harry Gelb'in *Hammadde*'nin finalinde, bir kez daha her açıdan yere serilmiş, yiğitçe ve hakkından gelinemez bir biçimde hükmettiği gibi: "Madem öyle, diye düşündüm, sen de ayağa kalkabilirsin."

Benjamin von Stuckrad-Barre
(Haziran 2004)

1975 yılında Bremen'de dünyaya gelen Benjamin von Stuckrad-Barre, 1993'ten bu yana bağımsız yazar olarak çalışıyor (eserlerinden bazıları: Soloalbum, Blackbox, Livealbum, Deutsches Theater). www.stuckradbarre.de

"Yazmak bir sosyal hizmet değildir."

25.09.1984 tarihli "Autor-Scooter" programında Jörg Fauser, Hellmuth Karasek ve Jürgen Tomm arasındaki sohbetten alıntı.

Karasek: Bir polisiye yazmaya, *Der Schneemann*'ı [Kardan Adam] yazmaya nasıl karar verdiniz?

Fauser: Bu mantıklı bir gelişmeydi. Profesyonel yazar olmak değil, sadece yazmak istiyordum. İnsanın, herhangi bir şey yaparak normal bir yaşam sürerken, bir yandan da birkaç ölümsüz eser ortaya koyabileceği düşüncesindeydim. Fakat gittikçe artan biçimde, bunu yapmanın çok zor olduğu işlerde çalışmak zorunda kaldım ve insanın işten sonra çalışma masasının başına geçebileceği burjuva bir yaşama sahip olmayı beceremedim.

Karasek: Evet, bunu gece bekçisi olarak yapmak zor.

Fauser: Sonra kendime dedim ki, peki, o zaman meseleye profesyonel yaklaşmak zorundasın. Yazmak bir iş ve hep yalnızca ara sıra biraz yazmak insanı bir yere ulaştırmıyor. Yani, gerçekten anlatmaya başlamak zorundasın. O zamanlar, kendini ağırlıklı olarak William Burroughs gibi Amerikalıların yazınına dayandıran, benim için çok önemli olan edebiyat çevreleriyle ilişkiliydim. Ama bu benim için bir çıkmaz sokaktı, çünkü aşırı teknik bir yazım tarzına çıktı.

Karasek: Tema açısından çıkmaz sokak değil miydi?

Fauser: Hayır, tema açısından değil, işin zanaat kısmı açısından öyleydi. Bunlar, her şeyden önce burada büyük bir okur kitlesine ulaşamayacak şeylerdi. Kimse anlamıyordu. Yazmayı gerçekten öğrenmek ve de iyi hikaye anlatmaya başlamak zorundasınız. Bunu yıllarca yaptım ve sonra kaçınılmaz olarak bir türe, anlatı açısından baktığımızda hikaye anlatmanın kurallarının işin esasını oluşturduğu polisiyeye, gerilime vardım.

Karasek: Bunu çok iyi başarmışsınız gibi gözüküyor; zira okuduğuma göre, dün Kardan Adam'ın filminin çekimleri başlamış. Başrolü Marius Müller-Westernhagen oynuyor. Anlaşılan, hikaye o kadar ilginç ki, filmini çekmek isteyen yapımcılık şirketleri gerçekten de kitabınızın üstüne atlamış. Hikaye, basitçe söyleyecek olursak, eline kendi arzusu dışında geçen uyuşturucuyu Malta'dan Almanya'ya ulaştırmaya ve orada elinden çıkarmaya çalışan ve sonunda tabii elinde avucunda yine hiçbir şey kalmayan bir adamın hikayesi. Yani, sonunda kandırılan aslında kendisi olan ve başladığı gibi bitiren, negatif bir polisiye kahramanında karar kıldınız.

Fauser: Evet, o tabii aslında gerçek bir torbacı değil, küçük bir junky. Arada bir kaçak tereyağı ya da eline ne geçerse satan türden bir tip. Burada, ekonomi mucizesi diyarında hiçbir şey olmayı başaramamış bir insan. Aslında, bir tür satıcı, arada bir ufak üçkağıtçılıklar da yapan birisi. Tesadüfen – kendisi için – biraz fazla büyük olan bu meseleye bulaşıyor. Ama bu açıdan kaybettiğini söyleyemem, malı kaybetse de, kendisini geliştiriyor. Film bunu anlatmayı başarabilirse iyi olur.

Karasek: Filmle ne tür bir bağlantınız var?

Fauser: Hiçbir bağlantım yok.

Karasek: Hikayenizi sattınız ama senaryoda pay sahibi değilsiniz.

Fauser: Hayır, değilim.

Karasek: Senaryonun nasıl olduğunu da mı bilmiyorsunuz?

Fauser: Senaryoyu biliyorum. Senaryo –ah, Tanrım– bir film işte. Bu, romandan farklı bir dal; filmde bir mutlu son vardır. Benim figürüm Blum, kadınlara karşı da büyük bir güvensizlik duyan bir insan. Bir paranoyak. Paranoyağın yüzyılın figürü olduğunu düşünüyorum. Blum, torbacı olarak cumhuriyeti dolaşırken karşılaştığı kadına –haklı olarak– güvenmeyen bir insan; zira sonradan, kadının gerçekten de kendisine yönlendirildiği ortaya çıkıyor. Tabii buradan bir aşk hikayesi de çıkabilirdi ama bende o aşk hikayesi yok, çünkü adam dünyada yalnız olduğunu biliyor. Söylediklerine göre, filmde bu mümkün değilmiş. Filmde bir "boy meets girl"* olmak zorundaymış.

Karasek: Okurken, Blum'un bu olası mutlu sonu biraz fazla savuşturmaya çalıştığını düşündüm. Kadın o kadar da kötü değil, neredeyse her şeyi Blum'un hatırı için yapıyor.

Fauser: Hatta Brigitte Bardot'ya benziyor, en azından Blum'a onu anımsatıyor. Evet, elbette aklı karışıyor ama yine de bu işte yalnız olmanın daha iyi olduğunu, insanın o zaman daha az hata yapacağını biliyor.

Karasek: Son zamanlarda başka hiçbir kitapta Alman gerçekliğinin, Frankfurt'taki B-katından Münih sosyetesine, torbacılar ve edebiyatçıların düzenlediği partilerden Taunus'taki insanların neler yaptığına, bu derece aktarıldığına rastlamadım. Buna karşın, hikayeye baktığımızda, aslında tüm polisiye hikayeler gibi masalsı olduğunu görüyoruz. Yani, bir Chandler polisiyesine benziyor, gerçeklik harika yakalanmış, Frankfurt'ta bir Alman Los Angeles'ı ama hikayenin kendisi gerçekçi değil. Kasıtlı olarak mı masalımsı bir hikaye seçtiniz, yoksa polisiye mi bunu zorunlu kılıyor?

Fauser: Gerçeklik nedir? Çevre elbette gerçek olmak zorunda, yazdığınızı o çevreye dayandırıyorsunuz. Fakat kurmaca bir hikaye yazdığımda, kurgulamak da istiyorum. O zaman bir röportaj yazmak değil, hayal kurmak istiyorum. Çalışma masasının başına oturup figürler hayal ediyorum. O figürler de tanıklarımdan daha iyi olmak zorunda, yoksa yazmak istemezdim zaten.

---

* (İng). Oğlan kızla karşılaşır. (e.n.)

Karasek: *Hammadde*'deyse durum bundan tamamıyla farklı. Orada hem figürler, hem de hikaye gerçek. Wilhelm Reich'ın *Orgazmın İşlevi*'nin korsan baskılarından geçinen o kolektif evler. Bütün bunlar gerçek.

Fauser: Gerçekten de öyle.

Karasek: Bu, 68'li yıllara bir ağıt.

Fauser: Hayır, bir ağıt değil.

Karasek: Şarkı söylemiyorsunuz.

Fauser: Şarkı söylemiyorum, şarkıcı değilim ve asla hiçbir döneme ağıt yakmam. O dönem benim için muhteşemdi, gençliğimdi, büyük bir maceraydı. O zaman var olan ve bir şeyler yapan o kuşak iyiydi. Tek tek insanların neye dönüştüğü önemli değil. Bu iyi bir model oluşturuyor. Dünyayı görmeye hepimiz o zaman başladık. Bu bir ağıt değil ama elbette belirli bir mesafeden bakarak yazılmış. Yani, demek istiyorum ki, o zamanlar bayrak sallayıp devrim sloganları atılırken, bunun arkasında hiçbir şey olmadığını biliyordunuz. Bunlara ben de inanmıyordum. Adama bu yüzden Jörg Fauser değil, Harry Gelb adını verdim. Bu, yalnızca bizzat başımdan geçen şeyleri aktaran kurmaca bir figür.

Karasek: *Hammadde*'de, edebiyat sektörüyle hiçbir ilişkinizin olmasını istemediğizi anlatıyorsunuz. Bunu denemelerinizde de dile getiriyorsunuz. Bizzat edebiyat yapsanız da, hiçbir zaman Alman edebiyatından bir şey gerçekten ilginizi çekmedi. Böll için, Köln'lü Katolik can sıkıntısı diye yazıyorsunuz ve Walser ile Grass romanlarının adlarını görmek bile size yetiyor: *Ruh Çalışması* ya da *Kuğu Evi* ve hatta *Kafadan Doğumlar*. Alman edebiyatıyla hiçbir alakanızın olmasını istemiyorsunuz.

Fauser: Hayır, Alman edebiyatıyla değil. Alman edebiyatı...

Karasek: Afedersiniz, çağdaş Alman edebiyatıyla.

Fauser: ...1945'ten sonra burada abartılan ve kendisini dünya çapında bir edebiyat olarak sunan şeyden daha fazlası.

Karasek: Bunda sizi rahatsız eden nedir?

Fauser: Bir kere, biraz fazla benmerkezci olması beni rahatsız ediyor. Tema değil; başka birçok Alman gibi, bu insanların da, biz dünya çapındayız ve dünyanın karşısına çıktığımızda da bu tür bir tutum takınmamız gerekiyor demeleri bakımından. Günter Grass artık roman yazmak yerine bütün dünyanın eğitmeni gibi davranıyor. Nikaragua'ya da gidiyor, ele geçirmediği konu yok gibi. Walser'de durum tam öyle değil, Walser'de beni rahatsız eden, pardon – anlatımının iyi olmadığını düşünüyorum. Her zaman daha çok, daha mütevazıca emek verilen, ideolojinin değil, her şeyden önce zanaatkarlığın, hikaye anlatmanın ön planda olduğu Amerikan edebiyatına ya da diğer edebiyatlara sırtımı yasladım. Almanlar, tabii, daima hemen yazar ve düşünürler.

Karasek: Demin benmerkezcilikten bahsettiğinizde, hadi ya, diye düşündüm, kitaplarınıza bakarsak sizden daha benmerkezci bir yazar yok. Tüm yaşamınızın duraklarını kitaplarınızdan biraraya getirebilirim. Kitaplarınızı okuduğumda, İstanbul'da yaşamış olduğunuzu, Münih'i iyi bildiğinizi, orada zaman geçirdiğinizi, Frankfurt'un memleketiniz olduğunu, Berlin'de oturduğunuzu biliyorum. Yani, kitaplarınızda sizin Ben'iniz ile alakalı birçok şey geçiyor.

Fauser: Evet, elbette. Ben, "ben daha iyi bilirim" demek anlamındaki benmerkezcilikten söz ediyorum.

Karasek: Alman edebiyatından hoşlanmamanıza yol açan, belki de daha çok malzemeler ve konulardaki fark değil mi? Ah Tanrım, burjuva ailelerinin, kuğu evlerinin abartılı ağlaklığı beni pek ilgilendirmiyor, kendini B-katında evinde hisseden insanlara daha fazla ilgi duyuyorum, diye düşünmüyor musunuz?

Fauser: Hayır, hayır. B-katı sadece başımdan geçmiş bir şey, bu bambaşka bir şey de olabilir. Bu noktada beni aslında daha çok işin zanaatkarlık kısmı ilgilendiriyor. Ondan sonra, malzemenin ne olduğu konusunu da konuşabiliriz. Bu malzeme elbette bir müdür de olabilir. Gerçekten güzel bir Alman müdür romanı bekliyorum. Kastettiğim başka bir şey. Rahatsızlık vermeyecekse, buraya küçük bir alıntı not almıştım.

Karasek: Aksine.

Fauser: Alfred Andersch'ten: "Chandler'ın koyduğu edebi pozdan kaçınma ilkesinden asla vazgeçilmez. Bu, belki de, –sözde avangarda korku salacak şekilde– günümüz edebiyatının asıl ilerici ilkesidir." Çağdaş edebiyatçılarımızda beni böylesine rahatsız eden şey –geçenlerde Klagenfurt'ta bu yılki yeni kuşağı gördüm, ben de oradaydım, tabii hâlâ-yeni-kuşaktan olarak–, bu tür bir poza bürünmeleri. En azından başlarından bir şey geçmiş olsaydı, bunu harika bulurdum. Ama çoğunun başından yalnızca küçük bir aşk hikayesi ve mutfaktaki kakadu papağanından başka hiçbir şey geçmemiş. Adam terk etmiş ya da insan artık öğretmen olarak iş bulamıyor. Daha sert şeyler yazan öteki insanlarla karşılaştırdığımda, bu biraz az. Edebi açıdan süsleyip güzelleştirmek istedikleri bir poz ama o pozun arkasında çok az şey var.

Tomm: Bu noktada, Bayan S.'nin bir sorusunu eklemek için araya girebilir miyim? Şöyle diyor: Neden hep torbacılar, düzenbazlar, alkolikler ve bağımlılar? Altkültüre özel bir ilgi duymanızı nasıl açıklıyorsunuz? Böyle bilinçli olarak ve kitaplar boyunca üstüne basa basa belirli bir çevrede dolaşıyorsanız ve aynı zamanda bu çevreyi kısmen romantize ediyorsanız, bu da bir poz değil midir? "Adam ve Fare"deki hikayelerde bu çevre romantize ediliyor. Aslında her küçük hayatta kalış bir küçük kahramanlık daha.

Fauser: Bu zaten apaçık ortada. Bu çevrelerde ve ortamlarda dolaşıyorsanız, edebiyatımıza konu olmayan insanlarla tanışıyorsunuz. Evsizlerle, ayyaşlarla, küçük fahişelerle ve daha kim bilir kimlerle tanışıyorsunuz. Bunlar burada biraz halının altına süpürülen insanlar ve o zaman elbette ilk önce onları biraz güçlü görmeye, belki de onlara bir şeyler yansıtmaya eğilimli oluyorsunuz. Kahraman olmalarını istiyorsunuz. Sonra onları daha iyi tanıdığınızda ve her şeyi biraz göreceli olarak görebildiğinizde, daha da farklılaşıyor. En iyi bu çevreyi bildiği için *hep* onun hakkında yazan büyük bir yazar var, benim gözümde bu yüzyılın en önemli yazarlarından biri olan Nelson Algren. Eğer dürüstseniz, gerçekten yalnızca bildiğiniz şeyler hakkında yazmanız gerektiğine inanıyorum. Üzgünüm ama uzun yıllar boyunca bu insanları tanıdım ve onların da, ister romantize edin, ister başka bir şey yapın, edebi bir tema olabileceği fikrindeyim.

Karasek: Pozla ilgili bir şey daha sormak istiyorum. Andersch, Chandler ile ilgili olarak söylemişti. Hollywood'daki, daha doğrusu Santa Monica'daki ayyaş bir yazar tahayyül ediyorum: Yazdığında alkol sorunuyla mücadele etmek zorunda; orada yaşlı bir kadınla, yapayalnız ve tecrit halinde yaşıyor ve Hollywood'a kaçma girişimleri başarısızlığa uğruyor. Ve hakkında kendisinin de, Cary Grant'i anımsattığını, rolü Humphrey Bogart yerine Cary Grant'e vermeyi isteyeceğini söylediği bir edebi figür yaratıyor. İlk sorum şu: Bunun da arkasında belirli bir poz yok mu? Çalışma masasının başına oturup bir masal uyduruyorsunuz, gerçeği gizlemeden ama pozitif bir kahraman uyduruyorsunuz, bu korkunç gerçekliğe karşı küçük bir kahraman pozu takınarak o figüre sığınıyorsunuz. Hemen eklemek istediğim ikinci sorum da şöyle: Edebiyat kabul gördüğünde otomatik olarak bir poza dönüşmez mi? Okurlar bu çevreyi yalayıp yuttuktan sonra deniyor ki: Bu, Chandler'ın anlattığı California, ve bir gün, bu Fauser'in Frankfurt'u denecek. O zaman o da romantik bir edebi memleket ve bir poz olacak.

Fauser: Romantizmle hiçbir derdim yok; edebiyat, söylemek istediğini aktarabilmek için, mitlerde yaşamak, mitlerden faydalanmak zorundadır. Chandler, negatif bir evsizi ya da başarısızlığa uğrayan bir dedektifi kullanamazdı. 30'lu ve 40'lı yıllarda yaşıyordu ve onun çağı buydu. Bugün Chandler'ın Los Angeles'ı yok diyoruz ama o zamanlar vardı ve o da öylece betimledi. Andersch'in bunu kastettiğini sanmıyorum. İşin zanaat kısmına bakmamız gerektiğine inanıyorum. Bugün bile bunların iyi yazılmış hikayeler olduğunu söylemek zorundayız.

Karasek: Sevmediğiniz Alman edebiyatının mitlerin, mite, edebi mite ulaşacak gücün eksikliğini çektiğini mi söylemek istiyorsunuz? İthamınız bu mudur?

Fauser: Benim kuşağımın mitlerinin uzun bir zaman boyunca *Teneke Trampet* gibi kitaplardan kovulduğunu söylüyorum. O zamanlar genç bir insan olarak bu büyük saçmalığın başına oturuyordunuz ve sadece 250. sayfadan itibaren esnemeye başlamakla kalmıyordunuz, ayrıca kitaptakilerin kendi başınızdan geçenlerle hiçbir ilgisi de yoktu. Ama burada son derece büyük bir edebi mit olarak satıldı. Böylece dendi ki: Mite son. Edebiyatın ölmüş olduğu o zamanlar da söyleniyordu. Edebiyatın ölmüş olduğunu söyleyecek kadar ileri gidilen bir ülkede işimin zor olacağını düşündüğüm nokta bu oldu. Bu yüzden, o zamanlar uzun yıllar boyunca ileride profesyonel yazar olacağımı düşünmedim. Aslında bugün de hâlâ kendimi yazar olarak adlandırmak istemiyorum. Doğrusu bunun ne anlama geldiğini bilmiyorum.

Karasek: Aynı zamanda yorumculuk olarak da adlandırılan şey.

Fauser: Ben iş adamıyım. Ürettiğim ürünleri satıyorum ve bu bir ticaret. *Writing is my business.**

Karasek: Aha!

Fauser: Mitolojik olan o zamanlar öyle abartılmıştı ki, tüm bunların doğru olmadığını biliyordunuz. Bu, bizim için doğru değildi. Yani mitlere son ve tekrar küçükten başlamalı. Küçükten başlamak. Bir şiir. Bir tane daha – paydos. Böylece o zamanlar, yeniden tamamen normal, küçük, mütevazı şeylere yoğunlaşmaya, küçük cümleler, küçük hikayeler yazmaya başladık. Şimdi, tamam, artık hazırız, gelip bu ülkede yeni bir edebiyat yaratmamız gerekiyor, diyebilecek noktaya ulaştım.

---

* (İng). Yazmak benim işim. (e.n.)

Karasek: Bu arada edebi akrabalarınızı biraraya topluyorsunuz. Denemelerinizde ele aldığınız çok sayıda yazar var. Bunların arasında, Alman yazarlardan bahsedecek olursak, örneğin Loest var, bir ata olarak Fallada var, Joseph Roth var ve *Die Parasiten-Provinz*'in [Parazitler Diyarı] yazarı Hufnagel var.

Fauser: Tabii Rudolf Lorenzen de var. Eskilerden, 47'ler Grubu'nda, aynı bu yıl Klagenfurt'ta bana da denildiği gibi, buraya ait değilsiniz, denilen birkaç yazar var. Bu yazarlara büyük bir saygı duyuyorum.

Karasek: Bu yazarların alamet-i farikası, ortak noktaları nedir?

Fauser: Anti-edebi poz ve güç, gerçeklik, biraz ter, tortu, çılgınlığa ve mücadeleye yakınlık.

Tomm: Peki, sizin kuşağınızın ne kadarının başından anlattığınız şeylerin geçmemiş olduğunu, bunları asla deneyimlemediğini daha sonra tartışabiliriz. Ama o insanlar için siz mit yazıcılığını devam ettiriyorsunuz, uyuşturucu bağımlıları hakkındaki edebiyatla...

Fauser: Bu, yüzbinlerce insan demek...

Tomm: Belki uyuşturucu kullanmış olan yüzbinlerce insan olabilir; ama buna rağmen, sahip olabileceğiniz okurların çoğunluğunu oluşturmuyorlar. Doğrudan izleyicilerden gelen son derece basit birkaç soruyu iletmek istiyorum. Hannover'den Bay S. –yeniden filmden bahsediyoruz– bir hikayenin tahrif edileceğini fark ediyorsanız neden satıyorsunuz, diye soruyor. Neden senaryoyu bizzat yazmak istemediniz?

İkinci soru ise, Achim Reichel'in rock grubu için yazdığınız şarkı sözlerine dair. Edebi metinlerinizle nasıl bir ilişki içindeler ve yazarken nasıl bir ayrım yapıyorsunuz?

Fauser: Birinci soruya cevaben: Bunun üzerinde benim bir etkim yok. Bir şey ürettiğinizde, ortaya çıkan şey bir üründür. Bu ürün bir yapımcı firma tarafından satın alındı ve ben bilinçli olarak bununla bir ilgim olmasını istemediğimi söyledim. Senaryoyu benim yazmam da zaten tartışma konusu değildi; zira kendime filmin başka bir şey olduğunu ve iyi ve profesyonel bir senaristin, benim fark etmediğim taraflarını keşfederek ve yeni bağlantılar oluşturarak hikayeyi gerçekten iyi bir film hikayesi haline getirebileceğini söylemiştim. Şimdilik bekleyip, belki de gerçekten iyi bir senaryo olup olmayacağını görmek istiyorum.

Rock şarkı sözlerine gelecek olursak; bu aslında tesadüfen oldu. Şiir bestelemek isteyen bir müzisyen, başka birkaç kişiye olduğu gibi, bana da geldi. Onunla birlikte çalışırken, bunun yeni bir boyut olduğunu fark ettim. Bir şey yazıyorsunuz ve sonra yazdığınızı dinliyorsunuz; bu bambaşka bir şey. Şarkılar, normalde kitaplarımla ulaşmakta zorlanacağım bir kitlenin önünde söyleniyor ve bu durumdan son derece memnunum. Elbette bu kolektif bir çalışma. Bir rock şarkısının sözleri kolektif bir çalışma ve bu bana haz veriyor – en azından şimdilik. Elbette bunu sonsuza kadar yapmayı düşünmüyorum.

Karasek: Peki gazetecilik çalışmalarınız söz konusu olduğunda? Onlar bütün bu bağlamda nereye oturuyor? Gazetecilik çalışmalarınız, pratik olarak yazdığınız şeylerin altını teorik olarak doldurmanıza mı yarıyor, yoksa ikisinin birbiriyle hiçbir bağlantısı yok mu?

Fauser: Bay Karasek, gazetecilik bir teori değil, bir görev. Size şuraya git ve hakkında bir şeyler yaz deniyor.

Karasek: Kastettiğim o değildi. Edebi konular hakkında yazdığınız denemelerden söz ediyorum.

Fauser: Efsanevi *Frankfurter Hefte* için kitap tanıtımlarıyla başladım. 19 yaşında ilk kitap tanıtımımı yazdım. Bu daima ilgimi çeken bir şey oldu. Zaten ister yakından olsun, ister uzaktan, bir alakamın olduğunu düşündüğüm insanlar hakkında yazıyorum. Kimseyi yerden yere vurmaktan hoşlanmıyorum. Asla Martin Walser ya da Grass hakkında bir eleştiri yazmak istemem. Ama zanaatkarlıklarıyla ilişki kurduğum, alakalı olduğumu fark ettiğim ya da hikayelerini iyi bulduğum, kendim yazmış olmayı dileyeceğim insanlar söz konusu olduğunda diyorum ki, tamam, bu ilginç, bir konuya eğileyim, onu bunu yazmaya iten ne olmuş, nereden geliyor bu? Bu, bizim sektörümüz ve bana yakın olanlarla yakından ilgileniyorum.

Karasek: Örnek aldığınız Amerikalılar, çoğunlukla uyuşturucu bağımlılarını, uyuşturucu ve alkol bağımlılığını anlatan yazarlar. Lafı hiç dolandırmadan sormak istiyorum: Yazmak sizin için bir terapi işlevi gördü mü, yoksa böyle bir şey ne düşünülmüş ne de planlanmış mıydı? Uyuşturucudan nasıl kurtuldunuz?

Fauser: Yazmayı hep, yaklaşık 17-18 yaşından bu yana istedim. Önceleri politikaya atılmak istiyordum. Sonra dedim ki, politika – hayır, en iyisi hiç bulaşmamak. Sonradan bunu bana bir falcı da söyledi, vazgeçin bu işten, Bonn'a gitmeyin! Ama politikayla edebiyatın kesişim noktası, ilgimi çeken bir şeydi. Ardından 60'lı yılların ortalarında uyuşturucular ortaya çıktı. O zamanlar bu sadece bir maceraydı. Sonra Ortadoğu'ya da gidildi. Bunların nasıl şeyler olduğunu ve kendinizi nasıl mahvettiğinizi pek bilmiyordunuz. Biraz da bu işe kapılıp gittik. Sonra her şey giderek kötüleşmeye başladığında, buna bir son vermen gerek, yoksa bir gün öleceksin, dedim. Sonra da bıraktım işte.

Karasek: Bunu kendinize söylemeniz yeterli oldu yani?

Fauser: Evet, kesinlikle.

Karasek: Tam aksine şöyle sorabilir miyiz: Yazar olmak istediğiniz için, "yeni bir bilince" sahip olmak için mi uyuşturucu kullandınız?

Fauser: Tabii 20-22 yaşında meraktan uyuşturucu kullanıyorsunuz – ve elbette bir de Baudelaire, Ginsberg ve diğerleri, "yeni gerçeklik" vardı. Tabii bunu yapıyor ve sonra yine de hâlâ yazamadığınızı keşfediyordunuz. Yazmak bambaşka bir şey.

Tomm: Ama şimdi, başka şeyler deneyimlemiş olmayı tercih edeceğinizi hissetmiyorsunuz, değil mi? Biyografinizin arkasındasınız, olduğu haliyle iyi değildiyse de, sizi bugün geldiğiniz yere getirdi.

Fauser: Bunu her biyografi yapmaz mı?

Karasek: Her şeyden önemlisi, biyografinizi değiştiremezsiniz.

Fauser: Biyografinizi kendiniz seçemezsiniz.

Tomm: Tahmin ediyorum, bunları biraz da caydırmak için mi yazdığınız kesin sıkça sorulmuştur. Caydırma, uyarı genç okurlar için bir rol oynuyor mu?

Fauser: Eh, yazmak bir sosyal hizmet değil. Eğer öyle olsaydı, kitapların bizi daha o zaman caydırmış olması gerekirdi. Örneğin, o cehennemi başka hiçkimsenin yapmadığı kadar etkili bir biçimde betimleyen Burroughs'un kitapları vardı. Bunun bizi caydırmasına elbette izin vermedik. Edebiyatın caydırıcılığına inanmıyorum. Herkes bunun üstesinden kendisi gelmek zorunda. Böyle şeylerle başa çıkmayı öğrenmeniz lazım işte. Ayrıca bambaşka şeylerle de başa çıkmayı öğrenmek zorundayız: Kadınlarla başa çıkmayı öğrenmek zorundayız. Hükümetlerle başa çıkmayı öğrenmek zorundayız. Devletle başa çıkmayı öğrenmek zorundayız. İnsan hayatta bir şeyler başarmak istiyorsa öğrenmek zorunda. Ben de hayatta başarılı olmak zorundasınız denilen kuşaktanım.

Karasek: İnsanın neyi başarması gerekiyor?

Fauser: Eğer yazarsa, iyi kitaplar yazması gerekiyor.

Tomm: Edebiyat sektörüne yaklaşımınızdaki dönüşümle ilgili daha bir sürü sorum var. Berlin'den Bay S., Jörg Fauser'in biyografisi tabiri caizse sona mı erdi, ekonomi mucizesi diyarına geri mi dönüyor, diye soruyor. Bay F., bugün Bay Fauser'i çeken şey hâlâ uyuşturucu alemi mi, yoksa başarılı sözleşmeler mi, diye soruyor. Hamburg'dan Bay K., kendi başarı hedeflerinizden korkuyormusunuz, diye soruyor. Bremen'den Bayan W. ise, başarınız medyaya, genel olarak yazın sektörüne yaklaşımınızı değiştirdi mi, diye soruyor.

Fauser: Okunmayan bir yazarı acınası ve anlamsız bir figür olarak görüyorum. Çok okunmak istiyorsanız, bu başarı anlamına gelir. Büyük sözleşmeler – bilmiyorum. Çok okunmak istiyorum. Zira bundan geçiniyorum, bu benim işim. Bugün bu soruyu, mesela bir rock şarkıcısına böyle sormazsınız. Biliyorum, para kazanmak ve edebiyat Almanya'da hâlâ biraz tabu; aslında hâlâ Spitzweg'deki* gibi yaşamak zorundasınız. Bu sektörde tiraj, para, ücret vs. hakkında konuşmaktan hoşlanılmıyor; bu, bayağılık kabul ediliyor. Benim için bu bir iş ve ben bu işte, tasavvur ettiğim haliyle edebiyata katkıda bulunarak muvaffak olmak istiyorum. Bunun için, yazdıklarımı satacak yayınevlerine ve de basacak gazetelere ve dergilere gereksinimim var – bu tartışmasız.

Karasek: Sanırım soruları biraz daha yorumlamak istiyorum, zira insanın yazmaktan geçinmek ve iyi yaşamak istediği, mümkün olduğunca çok okura sahip olmak istediği kısmı aşikar. Ama insan sizin gibi edebiyat sektörünü, yani editörlüğün, yayınevi partilerinin, yazarların konuştuğu etkinliklerin doğasını neredeyse parodimsi bir berraklıkla betimleyebiliyorsa, bu durumla nasıl başa çıkabilir? Yeni kitabınız *Hammadde*'de bir de nasıl film çekildiğine dair harika bir sahne var. Filminizde de öyle olacaksa, çekimler sırasında orada olmayı isterim. Ayrıca artık üç yıldır, keza bu akşam da, tam da şimdiye dek dışarıdan alaycı bir biçimde betimlediğiniz çevrede bulunuyorsunuz. İnsan bununla nasıl başa çıkabilir? Bu soruyla kastedilen muhtemelen bu.

Fauser: Bununla çok iyi başa çıkabiliyorum. Uykusuz geceler geçirmiyorum. Daima bu sektöre girmek istedim zaten. Sadece bu sektörde başka ürünlerin meydana geldiğini düşünüyordum. Şimdi, kendi ürünlerimin biraz daha ciddiye alındığı hoş bir konumdayım ve bunun daha da yayılacağını, daha genç insanlara ulaşacağını, burada bu tür edebiyatın da temsil edilebileceğini ve

---

* Franz Carl Spitzweg: "Yoksul Şair" adlı tablosuyla ünlü Alman ressam. (ç.n.)

biraz ciddiye alınacağını umuyorum. Bundan hoşnutum. Belki böylece başkalarının da önünü açmış oldum. Aynen devam.

Tomm: Başka şeylerin yanında, daha sert adamları konu alan, daha sert bir edebiyatın önünü.

Fauser: Yalnızca adamları konu almak zorunda değil.

Tomm: En azından bu parola benimsenip kullanılıyor. Az önce, insanın öğrenmesi, her tür şeyi, başka şeylerin yanında, kadınlarla başa çıkmayı da öğrenmesi gerektiğini söylemiştiniz. Çok sayıda kadının, kafanızdaki kadın imajının nasıl olduğunu sormak için araması herhalde sizi pek şaşırtmayacaktır. Örneğin Hamburg'dan Bayan S.: Edebiyatınızda kadınlara tam üç rol düşüyor; fahişe, ayyaş ve aşık. Bunu nasıl açıklarsınız? Ve Bayan K. şöyle yazıyor: Sert şeylerden, sert adamlardan söz ediyorsunuz; sizde kadının, güzel bir ilave, alkolik ve fahişe olma işlevi dışında yeri yok mu?

Fauser: Bu itham, Hemingway'e de yöneltilmişti.

Tomm: Evet, haklı olarak. Burada da tekrar, sizin dahil olduğunuz eski mitlerle, Bukowski'nin mitleriyle karşı karşıyayız.

Fauser: Eski mitler mi? Gerçeklik bu! Bende kötü gösterilen adamlar çok daha fazla.

Şu anda üzerinde çalıştığım yeni kitabımda hikayeyi taşıyan figür herif değil; aksine, her şeyin kaynaklandığı figür bir kadın. Orada iki kadın başrolü paylaşıyor ve o ikisi ne alkolik ne de berduş, bilakis seçkin burjuva çevreden. Hayvanat Bahçesi İstasyonu* ya da ayakta içilen birahanelerde değil, bitişik nizam evlerde geçiyor.

Tomm: Ama artık politik de değil, değil mi?

Fauser: Bilakis, baştan sona politik bir roman.

Tomm: *Hammadde*'de kadınlara politik açıdan kafa yormaktan kaçındınız. Bu doğru, değil mi?

---

* Berlin'de junky'lerin buluşma noktası olan istasyon. (ç.n.)

Fauser: Evet de, kadın deyim yerindeyse yatağa bayrak çektiğinde, o bayrağın rengi ne olursa olsun, insanın mutfaktan meyhanelere giden yol dışında bir çaresi kalmıyor.

Karasek: Bunu cinsiyetten bağımsız olarak ifade ederek, bir erkek yatağa bayrak çektiğinde kadına kaçmaktan başka çare kalmıyor da diyebilir miyiz? O zaman birbirimize –sanırım– bir adım daha yaklaşmış oluruz. Ama yine de bunun, kitaplarınızdaki ayyaş kadınların ayyaş adamların eşleri olması nedeniyle de haksız bir itham olduğunu düşünüyorum. Bu nedenle bar tezgahının başında buluşuyorlar ve bu durumda nasıl başka türlü olabilirler ki? Adamlar da daha iyi gösterilmiyorlar, değil mi?

Fauser: Ben de tam olarak bunu söylemeye çalışıyordum. Anlatmakta olduğum ya da şimdiye kadar anlattığım erkekler alemini bir ideal tip olarak tasavvur edemeyiz, öyle de değil zaten, nasılsa öyle işte.

Karasek: Daha agresif bir biçimde soralım: Kardan Adam'da kahramanın sevgilisini tasavvur edişi biraz ergence, zira temel kriteri "ihanet" sözcüğü. İnsanın çocukken sürekli, o bana hemen ihanet eder, o benim arkadaş grubuma dahil değil, dediği gibi; kadınla ilişkisiyle arasında bu sözcük ve kadının kendisine ihanet edeceğine dair sürekli bir korku var. Tamam, yanında çok para var, hileyle elinden çok şey alınabilir ama yine de kendime, acaba onu böylece, kırk yaşında olmasına rağmen gelişmini tamamlamamış, olgunlaşmamış olarak tasvir etmek mi istiyorsunuz diye sordum.

Fauser: Tanrım, figüre bakmak gerekiyor. On beş yıldır yasadışı işlerden geçinen, gerçekten de en geniş anlamıyla daima sadece son derece küçük başarılar ama çok büyük yenilgiler elde eden bir tip. Kırk yaşında, güvensiz. Sonra, tesadüfen, tam da –inandığı üzere– çok büyük bir satış gerçekleştirmek üzereyken, bir kadın gelip ona, birlikte olamaz mıyız... oturacak yerim yok dediğinde, yani üstüne atladığında, elbette ilk önce, "Tabii ki!" diyor. Fakat sonra bir gün kafasında, "Bir dakika, tüm bunlar temiz olabilir mi? Tüm bunlar biraz şüpheli değil mi?" düşüncesi uyanıyor. Bunun oldukça gerçekçi olduğuna inanıyorum.

Karasek: Başarılı yazar Fauser hakkında bir soru sormak istiyorum. Size şimdi başarılı yazar diyeceğim.

Fauser: Graham Green, bir yazar için başarı yoktur, demişti.

Karasek: Başarı diye bir şeyin olduğunu düşünüyorum. Lafı konularınıza getirmek istiyordum. Şimdiye kadarki konularınıza devam edemezsiniz. İnsan başarılı olduğunda, bir gün konularını çıkardığı çevreden uzaklaşır ve yeni bir çevre bulmak zorunda kalır. Bu çevreye sadık kalacak mısınız, yoksa yeni bir tane mi buldunuz? Bir sonraki romanınızda kahramanın ya da büyük figürün bir kadın olduğunu şimdiden söylediniz zaten.

Fauser: Hayır, bunu bu kadar ayrıntılı tasarlamıyor insan. Önce bir figür tasavvur ediyorum. Ve o, şu anda ilgilenmek, edebi olarak uğraşmak istediğim figür oluyor. Çevrenin de bu figüre uyması gerekiyor tabii. Sanırım şu güzel cümle Stendhal'e aittir: Roman, bir yol boyunca taşınan aynadır, orada önüne ne çıkarsa yansıtır. Yeni kitabımda bu sefer biraz farklı bir yola giriyorum.

Karasek: Kitaplarınızda çok hoşuma giden bir şey; birisi bir HB ya da Roth-Händle yaktığında, insanın bunun ayrıntısıyla gözlemlenmiş olduğunu, o adamın kesin HB ya da kesin Roth-Händle içtiğini bilmesi. Ya da birisi bir gömlek giydi mi, insan daha önce sizin de gömleği onun gibi giymiş olduğunuzu biliyor; öyle bir gömleğin nasıl giyildiğini biliyorsunuz. Şimdi kaçınılmaz olarak yeni bir çevreye giriyorsunuz ve şimdi Stendhal'inize Flaubert ile cevap verecek olursam –Madame Bovary benim!–, elbette her kahramanınız bir Bay Fauser, yeni deneyimlerinizi edinecek, yeni çevrelerde dolaşacak. Bu belirli bir sorun yaratmalı, değil mi?

Fauser: O zaman bir yazarın olduğu yerde kalması gerekirdi. Bu mümkün değil, zira o zaman ölür. İnsan hareket etmediği zaman ölür. Elbette şimdi yeni çevrelerde dolaşıyorum, bakalım ortaya ne çıkacak.

Karasek: Yani aynalar başka caddelere giriyor, öyle mi? Ve aynanın şimdi girdiği caddelerden birinin adı Berlin, Batı Berlin.

Fauser: Evet.

Karasek: Bu şimdiye kadar betimlediğiniz çevre değil, öyle değil mi?

Fauser: Bu kitapta en sevdiğim figürlerden biri sahneye çıkıyor. Bir berduş, sanat eleştirmeni ya da bir Brigitte Bardot değil, daha önce üç hikayemde kullandığım, servisler, bölümler ve ufak yasadışı işler arasındaki alanda gezinen, 53 yaşındaki eski bir gizli servis elemanı. Tekrar ortaya çıkacak, çünkü yazarak yaratmak istediğim kendime ait küçük bir evrenim var. Şu ya da bu figürü beraberimde sürüklüyor ve yeni şeylerin içine yerleştiriyorum. Bu tıpkı eskiden olduğu gibi benim alemim.

Karasek: Sizin aleminizle, aleminizin dili ile ilgili bir sorum daha var. Şimdiye kadarki romanlarınızdan ve hikayelerinizden, zorlama bir yapmacıklık olmaksızın, biraz 60'lı ve 70'li yılların dili, o yıllarda kullanımda olan deyimler, kavramlar, laflar damıtılabilir. Bunları sistematik olarak biriktiriyor musunuz, yoksa kulağınızda yer mi etmişler?

Fauser: Biriktirmek mi? Yok, hayır. Zaten şimdi bir kitapta, örneğin SDS'in dilini kullanmak biraz komik kaçardı.

Karasek: Hayır, demek istiyorum ki, şimdiye kadarki kitaplarınızda – bunları biriktirdiniz mi, biriktirmediniz mi?

Fauser: Hayır, biriktirmedim.

Karasek: O zaman yazarken buna, bu dile öylece hakimdiniz, öyle mi?

Fauser: Evet, bunları yeterince uzun süre duydum. Kulağınızı açıp dinlemeniz gerekiyor işte.

Tomm: Şimdi gizli servislerin dilini, bugüne kadar olduğunuzdan başka bir yerde öğrenmeniz gerekecek. Bir defasında kendinizi dünyanın en büyük ajansının, dil ve şüphe ajansının bir üyesi olarak tanımlamıştınız. Bu doğru mu? hâlâ bunu mu savunuyorsunuz?

Fauser: Evet, şüphe bu işin bir parçası. Şüpheyle ayağa kalkıyor ve yatağa giriyorsunuz. Bu, yazmanın can yoldaşı.

Tomm: Kitaplarınız hakkında yazılan eleştirileri okuyor musunuz?

Fauser: Evet, bunlardan bir şeyler de öğreniyorum, her şeyden önce, çoğu eleştirmenin eleştirdiği kitapları hiç okumadığı gerçeğini.

Karasek: Okumadıklarını mı, yoksa anlamadıklarını mı söylüyorsunuz?

Fauser: Bir kısmının hakikaten doğru düzgün okumadıklarını.

Karasek: Meslektaşlarımı koruma altına almak istiyorum. İnanıyorum ki, eleştirmenler...

Fauser: Ben de meslektaşlarınızdan biriyim. Ben de kitap eleştirisi yazıyorum.

Karasek: Eleştiri yazdığınız zaman siz de okuyorsunuz, öyle değil mi?

Fauser: Bir kitap eleştirisi yazdığımda, yazarın sadece o kitabını değil, birden çok kitap yazmışsa hepsini okuyorum.

Son kitabım *Hammadde* ile ilgili eleştirilerin çoğunluğunun normal gazetelerin alışılageldik kültür-sanat sayfalarından değil, şehir dergilerinden, her yerde var olan küçük yayınlardan, yani onlar için yazdığım insanlardan gelmesi beni sevindiriyor. Bu benim için çok güzel bir şeydi, çünkü ilk defa böyle bir etki uyandırıyordum ve kitabın ulaştırmak istediğim okurlara ulaştığını fark ettim.

"Hâlâ bize söyleyecek sözü var."
Editör Hanna Siehr ile söyleşi

Alexander Wewerka: 1980-1988 yılları arasında Berlin'deki Ullstein Yayınevi'nde editördünüz ve orada yayınladığınız eserler arasında "Edebiyatta Kadın" adlı kitap dizisi de yer alıyor. 1983 yılında Jörg Fauser'in romanı Hammadde'*nin editörlüğünü üstlendiniz. Bu ortak çalışma nasıl meydana geldi?*

Hanna Siehr: O zamanlar Ullstein'da harika zaman geçiriyorduk. Yayıncımız Viktor Niemann, yayınevinin tozunu almak için yanıp tutuşuyordu ve her şeyden önce özgün Alman yazarlar kazanmayı amaçlıyordu. Bu kolay değildi, çünkü Ullstein'ın Springer Yayınevi olarak üstünden silkip atması gereken epey şey vardı. 1981 yılında Rogner & Bernhard'dan çıkan Kardan Adam olağanüstü başarılıydı. Jörg Fauser kesinlikle yayınevinden hoşnutsuz değildi ama adının alternatif yazara çıkmasını istemiyordu ve o zaman daha yeni Berlin'e yerleşmiş olduğu için de Niemann'la bir görüşme akla yatkındı. Aşağı yukarı aynı yaşta olan ikili ilk anda birbirinden hoşlanmıştı, bunu bana sonradan Jörg anlattı, ki bu her buluşmada da fark ediliyordu. Bu karşılıklı bağlılık, Jörg'ün ölümüne kadar sürdü.

Jörg Fauser'in cenazesinde mezarının başında durup ağladık, Niemann en azından çok etkileyici bir konuşma yapmayı başardı. Bunun sorunuzla şimdi bir ilgisi yok; ama sonrası için önemli, zira Jörg'ün neden Ullstein'a geldiğinin açıklaması büyük ölçüde bu arkadaşlıkta yatıyor.

Neyse, Jörg Viktor Niemann'a otobiyografik bir roman yazma fikrinden söz etti. Hatta iki veya üç bölümü çoktan –yanılmıyorsam Paros'ta– yazıp bitirmişti; okurken derhal etkisine kapılıyordunuz. Kitapta iyi bir şeyler olduğunu, iyi bir şey ortaya çıkacağını hemen seziyordunuz.

Sizin editörlüğü üstlenmeniz nasıl oldu?

O da tesadüflerin biraraya gelmesiyle oldu. Ullstein'da sadece "Edebiyatta Kadın" dizisinden değil, aynı zamanda "Güncel Edebiyat" ve "Ullstein'da Rogner Seçkisi"nden de sorumluydum. Bu iki dizinin durumu kritikti ve Viktor Niemann bana, Fauser ile bir buluşmayı isteyip istemeyeceğimi sordu. İstiyordum. Biraz kalp çarpıntısıyla da olsa. Böyle işinin ehli bir adama ne söylenebilirdi ki, zaten her şeyi kendisi de yapabilirdi, işin zanaatkarlık kısmınıysa havada karada. Neyse, mevcut sayfaları okudum ve üzerlerine bir şeyler çiziktirdim, sonra köşedeki "Yaşlı Fritz"in yerinde bir köşeye oturduk ve Jörg dedi ki: Bu kadar eleştiri bana yetmez.

Başlangıcı böyleydi, sanırım ardından Ullstein'da polisiye editörü olan Martin Compart da geldi, onun da fantazisi normalden fazla gelişmişti, ayrıca kısa sürede fark ettim ki, içme konusunda onlarla başa çıkamıyorum. Çabucak ortaya çıktığı üzere buna gerek de yoktu, Jörg adeta şefkatle beni su içmeye ve özenli olmaya teşvik ediyordu.

Hammadde üzerindeki çalışmanız nasıldı?

Cümle cümle üzerinden geçerek tashih ettik. Sadece paragraf ve bölüm sonlarına bakın, bütün kapanış cümleleri, trompete kısa ve güçlü bir şekilde üflenerek çıkarılmış birer sestir. Öylece okuyup geçersiniz ve öyle de olması gerekir, tali, nefessiz, kupkuru.

Jörg o zamanlar Krumme Straße'de, Alman Operası'nın karşısındaki yüksek bir binanın en tepesinde, on üçüncü katta oturuyordu. Orada mutfağı, banyosu ve oturma grubuyla gerçekten güzel, küçük bir dairesi vardı; hiç de acayip değildi, tamamıyla profesyonel bir çalışma odası, kitaplar, sözlük ve ansiklopediler, iki daktilo, sayısız bloknot, duvarda büyük bir mıknatıslı pano ve düzen, düzen, düzen. Ziyaret ettiğimde Jörg kahve yapıp kremalı-limonlu pasta ikram etmişti. Onun için önemli olan, itiraz etmem ve önerilerde bulunmamdı, ki o da şöyle diyebilsin: Tamam, oldu – ya da olmadı. Bir olay örgüsünü tamamıyla değiştirmiş olduğumu hatırlamıyorum. Belki arada bir şöyle demişimdir: Onlara başka bir meslek ver ya da görüntülerini değiştir – yine sarışın olmasın. Ama aslında her şey kafasında tastamamdı.

Saatler boyunca gerçekten yoğun bir biçimde çalıştık. O zamanlar her şeyi zahmetli bir biçimde daktilo etmek zorundaydınız. Daktiloyla yazılmış sayfaları kesip parçaladık ve Fixogum'la* tekrar birbirlerine yapıştırdık, yeniden birleştirdik ve tekrar birbirlerine yapıştırdık – böyle mi daha iyi, şöyle mi? Onun hoşuna gitmeyen parçalar kesilip çıkarıldı, bazen ikimizden biri fotokopiciye koşturdu, ki elimizde bazı şeyler çift olsun – bu, üçüncü bölüme mi daha iyi uyar? Hayır, şuraya.

Sonra o birçok şeyi tekrar kopyaladı, daktilo etmekte birisi ona yardımcı oldu mu, bilmiyorum en azından ben yapmadım. Bir bölüm tamamlandığında, evde ya da yayınevinde tekrar okur ve kurşun kalemle düzeltmeler yapıp notlar alırdım. Her düzeltmeyi konuşurduk, evet veya hayır ama Jörg çoğu sefer üçüncü bir seçeneğin en iyisi olduğuna karar verirdi.

İşimizi bitirdiğimizde, sevdiği yazarlardan konuşmaktan hoşlanıyorduk. Kafamda sürekli "Kadın Dizim" ile ilgili çeşitli fikirler vardı, ve bir defasında Jörg, James Hadley Chase'in *Eva*'sını bilip

---

* Fixogum: Özellikle kağıt, karton vb. yapıştırmakta kullanılan bir yapıştırıcı markası. (ç.n.)

bilmediğimi sordu. Jeanne Moreau'nun oynadığı filmi biliyordum ama kitabı bilmiyordum. Öyleyse öğrenmemin zamanı gelmişti. Bu tam benim dizime göreydi ve o da bir sonsöz yazardı. Kitap hemen elimdeydi, Scherz-Verlag 1950, baskısı muhtemelen yıllar önce tükenmişti. Bir sonraki buluşmamızda daha okuyup bitirmemiştim. Olmaz böyle. Hoşuna gitmedi mi? *No Orchids for Miss Blandish*, ne, onu da mı bilmiyorsun? Jörg daha o zamandan, en ince ayrıntısına kadar araştırarak, sonsözün yarısını kafasının içinde fevkalade yazıp bitirmişti. Ne olursa olsun, *Eva*'yı dizimde yayınlayacağım kesindi. Sonra James Hadley Chase öldü, Jörg sonsözünü değiştirdi ve sefil anma yazılarına sinirlendi. Kitabı 1985'te, kapağında Jeanne Moreau'nun fotoğrafıyla yayınladığımda, Jörg oldukça gururluydu. Feministler yaygarayı bastılar, neyse bu parantezi kapatalım.

Akşamları, işten sonra, Jörg sıkça benimle bir şeyler içmeye gitmek, "ortamlara girmek" istiyordu.

Özellikle sizin onunla "ortamlara girmeniz" kendisi için önemli miydi?

Evet, kesinlikle, bunu mutlaka istiyordu. O zamanlar çok mutlu bir evliliğim vardı, kocam Otto-Suhr-Allee'deki muayenehanesini daha yeni açmıştı. Bir anlamda Jörg'le komşuydular. İkisi mükemmel anlaşıyordu. Jörg'ün karaciğeri sorunluydu ve Ulrich bu konuda ona muhtemelen iki çift laf etmişti. Bana da. İçmek bana hiç iyi gelmiyordu ama yanlış anlaşılmasın, Jörg beni asla içmeye teşvik etmedi.

Metinlerinde, silik bir kahraman figürü tekrar tekrar beliriyor. Trençkotu ve alelade suratıyla bir bar köşesinde oturuyor ve bardan çıktığında, yalnızca orada birisinin oturmuş olduğunu biliyorsunuz ama o birisinin nasıl gözüktüğünü kimse söyleyemiyor. Fauser'in kendisi de çoğu fotoğrafta biraz silik bir büro çalışanı gibi duruyor...

Bunu duymak pek hoşuna gitmezdi; ama yine de doğru, dağıtmış bir ayyaş ya da bir asi gibi gözükmüyordu, sonuçta kırk yaşındaydı ve yapmak istediği çok şey vardı, yeteneğinden de kesinlikle emindi, her şeyden önce artık deneylere, başka yollara sapmaya yer yoktu.

Ama onu tanıyan herkes etkileyici bir karizması olduğundan söz ediyor...

Evet, öyleydi. Başlangıçta biraz asık suratlı ama yine de daima tamamen uyanık ve ilgiliydi. *Hammadde*'nin yayınevi temsilcileri konferansındaki performansını hatırlıyorum. Harikaydı. Konuşmasını iyice hazırlamış, neredeyse teatral bir biçimde şekillendirmişti. Fakat sonra taslağa bağlı kalmadı – sanırım, iyi konuşmacılar hiçbir zaman taslaklarına bağlı kalmazlar. Temsilcilere karşı sınırsız bir saygı duyuyordu; zira ilk okurların onlar olduğunu ve böylece isterlerse bir kitabın canına okuyabileceklerini ve o zaman, piyasa sürmenizin de fiilen pek bir anlamının kalmayacağını biliyordu. Onun gözünde bu zaten aşikardı. Temsilcilerimiz çok okumuş, angaje ve kendi kârları için de iyi bir program isteyen eleştirel bir ekipti. Oldukça hoşnutsuz sorular geldi: Böyle olgunlaşmamış bir şımarığı ne yapacağız ki... Buna son derece esprili ve hazırcevap bir karşılık vermişti, temsilciler konferansı hafızamda gerçekten muhteşem bir an olarak yer etmiş.

Ancak *Hammadde* çok satmadı. Çok yazık. Ama en azından sonradan döneminin en önemli kitapları arasında sayıldı.

Tirajı hatırlıyor musunuz?

Bilmiyorum, belki beş bin. Sonradan cep kitabı daha iyi sattı. 1985'te, Marius-Müller Westernhagen ve Polly Eltes'in rol aldığı Kardan Adam vizyona girdi; harika bir filmdi ama onun da bizim kitaba neredeyse hiçbir faydası dokunmadı.

Belki kitabın o zamanlar bir provokasyon teşkil etmesi de bu durumda pay sahibiydi. Fauser'in Hammadde'de Alternatifleri* *ve 68'lileri betimleyişi – belki de sadece çok erkendi, 80'li yılların başında insanlar öyle bakmak istemiyordu. Biz yine de çalışmanıza geri dönelim: Deneme baskısında çok değişiklik yapıldı mı?*

Hayır. Jörg, son aşamaya gelindiğinde her şeyi değiştirmek isteyen kabus gibi yazarlardan değildi. Şöyle demişti: Artık bu bitti, şimdi başkaları iş başında. Ama deneme baskısını bir kez daha büyük bir dikkatle okudu, baskı hatalarına hiç tahammülü yoktu.

Fauser'le yapılan bir röportajda, Yılanın Ağzı'*yla ilgili olarak şöyle bir ifade geçiyor: "Son romanınızda, size özgü olan sıfat kullanımının neredeyse hiç mevcut olmadığı dikkatimi çekti." Cevap: "Bunun bir olgunluk belirtisi olduğuna inanıyorum. Bir gün artık sıfatları bir kenara bırakmak zorundasınızdır. Bu, benim için, bir tür zayıf yazarlık biçimidir. Kullanacaksanız da, bunu idareli bir biçimde yapmanız gerekir. Son romanımda çok şeyin üstünü çizdiğimi biliyorum." Burada konuşan editör Hanna Siehr mi?*

Hayır, hayır. Bu sıfat konusunu biraz abartmıştı, hiç kullanmadan idare etmek istiyordu, böyle bir şey tabii ki mümkün değil. Üslupçuluk gibi gözüken ne varsa, onun için dehşet vericiydi ama idarelilik, evet, bu doğru, ben de idarelilikten yanayım.

Jörg Fauser gündelik ilişkilerinde nasıldı?

Oldukça dost canlısıydı. Fakat birisinden hoşlanmadığında, bunu hissettirirdi. Bir şeyler içtiğinde, bu özelliği daha da belir-

---

* Devrim yerine mevcut toplum içinde alternatif birlikte yaşam ve ekonomi biçimlerini hayata geçirmeye yoğunlaşan hareket. Sonradan Alman Yeşilleri'nin kuruluşunda en önemli rollerden birini oynayan çevre. (ç.n.)

ginleşirdi, affı olmazdı, eskiden tekme yumruk kavga edermiş ama ben hiç denk gelmedim. Birbirimize karşılıklı saygı duyuyorduk, bunda karısının sakinleştirici etkisinin de kesin payı vardı. Benim gözümde dost canlısı ve şefkatliydi, kendine bir yer edinmişti, artık topluma uyumsuz olmak zorunda değildi. Şimdi böyle düşünüyorum, o buna belki de hiç katılmazdı. Çünkü hiçbir şeyi çalışarak elde etmesine gerek yokmuş, sanki her şey ona uçarak geliyormuş gibi yapmayı severdi. Ama yine de gösterişçi değildi.

Biraz güvenceye, yazarak doğru düzgün para kazanmaya, hasta olmamaya, kaygısızlığa özlem duyuyordu. Aile değerleri de güçlüydü.

Anne babasını çok seviyordu, babasının resimleriyle gurur duyuyordu, biraz utanarak da olsa bu duygularının arkasındaydı. Aynı şekilde Gabriele'nin [Gabriele Fauser: Jörg Fauser'in karısı] oğullarını da severdi: İyi okullara gitmeli, üniversite okuma şansına sahip olmalıydılar.

Jörg çalışırken rahatsız edilmekten hoşlanmazdı; ama ressam olan babası Arthur Fauser aradığında zamanı olurdu. Bir defasında babasına telefonda, sol köşeye uymaz, dediğini duydum. Muhtemelen babası ona bir resim tarif etmiş ve Jörg resmi tahayyül etmişti – ya da resmi zaten biliyordu; bilmiyorum. Jörg ileride yazacağı bir romanda, böyle bir baba-oğul ilişkisini –baba ressam, oğul yazar– ele almak istiyordu. Bu fikir çok hoşuma gitmişti. Fakat o zamanlar bunun için hâlâ çok gençti. Sanırım, böyle bir kitap için elli yaşına gelmesi gerekirdi.

Jörg Fauser'i bir yazar olarak bugün, 2004'te nasıl değerlendiriyorsunuz?

Kendimi *Hammadde*'nin etkisinden kurtaramıyorum. Fauser'in bütün eserlerini yeniden yayınlamanız, hâlâ ölmemiş olduğunu yeterince kanıtlıyor. *Hammadde*, benim nazarımda, yazdığı en iyi şey; eh, lirik şiirleri hariç! Belki şiirleri sayesinde ölümünden sonra yaşamayı sürdürecek, belki de başka eserleri de sinemaya uyarlanacak. Ama bir romanın yirmi yıl sonra hâlâ güncel bir ağırlığa sahip olduğunu söyleyebiliyorsak, bu önemli bir şeydir. Ve inanıyorum ki, bu böyle olmayı sürdürecek. Jörg Fauser'in hâlâ bize söyleyecek sözü var.

Bu söyleşi 2004 Mart ayında Berlin'de yapıldı.